JN203770

日比野英子 監修
Eiko Hibino

永野光朗・坂本敏郎 編
Mitsuro Nagano & Toshiro Sakamoto

心理学概論

こころの理解を社会へつなげる

ナカニシヤ出版

はじめに

　本書ははじめて心理学を学ぶ人のために書かれた本です。心理学を学ぶと言っても，心理学を自分で勉強しようと本書を手に取った人，大学の教養科目として心理学を学ぼうとしている人，あるいは心理学専門の教育課程での出発点として本書を開いた人，さまざまな学び方があると思います。本書はいずれの場合にも，心理学の世界を紹介する世界地図としての機能を果たすように作られています。願わくは，心理学世界の旅行を楽しく深く味わってほしいものです。

　はじめにこの本の著者たちが携えている共通した考え方をすこしお伝えしておきましょう。

　心とは，見えないのに誰もがその存在を確信しているという，不思議なものです。まだ1歳に満たない乳児でさえ，他者の心の在りどころを探して，じっとその人の顔を見つめます。また，大学の授業で受講生に「心はどこにあると思いますか」と尋ねると，一番多いのが頭を押さえる人，次に多いのは胸を押さえる人です。その他はまだ出会ったことがありません。この本の著者たちは，人間を心とからだを併せ持つ存在として捉えています。言い換えると，人間を生物心理社会的な存在と考えています。それで本書では，心とからだをつなぐと考えられる心の生物学的基盤の説明から出発して，心理学世界を案内していくことにします。生物学的基盤というのは，具体的には神経系の仕組みのことを指しますが，難しい各部の名称を暗記することに腐心しないでください。大切なのはそれがどのような心の働きと関わっているかということを理解することです。

　さて，みなさんは○○心理学の，○○にはどのような言葉が入ると思いますか。学習，発達，社会，臨床などの語句が入ると，心理学のさまざまな領域があることがわかります。心理学は人間の心の中で起こることや外界に働きかける行動に現れることを扱いますので，実に多様な領域に分かれていますし，単

に分化しているだけなくその領域間でも重なったりつながったりしているところがあります。複雑に思えるかもしれませんが，これを一つの基準で整理すると，基礎的心理学から応用心理学へと並べることができます。読者のみなさんには医学の世界の「基礎」と「応用」にたとえるとよく理解していただけるのではないでしょうか。医学者の中には遺伝子研究やウィルスの研究などのような基礎研究を行っている研究者もおられ，その一方で病院において実際に患者さんたちの医療に尽力されている臨床医もおられます。この基礎と臨床の仕事が両輪となって医学が進化しているのですが，心理学もこれと似ていて，基礎的な研究を積んでいる分野と，そこから得られた知見を実際の生活場面や臨床場面に役立てて人々を支援している分野があります。また，基礎研究も実際の日常場面や臨床場面からの問題提起を抜きにしては，研究目的が空疎なものになってしまいます。まさにこれらは両輪として進化していきます。本書では，基礎心理学から応用心理学へという順序に従って，みなさんを心理学の世界へ誘います。

　第2章から第16章において，心理学世界の各地すなわち現代の心理学の諸分野を紹介しますが，みなさんはどの分野に興味を強く持たれるでしょうか。強い関心を持たれた分野については，さらに専門性の高い心理学書で学んでください。優れた専門書がたくさん刊行されていますので，それらはみなさんの向学心を満たしてくれるでしょう。

　心理学世界旅行の出発の前に，その準備として第1章では心理学がどのように生まれたのか，心理学とはどのような学問で，どのような方法論で研究するのかについて簡単に紹介してあります。現代の心理学の内容に早く取りかかりたい人は，第2章から読みはじめてもらっても結構です。最後の第16章まで読まれて，そこから第1章に引き返されるのもよいかもしれません。

　どうかみなさんの心理学への興味が最終章まで，みずみずしいままで持続しますように，願ってやみません。

2018年の猛暑の夏に
日比野英子

目　　次

◎章末の穴埋め問題の解答および論述問題の解答例は，ダウンロード資料として提供します。ご希望の方は，manual@nakanishiya.co.jp まで，ご氏名，ご所属および本書の書名（『心理学概論──こころの理解を社会へつなげる』）を明記のうえ，メールにてご連絡ください。なお，自由な発想を問う論述問題については，解答例を示していないものもあります。

1 心理学の歴史と方法

1. 心理学とは

　この本を手にとったあなたは，次のような疑問や興味を抱いたことはないだろうか。「自分はどのような職業に適しているのだろう」「人間関係がストレスを産み出しているのか」「人の表情からウソを見抜けるのか」「どうすれば効率よくものを記憶することができるのか」「性格と血液型は関係があるのか」。これらは一見まったく関係のない雑多な疑問であるが，これらの疑問の底流に共通して横たわっているのは，心という見えない存在，内的な心理状態というものの存在を仮定していることである。現代の人々はこの仮定を当然のように受け容れ，興味関心を示している。

　さて，心の学問である心理学はこれらの疑問に答えてくれるのだろうか。この本に一通り目を通した後に，もう一度考えてほしい。心理学は一定の手続きを経て，これらの疑問に答えることができるだろう。

　心理学は，英語では psychology であるが，psychology は現代ギリシア語に直すと psychologia であり，プシュケ psyche（心，魂）とロゴス logos（学問）から成り立っている。

　現代の心理学は，心的過程と行動についての科学であると定義づけられている（Nolen-Hoeksema et al., 2014）が，この科学としての心理学の起源と考えられる学問は，いつごろどのように現れてきたのだろうか。

2. 心理学の歴史

　記憶研究のパイオニアといわれるエビングハウス（Ebbinghaus, H.）は「心理学は長い過去をもつが，短い歴史しか持たない」という有名なことばを残し

ている（高砂，2011）。かつて心理学が哲学の一部であった時代への批判として書かれたことばであるが，現在では心理学は独立した一学問，科学として歴史も短いとは言えなくなってきている。

(1) 誕生以前

　古代から，「意識とは何か」という疑問は，ソクラテス（Socrates），プラトン（Plato）アリストテレス（Aristoteles）などの哲学者によって追究されてきた。アリストテレスの思想を心理学の元祖とする説もあるが，アリストテレスはプシュケについての論文（『霊魂論』）を書いているものの，psychologiaについてはまったく語っていない。アリストテレスと現代の心理学との直接のつながりは見いだしにくい。

　6世紀ごろからの中世ヨーロッパでは，哲学は主にキリスト教を裏付ける学問という色彩が強いスコラ哲学が中心で，一部の聖職者や貴族階級の人々を除いて，人間の心に対する学問は知られていなかった。ローマ・カトリック教会の強大な権力と封建制の領主のもと，人々は土地に縛り付けられて自由がない状態で，人間の内面については探究される土壌が乏しかったと考えられる。

　欧米の心理学史においては，psychologiaということばが使われるようになったのはルネサンス（renaissance）以降と言われている。ルネサンスは「文芸復興」などと訳され，14世紀から16世紀のヨーロッパに起こった文化的運動で，地中海貿易で裕福になった商人たちの都市が多く存在した北イタリアから始まった。古代ギリシア・ローマ時代の知識は中世ヨーロッパでは忘れられていたが，イスラムの国々で保管されており，1453年の東ローマ帝国の滅亡とともに，交易の盛んな北イタリアへ戻ってきた。物事の中心に人間を据えるルネサンスの考え方である人文主義（humanism）が浸透し，人々は個人の才能やプライバシー，自己意識（self-consciousness）といった内面の働きに深まりを見せるようになったと言えよう（高砂，2011）。

(2) 生得説と経験説

　宗教改革を経て17世紀になると哲学の中から，今日の心理学の祖と捉えられる学説が，フランスとイギリスで唱えられるようになった。

　フランスの哲学者デカルト（Descartes, R.）は，心身二元論を唱え，心と身体とは別のものと捉えた。身体は物質であり機械と同様に捉えた。心については，人間は生まれつき理性を備えており（理性主義 rationalism），それゆえに現実についての正しい認識に至ることができるという生得説を主張した。

　一方，イギリスの哲学者ロック（Locke, J.）は，経験説の立場から，人間の心は「白紙」の状態（タブラ・ラサ）で生まれ，経験を重ねることによって白紙に知識と理解を書き込んでいくのだと主張した。この考え方は連合主義心理学を産み出し，観念は感覚を通じて心に入り，類似や対比のような原理によって連合され，形成されると考えられた。現代の心理学における知覚，記憶，学習，思考の研究は，このような連合理論に関連している。

　以上の二つの考え方は，換言すると，人間の心理を形成するのは「遺伝か環境か」という論争となる。現代でもいずれかを強調する心理学者も見られるが，多くは「遺伝も環境も」協働して心を形成するという統合的な立場をとっている。

（3）科学革命と産業革命（17・18 世紀）

　17 世紀にヨーロッパで起こった科学革命は多くの学問に影響を与えた。物理学の世界ではニュートン（Newton, I.）が実験や観察を重視する方法によって古典力学体系を確立したが，このような経験的客観的な方法論は後の心理学誕生に影響を与える。

　18 世紀のイギリスで起こった産業革命は，人口の大都市集中をもたらし，人々は習慣や感じ方の違う人々と接することになり，個人差や人種・文化の差を認識する機会が多くなった。

（4）生 理 学

　ロックは観念の源泉として感覚と反省の 2 つを扱っているが，その後の経験主義の哲学者たちも感覚を重視し，ヒューム（Hume, D.）は人間を「絶えず変化し動き続ける知覚の束」と表現した。また，経験主義によってすべての人に共通して認められることとそうでないことがあること，つまり確率が問題とされるようになり，19 世紀における統計学の進歩がこれを支えた。これは現

代の心理学において統計学が重視されることへとつながっていく。

　感覚研究は，医学の中でも特に生理学において盛んに行われるようになり，特に19世紀の顕微鏡などの実験機器の開発によって神経解剖学が飛躍的進化を遂げた。ベルリン大学のミュラー（Müller, J.）の研究室は実験生理学の中心的存在として，視覚・聴覚の研究を推し進め，一つひとつの感覚に関わる神経はそれぞれ個別な特徴を持つという特殊神経エネルギー説を論じた。この研究室では，さまざまな幾何学的錯視が考案されたが，ミュラー・リヤーの錯視もその一つである。錯視という現象は光が網膜を刺激することと脳内で処理される知覚現象とは異なるものであることの証左となり，物理学や生理学だけではこれを解明できず，この人間特有の現象の法則性を見いだす心理学の誕生を促した。

(5) 進 化 論

　キリスト教世界では，人間は神に似せて創られた他の動物とはまったく異なるものとされていたが，19世紀前半の生物学において登場した細胞説では，動物も植物も細胞という小さな単位から構成されており，しかも動物の細胞は種を問わず同じものであることと主張した。さらに博物学者ダーウィン（Darwin, C.）が「種の起源」を発表し，人間も進化の産物であることを示唆した。人間と動物を比較することによって，人間の独自性を探究しようとする比較心理学や動物心理学へと発展していく。

　以上のように，心理学は哲学の中から萌芽したのだが，それには医学・生理学と生物学・進化論が研究方法や考え方について重要かつ不可欠の影響を与

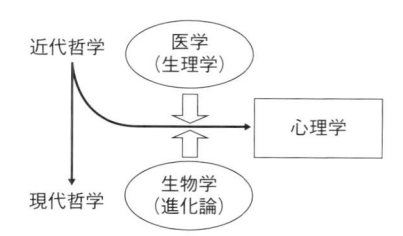

図 1-1　近代心理学の成立における 3 つの要因 (高砂, 2011)

え，それらを取り込む形で心理学の誕生が実現した（図1-1）。

(6) 近代心理学の誕生
1) 精神物理学

　19世紀ドイツの物理学者フェヒナー（Fechner, G. T.）は，異なる強さの物理的刺激を人間に与え，その心理的反応を測定することによって，主観的な精神世界を客観的に測定する精神物理学を編み出した。心身の関係を探究する方法を確立したので，フェヒナーを心理学の創始者と見なす説もある。

2) 科学的心理学の誕生：生理学的心理学から実験心理学へ

　ヴント（Wunt, W.）は，ミュラー研究室出身のヘルムホルツ（Helmholtz, H. L. F.）の助手を務めて感覚・知覚についての研究を行い，その後フェヒナーの『精神物理学要論』の影響を受け，生理学と心理学を融合させた領域「生理学的心理学」（physiological psychology）を考案した。ヴントは実験的手法を採用して研究したため，この名称はすぐに「実験心理学」に変更されることになる。さらに1879年には，ライプツィヒ大学で実験室を開設して心理学の演習を行い，この年が「心の科学」としての心理学の創始とされている。

　ヴントは心理学を「直接経験の学」すなわち「意識的経験の学」と定義しており，それゆえ意識心理学と呼ばれている。実験的に統制された刺激を与え，そのときの意識的経験を観察して報告させる内観法という方法を採っていた。意識は単純感情と純粋感覚という要素が複合されたものと捉えられたために，「構成主義」とも呼ばれている。

　ヴントの研究室には世界中から多くの研究者が集まり，やがて彼らは帰国して心理学実験室を開設し，科学的心理学は世界的に広まっていった。

3) 構成主義と機能主義

　コーネル大学の心理学者ティチェナー（Titchener, E. B.）はヴントの構成主義を継承し，アメリカでこの考えを先導した。しかし心の構造を単純な部品の組み立てのように分解的に理解するこの考え方に反対する心理学者もおり，その中でも哲学者でもあり心理学者でもあるジェームズ（James, W.）は，進

化論の影響を受けて，感情や思考が何のために機能しているのかを研究することを主張した。意識の機能は適応的だからこそ発達したと考える機能主義である。

　構成主義者も機能主義者も，心理学を意識経験の学と捉えていたところは共通しており，20世紀初頭の心理学の発展に貢献した。

4)　20世紀前期の心理学：三大潮流

　1920年，構成主義と機能主義の両学派は，新しい3つの学派に取って代わられることになった。それらの学派とは，行動主義，ゲシュタルト心理学，精神分析の三大潮流と言われるもので，いずれもそれまでの意識心理学を批判した。

行動主義

　ワトソン（Watson, J. B.）は，内観法によって意識を対象として研究することを批判し，心理学が科学であるためには公共的に閲覧可能な行動（behavior）を対象としてデータ化する必要があると説き，この考え方は行動主義（behaviorism）と呼ばれ，当時のアメリカの多くの研究者の間に急速に普及した。ワトソンはすべての行動は条件づけの結果であり，環境が特定の行動を強化することにより行動が形成され，より複雑な行動も条件反応が連結されたものと捉えられた。行動を適応的機能と捉えている点で，機能主義の発展系と考えられる。

　行動主義では，刺激Sと反応Rを定量的に測定し，その関係を明らかにすることが重視されたため，現在でも用いられているS-Rという用語を生むに至った。

ゲシュタルト心理学：認知心理学

　ゲシュタルト（Gestalt）はドイツ語で形態や配置を表すことばであり，1912年ごろのドイツで，ウェルトハイマー（Wertheimer, M.），コフカ（Koffka, K.），ケーラー（Köhler, W.）がゲシュタルト心理学を提唱した。彼らは，人間を要素の集まりと捉える構成主義を批判し，全体性が重要であると主張し

図 1-2　ゲシュタルト印象（Nolen-Hoeksema et al., 2014 内田監訳．2015）
私たちは，正三角形の 3 つの角を見るとき，3 つの小さな角ではなく，1 つの
大きな三角形を見る。

た。全体は部分の総和ではなく，それぞれの部分の関係に依拠していると主張
された。たとえば図 1-2 は，小さな 3 つの角ではなく，大きな 1 つの三角形と
見える。

　ゲシュタルト心理学は，学習，記憶，問題解決などについて，知覚の面から
の現象学的説明を行い，現在の認知心理学の基礎となった。

精神分析

　精神分析（psychoanalysis）はフロイト（Freud, S.）によって創始された心
理療法の一技法であり，人格理論である。構成主義は意識を研究対象としたの
に対して，無意識という概念を重視し，無意識裡の思考，願望，衝動，情動な
どを意識上にのぼらせることによって，顕在的な行動（症状）の背後にある意
味を把握し，神経症の治療を目指した。古典的なフロイト理論では，無意識的
願望のほとんどは性や攻撃性といった欲動が関与しているものとされたため，
心理学の世界では広く受け容れられなかったが，現代では，無意識的な意図や
エラー，知覚，学習といったものがあると認められている。特に臨床心理学に
は強い影響を与え，また発達心理学の分野でも精神分析出身の研究者の概念が
用いられることがある。

　精神分析は心理学のみならず哲学や思想に大きな影響力があったが，現在ま
でに多くの学派が誕生して発展しており，それぞれが独立的に交流を持たない
ような様相もある一方で，中には実験的手法も取り入れて心理学領域との共同
研究も生まれている分野もある。

5) 20世紀後期の心理学

1960年代になると心理学の世界にさらに新しい潮流が現れた。一つは人間性心理学（humanistic psychology）の台頭であり，もう一方は認知革命（cognitive revolution）による情報処理モデル（information-processing models），心理言語学，神経心理学の発展である。

人間性心理学は，ロジャーズ（Rogers, C. R.）やマズロー（Maslow, A. H.）が中心となり，精神分析が幼少期の記憶を重視したり，行動主義が条件反応によってすべて説明することを，両方ともあまりに限定的だと批判し，現在の環境が人間の成長を促進したり制限したりする可能性に注目した。

1950年代のコンピュータの発達によって，心理現象が情報処理モデルによって捉えなおされる認知革命が起こった。たとえば人間の記憶については，コンピュータが情報を貯蔵したり検索したりするプロセスになぞらえて説明することができ，心的過程の理論化に強力な手段を提供した。

同じころ，言語学の世界では，チョムスキー（Chomsky, N.）が言葉を用いる際の精神構造について心理学的な分析を行い，心理言語学という分野を切り拓いた。

また，このころの生物医学の進歩によって，神経心理学の世界でも多くの新しい発見がもたらされ，神経学的事象と心的過程との間に関係があることが実証された。スペリー（Sperry, W. R.）は，脳機能は局在しており，特定の脳領野と特定の思考・行動との間に関係があることを明らかにした。

20世紀後半に起こった認知革命は，知覚，記憶，思考，動機づけ，人格，臨床心理学，社会心理学など，心理学全般に強い影響を与えた。心的構造や心的過程の科学的分析を目的として，研究対象を観察可能な行動に限定することから再び心的過程も含む内面へと戻したのである。

3. 現代の心理学

(1) 現代心理学の枠組み

心理学には，一つの事象の解明にアプローチする複数の枠組みがある。たとえば，ある子どもがおもちゃを取られて，相手を叩いたとしよう。生物学的枠

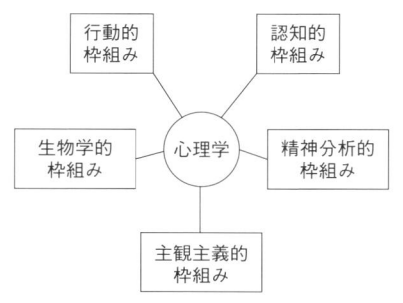

図 1-3　心理学の枠組み（Nolen-Hoeksema et al., 2014 内田監訳，2015 を参考に作成）

組みからは，ある脳の領野が発令して腕を動かす領野を刺激し，それによって腕の筋肉が活性化して生じた行動と説明できる。行動的枠組みからは，おもちゃを取られることが刺激となり，かつて殴ることで取り返すことを学習した子どもが再び殴る反応を起こしたと説明できる。認知的枠組みでは，おもちゃを取り戻すという目標のため，相手を殴る手段にでるという計画だと説明する。精神分析的枠組みでは，無意識の底の強い怒りが揺さぶられて，抑制が効かず，攻撃行動が生じたと説明することも可能である。主観主義的な枠組みからは，相手の行動が自分を脅かすと解釈して反撃に出た反応と説明できる。これらの枠組みによる説明は，一つの現象の複数の側面についてアプローチしているものであり，同時に成立する多次元的なものである。

(2) 心理学の主な分野

　カシオッポ（Cacioppo, 2007）が「心理学とはハブの科学分野である」と述べているように，心理学は幅広く多様な研究分野を抱える学問である。学問としての成り立ちから大きく基礎心理学と応用心理学に分けることができる。

　基礎心理学の分野としては，心と脳の関係を研究する生物心理学・神経心理学，外界の世界から来る刺激を感じる仕組みを扱う感覚心理学・知覚心理学，情報を脳内に貯蔵する記憶や新しい行動パターンの獲得に関する学習心理学，人の生涯にわたる能力の変化を追究する発達心理学，知覚・思考・問題解決の機序を解明しようとする認知心理学，個人の特性とその個人差を測定するパーソナリティ心理学，人と人との関係性や影響力を探究する社会心理学などがあ

る。

　応用心理学の分野では，実際の生活場面や臨床場面に心理学の知見や方法を活用することにより，最終的に実用的な課題の達成や問題解決を図る。産業心理学では，消費者行動を心理学的調査法により分析し，新製品開発や広告などの産業活動に貢献している。組織心理学は，職場の採用人事や労務管理，働く人のメンタルヘルスなどに活用できる有効な証左を提供する。カウンセリング心理学は，さまざまな人生の課題や難局に対処できるような援助を提供する。臨床心理学では，症状も健康的な側面も含めた全人的な査定を行い，問題解決や成長を促す介入や援助を行う。また，セリグマン（Seligman, 2002）は，人間のネガティブな側面ばかりに眼を向けるのではなく，ポジティブな心理状態（幸福感や喜びなど）や性格（親密さ，誠実さ，賢さなど）を探究するポジティブ心理学を提唱し，人々のウェルビーイング（well-being）を実現することが重要であると主張している。さらに地域援助を目的としたコミュニティ心理学は，個人を環境に適応させるのではなく，より健康的な社会的・物的環境の構築を目指している（Myers, 2013）。

(3)　科学的研究法

　心理学は心的過程と行動についての科学であるので，科学的方法に則って心についての法則を見いだすことが求められる。その方法は，一般に，まず科学的な仮説を立てる，そして次にその仮説を検証する，という2段階で行われる。

1)　仮説演繹法

　心理学では，法則を得るために，帰納法と演繹法を組み合わせた仮説演繹法という手法で研究を進める。

　第一段階では，日常的な事柄から，あるいはその事柄に関する先行研究から仮説（hypothesis）を立てる。仮説は単なる思い付きではなく，検証可能な陳述であり，これまでに集積された研究成果と整合されていることが重要である。

　第二段階では，仮説をもとに結果を予測して，それを検証するために実験や

調査などを行う。その結果，得られたデータが予測を裏付けるものであれば，仮説の妥当性が高まり，逆に反証されれば仮説は棄却されるか修正されることになる。

2）独立変数と従属変数

　数学では，y=f(x) の関数が成り立つとき，変数 x を独立変数，変数 y を従属変数と呼ぶことになぞらえて，心理学では，実験の際に実験者が制御可能な統制下にある刺激条件のような変数を独立変数，その刺激条件によって変化する被験者側の変数を従属変数と呼ぶ。たとえば親からの賞賛が多い子どもほど良い成績を得るという仮説が立てられたのなら，賞賛のことば数や時間が独立変数であり，子どもの成績が従属変数である。独立変数は「原因」であり，従属変数は「結果」である。

3）構成概念と操作的定義

　心理学で扱う「性格」や「感情」は，経験的にその存在を認識することはできるが，外から直接観察できるものではない。しかしながら外部から種々の刺激（独立変数）を与えると，それに対する反応（従属変数）が生じることから存在が推定できるので，これを構成概念（構成体）と呼んでいる。また構成概念には操作的定義が必須である。たとえば「共感性」とは何かを概念的に定義し，それを表す質問項目を作成して，その回答（従属変数）によって測定するといったことが操作的定義となる。

4）実験群と統制群

　実験において，ある働きかけに効果があるか否かを調べるときには，その働きかけを行う群と行わない群と設定し，2群間の結果を比較する。前者を実験群，後者を統制群と呼ぶ。たとえばある能力を高めるための訓練の効果を調べる時には，実験群にはその訓練を実施し，統制群には実施しない。訓練の実施の有無が独立変数となる。2群に対して，同時期に2回（訓練の前後）能力測定をして，結果（従属変数）に統計的に有意な差があるかどうか検定を行う。実験群に統制群にはない能力の上昇が見られれば，訓練の効果があったことに

なる。

5）妥当性と信頼性

　独立変数や従属変数として用いられる構成概念が適切に測定したいものを表している場合に，妥当性が高いということになる。上述の「共感性」を測定する場合には，質問項目の内容が的確に共感性を表している必要があり，これを妥当性と言う。

　また，測定値の正確さの程度を表す概念を信頼性と言う。実験参加者の質問項目への回答が，複数回実施して誤差が小さい場合は，信頼性が高いと言える。

（4）心理学の研究法
1）実　験　法

　実験は，実験計画のもとに独立変数と従属変数を設定し，原因（独立変数）と結果（従属変数）の仮説を立てて，それを検証する研究法である。実験は独立変数を厳格に統制して，剰余変数（独立変数以外で，従属変数に影響を与える要因）を排除するために実験室で行われる。ある記憶法の効果を調べるために，訓練を受けた実験群と受けていない統制群の記憶量（従属変数）を比較するという実験で，実験群が記憶テストを受けた時にのみ隣家の工事音（剰余変数）が響いていたというのでは，統制が不十分で厳密な比較はできない。

2）質問紙調査法

　質問紙調査は，対象者の意識や態度や行動を調べるために，質問項目を用意してそれへの回答を求める方法である。研究目的にあった調査の実施のためには，質問項目の作成，心理尺度の作成，データ収集，データの処理・分析，結果の解釈等のすべての段階についての知識とスキルとトレーニングが必要であり，妥当性と信頼性が確認された尺度を用いることが要求される。

　質問紙調査は，一度に多くの質問紙を配付できることから数多くのデータを収集しやすいという利点がある。

3）観 察 法

　観察法とは，人や動物の行動を注意深く見て，記録し，その量的データまたは質的データを分析して，行動の特徴や法則性を見出す方法のことである。

　観察法には，自然観察法と実験観察法がある。自然観察法では，対象が実際の生活の場で行動している状態に手を加えず，その日常的な状況の下で観察する。一方，実験観察法では，観察対象の行動に影響を及ぼすと考えられる条件（独立変数）を系統的に変化させて，状況を統制し，その結果生じる行動の変化を観察する。

　また観察の形態によって参加観察法と非参加観察法に分類できる。参加観察法とは，被観察者に観察者の存在を明確に示して観察する方法である。幼児期の援助行動を調べるために3歳児の保育室で観察する場合，子どもから観察者が見えているが，それによって子どもの行動が変化しないように，子どもがとくに観察者の存在を意識しないくらいに慣れていることが重要である。非参加観察とは，ワンウェイミラーやビデオ装置を用いて，観察者が被観察者と直接のかかわりを持たずに観察する方法である。観察されているということを意識しない自然な行動の観察ができるが，研究倫理の点で配慮が必要である。

4）面 接 法

　面接法には，研究目的の調査的面接と臨床的介入が目的の相談的面接がある。

　面接法は，対象者と直接出会って，言語を介してその感情や動機・関心などの内面を知る方法であるので，対象者に内面を語る言語能力が必要となる。また，面接者と対象者が直接かかわりを持つので客観性を確保しづらい点が参加観察法と共通しているが，面接法では相互作用が生じるので，さらに統制が難しい。

　面接法は，質問をあらかじめどの程度決めておくかによって3種類に分けられる。構造化面接は，質問項目の内容・言葉づかい・順序がすべて決められており変えてはならない。複数の面接者がデータ収集する際に差異が生じにくく，データの数量化がしやすいという利点がある。半構造化面接は，数少ない質問項目をあらかじめ決めておくが，回答の内容に沿った質問を追加したり，質問の順序を変えたりする自由のある面接技法である。非構造化面接は，まっ

たく質問項目を準備せず，対象者に自由に語ってもらって，必要に応じて質問をするというもっとも自由度の高い面接法であり，主に臨床目的の相談的面接に用いることの方が圧倒的に多い。

5) 文献研究

　学術論文などの著作をもとに研究することを主とした文献研究には，総説とメタ分析の2種類がある。総説は，一つのテーマについて特に重要と考えられる複数の先行研究の要点について叙述してまとめ，それらを総合して討論を行う。メタ分析では，個々の先行研究の報告が一事例として扱われ，それらをデータとしてより高次の統計的分析を行い，結論を導き出す。メタ分析は系統的で，公平性が確保された研究法と言えるだろう。

　上述のような文献研究ではなくて，実験や観察などの研究方法を採る場合でも，まず当該のテーマについての先行研究から学ぶことは当為のことである。一つのテーマについてこれまでどのような方法で，何が見いだされており，まだ不明な点はどこにあるのかがわからないと，適切な仮説を立てることも難しい。まずは文献を検索してテーマに沿った文献を収集し，それらの要点を理解してまとめることから研究が始まる。

■　章末問題

1. 以下の文章の空欄に適切な語句を入れよ。

(1) 心理学は英語になおすと（　①　）である。

(2) フランスのデカルトは「人間は生まれつき理性を備えている」という（　②　）を唱え，一方イギリスのロックは「人間の心は白紙の状態で生まれ，生後に知識と理解を書き込んでいく」という（　③　）を唱えた。

(3) （　④　）は，1879年ライプツィヒ大学に心理学実験室を開設した。

(4) 20世紀前半の心理学の三大潮流とは，（　⑤　），（　⑥　），（　⑦　）である。

(5) 20世紀後半の心理学界の新しい潮流として，（　⑧　），（　⑨　）が挙げられる。

(6) 心理学における（　⑩　）には，操作的定義が必須である。

(7) 心理学研究において，信頼性が高くても（　⑪　）が低い場合がある。

(8) 心理学研究法として，（　⑫　），（　⑬　），（　⑭　），（　⑮　），文献研究がある。

(9) 心理学実験では，（　⑯　）と（　⑰　）を設定してその因果関係を検証するために

（　⑱　）を立てる。

(10)　観察法には，観察者の存在が明示されている（　⑲　）と，観察者が被観察者と直接関わらない（　⑳　）がある。

2．以下の問に答えよ。

(1)　心理学が哲学から独立する経緯について，（　　）内のキーワードを用いて説明しなさい。

（近代哲学，生理学，進化論，精神物理学，実験心理学）

(2)　実験法と質問紙調査法のそれぞれの長所・短所について述べなさい。

引用文献

Cacioppo, J. T.（2007）．Better interdiscipilinary research through psychological science *APS Observer*, **20**（3），48-49.

保坂　亨・中澤　潤・大野木裕明（編著）（2000）．心理学マニュアル　面接法　北大路書房

無藤　隆・森　敏昭・池上知子・福丸由佳（編）（2009）．よくわかる心理学　ミネルヴァ書房

Myers, D.（2013）．*Psychology*. New York: Worth Publishers.（村上郁也（訳）（2015）．マイヤーズ心理学　西村書店）

中島義明・安藤清志・子安増生・坂野雄二・繁桝算男・立花政夫・箱田裕司（編）（1999）．心理学事典　有斐閣

中澤　潤・大野木裕明・南　博文（編著）（1997）．心理学マニュアル　観察法　北大路書房

Nolen-Hoeksema, S., Fredickson, B. L., Loflus, G. R., & Lutz, C.（2014）．*Atkinson & Hilgard's introduction to psychology*（16th ed.）．Audover, MA: Cengage Learning EMEA.（内田一成（監訳）（2015）．ヒルガードの心理学　第16版　金剛出版）

岡市廣成・鈴木直人（監修）（2014）．心理学概論　ナカニシヤ出版

Seligman, M. E. P.（2002）．*Authentic happiness: Using the new positive psychology to realize your potential for lasting fulfillment*. New York: Free Press.

高砂美樹（2011）．心理学史　はじめの一歩　アルテ

梅本尭夫・大山　正・岡本浩一（1999）．心理学　サイエンス社

VandenBos, G. R.（2007）．*APA dictionary of psychology*. Washington, DC: American Psychological Association.（繁桝算男・四本裕子（監訳）（2013）．APA心理学大辞典　培風館）

2 こころの生物学的基盤

　「"こころ"はどこにあるのか」と聞かれると，頭（脳）を指す人と胸（心臓）を指す人に分かれる。計算や読書をするときは頭を使っていそうだが，人前でスピーチするときや重要な試験の前は胸がドキドキする。"こころ"の座を探る研究は，20世紀後半から今世紀にかけて心理学や神経科学の領域で盛んに行われてきた。脳を含む神経系のはたらきが，"意識"や"こころ"を生みだし，"こころ"のはたらきが行動に反映されると考えるのが，生理心理学や行動神経科学の立場である。私たちの"こころ"を理解するためには，私たちの脳を理解することが必須であると言ってよい。本章では，"こころ"の基盤となる神経系のメカニズムについて，わかりやすく解説する。解剖学や生理学の用語が数多く出てくるため，心理学を学ぶ者にとっては難しく感じるかもしれない。まずは用語に慣れること，そして知識を身につける楽しさを感じることが重要である。顕微鏡を持って自分の身体の中に入っていくというような，実際には決して体験できない知の冒険に出かけてみよう。

1. 神経系の仕組み

(1) 中枢神経系と末梢神経系

　机に足の指をぶつけて痛い思いをすることがある。このとき，指の中にある感覚神経がその情報を受け，その情報は脊髄を経て，脳に到達し，私たちは"痛い"と感じる。ボールを投げる行為は，脳で生起した"投げる"という情報が脊髄を経て，身体の運動神経に情報が伝達されて遂行される。このように私たちが外界の刺激を感じるときは感覚神経から脳へ，外界へ働きかけるときには脳から運動神経へと神経系の情報が伝達する。神経系の情報とは，いくつかのニューロン（神経細胞）が接続された神経ネットワーク内を移動する電気信号のことである。脳と脊髄を合わせて中枢神経系と呼ぶ（図 2-1）。また，

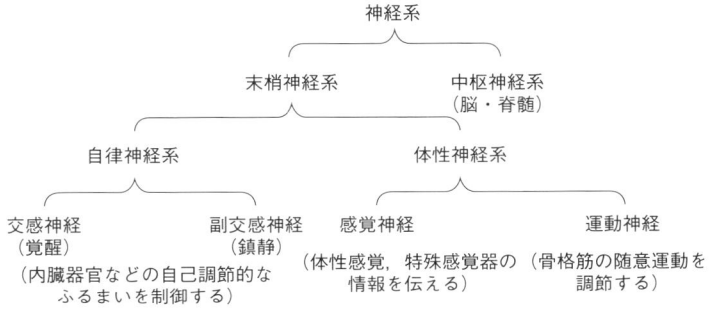

図 2-1　ヒトの神経系の機能区分（Myers, 2013　村上訳, 2015 を改変）

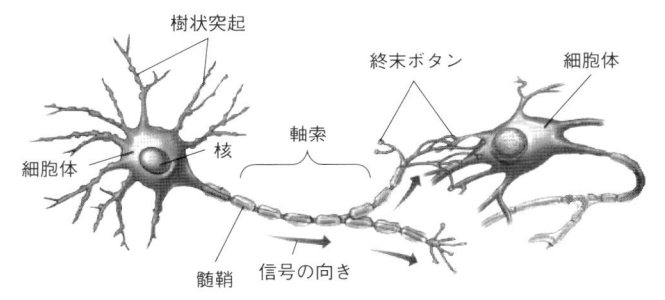

図 2-2　ニューロン間の情報の移動（Nolen-Hoeksema et al., 2014　内田監訳, 2015 を改変）

感覚神経や運動神経は体性神経系と呼ばれ，末梢神経系に分類される。末梢神経系の中には体性神経系に加えて，私たちの意思とは無関係にはたらく自律神経系（交感神経と副交感神経）がある。私たちは内臓や血液の流れを意図的に変化させることは難しい。これらのはたらきを維持しているのは，自律神経系のはたらきによる。

(2)　ニューロンとシナプス

　神経系はどのような仕組みで情報を伝えているのだろうか。脳にはニューロン（神経細胞）とグリア（神経膠細胞）の 2 種類の細胞がある。このうち，神経系の情報伝達に関わっているのはニューロンである。ニューロンは細胞体，樹状突起，軸索から構成されており，情報をすばやく伝えるために他の細胞にはない特徴的な形をしている（図 2-2）。細胞体からは，樹状突起と呼ばれる

多くの枝が出ており，この枝は別のニューロンからの情報を受け取る部位である。細胞体から伸びている1つの長い線維（糸状で構成される長い突起物）を軸索と言う。軸索の末端部分は終末ボタンと呼ばれ，別のニューロンの樹状突起や細胞体に接続し，その情報を伝える。ニューロン内の情報の流れは樹状突起から細胞体，軸索へ，そして別のニューロンの樹状突起へという順になる。情報の送り手側である軸索の終末ボタンと受け手側の樹状突起との接続部位は密着しているわけではなく，わずかな隙間があいている。この隙間のことをシナプスと呼ぶ。脳内ではいくつものニューロンが互いにシナプスを形成し，それぞれのニューロンに情報を伝えていく。グリアにはいくつかの種類があり，ニューロンを物理的に支持したり，ニューロンに栄養を補給したり，細胞の死骸や破片を取り込んだりする役割を持つ。

(3) ニューロン内の情報の移動（伝導）

　ここではニューロン内の情報の伝わり方を詳しく見ていく。机に足の指をぶつけたときの痛みは瞬時に感じる。ニューロン内とニューロン間の情報の移動はいずれも電気信号であり，すばやく脳に伝わるためである。では，どのようにしてニューロンに電気が流れるのであろうか。ニューロンの内側（細胞内）と外側（細胞外）とを隔てているのは細胞膜であり，細胞内液にも細胞外液にも陽イオンと陰イオンが含まれている。イオンを含む液体は電解質と呼ばれ，電気を通す。ナトリウムイオン（Na+），カリウムイオン（K+），塩化物イオン（Cl-）などがニューロンの細胞膜を隔てて内側から外側へ，また外側から内側へ移動することで，ニューロン内に電気が流れる。

　ニューロンが活動していない普通の状態の時，ニューロンの内側と外側では電位差があり，細胞内の方が低い値（約−60mV）をしている。このように細胞外の電位に対する細胞内の電位の値を膜電位と言い，ニューロンが活動していない時の膜電位を静止電位と言う。ニューロンが樹状突起や細胞体から受け取った電気信号がある一定値（閾値）以上の場合，そのニューロンが活動し，軸索の終末に向かって電気信号が流れる。この時，軸索部分の細胞膜にあるチャネル（膜電位依存性イオンチャネルと言う）が開き，ニューロンの外側にある Na+ がニューロンの中に急激に流れ込むことによって，軸索内に電位の

変化が起こる。ニューロン内の膜電位は一時的に +40mV 程度に高まり，この電位を活動電位と呼ぶ。ニューロンに活動電位が生じ，その情報が瞬時に軸索の終末へ移動したとき，ニューロンに電気信号が流れた，ニューロンが興奮した，ニューロンが活性したなどと言う。

　もし，軸索の真ん中部分で人為的に電位の変化を引き起こすと，電気信号は軸索の末端側と樹状突起側の両方向へ移動する。このことをニューロンの伝導と言い，電気信号がニューロン内で双方向に伝わることを言う。しかし，実際には軸索の途中で電位の変化が起こることはないので，樹状突起から受け取った電気信号は軸索から終末ボタンへと一方向で移動していく。

　軸索の長さは数ミリから 1cm 程度が平均的であるが，長いものは 1m もある。ヒトの軸索の多くは，髄鞘（ミエリン鞘）という鞘のついた膜で覆われており，これによって軸索内の電気信号の伝達が速くなる。髄鞘を持たない無髄神経の速度は毎秒 1m から 2 m 程度であるが，髄鞘を持つ有髄神経では毎秒 100 m 程度にもなる。髄鞘は絶縁で電気を通さないため，脳内など複数の絡みあったニューロン同士が過剰に興奮しないようにする役割も担っている。

(4) ニューロン間の情報の移動（伝達）

　ニューロン内の電気信号の移動を伝導と呼ぶのに対して，ニューロン間の電気信号の移動を伝達と呼ぶ。ニューロン間の情報は，送り手側ニューロンの軸索から受け手側の樹状突起や細胞体へ伝えられ，この方向は逆向きになることはない。ここではニューロン間の情報の伝わり方を詳しく見ていく。あるニューロンと別のニューロンの接合部位にはわずかな隙間があるにもかかわらず，どうして電気信号が次のニューロンに伝わっていくのだろうか。シナプス間の情報の伝達には，神経伝達物質と呼ばれる化学物質が重要な役割を持つ。あるニューロンが興奮し，電気信号が軸索末端の終末ボタンまで到達すると，それが刺激となって周辺にあるシナプス小胞が破れ，その中に入っていた神経伝達物質が細胞膜へと移動し，受け手側の樹状突起に向かって放出される（図2-3）。受け手側の樹状突起の細胞膜には，受容体が埋め込まれており，ここに神経伝達物質が結合する。すると受容体にあるイオンチャネルが開き，そこから主にナトリウムイオンが流入することによって，受け手側のニューロンに電

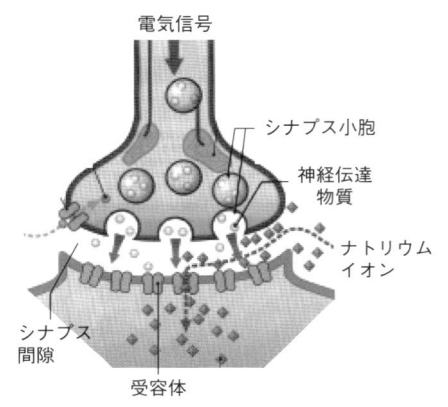

図 2-3　シナプスでの情報伝達のしくみ（池谷，2015 を改変）

気信号が伝わる。このとき，特定の神経伝達物質とそれを受け取る受容体の種類は決まっており，鍵と鍵穴の関係にたとえられる。たとえばグルタミン酸は興奮性の（受け手のニューロンを活性化させる）神経伝達物質であるが，グルタミン酸の受容体としか結合しない。グルタミン酸のはたらきによって電気信号が伝達するニューロンは，グルタミン作動性ニューロンと呼ばれる。

　1つのニューロンが別のニューロンと1対1で接続していることは少なく，多くの場合1つのニューロンには複数のニューロンが接続している。送り手のニューロンが複数ある場合，興奮性の入力と抑制性の入力が同時に受け手側のニューロンに入力されることもある。この興奮性の電位の総和と抑制性の電位の総和が閾値以上になると，その受け手側のニューロンは興奮し，軸索へ電気信号が流れていく。もし総和が閾値以下であれば活動電位は発生せずに，電気信号はそれ以降伝わらない。脳には数多くのニューロンが配線されており，必要なところで必要なニューロンだけが活性するという仕組みになっている。神経系では，情報伝達を促進する神経伝達物質のはたらきは重要であるが，脳を過剰に活性化しないように情報伝達を抑制する神経伝達物質もまた重要である。

(5) 神経伝達物質の種類

　鎮痛剤や睡眠導入剤などの薬物は中枢神経系に作用して，その効果を発揮す

る。化学物質である薬物がどのようにして脳内で作用するのだろうか。これまでに解説してきたように，シナプスを介したニューロン間の情報伝達には神経伝達物質とその受容体のはたらきが重要であった。服用した薬物もまた脳内のシナプスではたらき，私たちの"痛み"や"不安"を軽減させる。特定の神経伝達物質のはたらきを強める薬物をアゴニスト，そのはたらきを抑制する薬物をアンタゴニストという。多くのアゴニストやアンタゴニストは，神経伝達物質の鍵穴である受容体に作用してその効果を発揮する。

　私たちの脳や内分泌器官でつくられた神経伝達物質は化学物質（アミノ酸やペプチド）である。神経伝達物質にはいくつかの種類があり，それぞれ機能が異なる。その代表的なものを以下に挙げる。

1）グルタミン酸

　グルタミン酸は，その受容体に結合すると受け手側のニューロンを興奮（活性化）させるはたらきを持つ。視覚系など感覚神経系のニューロンではグルタミン酸のはたらきが重要である。グルタミン酸の受容体の 1 つである NMDA 受容体は，シナプスの可塑的な変化[1]に重要な役割を果たしており，記憶や学習に関与する（Morris & Frey, 1997）。

2）γ-アミノ酪酸（GABA）

　GABA は抑制性にはたらく伝達物質である。脳の活動を過剰にしないために GABA のはたらきは重要である。GABA のアゴニストはてんかん発作の抑制，睡眠の誘導，不安の低減などのはたらきを持つ。

3）アセチルコリン

　アセチルコリンは，中枢神経系では学習，記憶や情動に重要な役割を持つ（Hata et al., 2007）。アルツハイマー型の認知症に見られる記憶障害はアセチルコリンのはたらきと関係が深く，このはたらきを高める薬物が治療薬として用いられている（Etienne et al., 1986）。末梢では，アセチルコリンは筋肉と神

1）　シナプスの可塑的変化：シナプスでの情報の伝達しやすさが変化し，それが一定期間持続されることを言う。可塑性とは，機能等が変化して，その変化が維持されること。

経との接合部位や副交感神経系において作用している。

4）ドーパミン

　ドーパミンは報酬系としてはたらきを持ち，前脳において報酬を高める作用，快感を引き起こす作用を持つ（Ikemoto, 2010）。また，ドーパミンは運動制御にも重要なはたらきを持ち，ドーパミンが減少すると老人性の運動障害であるパーキンソン病が発症する。

5）ノルアドレナリン

　ノルアドレナリンは覚醒，注意，衝動性に関係し，交感神経系ではたらく。ストレスや不安の生起にも関与していると考えられている。

6）セロトニン

　セロトニンは情動状態を安定させる役割を持つ。脳内のセロトニンの濃度が低くなると，攻撃性が高まる，衝動性が高まる，うつ傾向になる，などネガティブな情動状態になる。うつ病の治療薬の多くはセロトニンのはたらきを高める作用を持つ。睡眠や摂食行動の調整にもセロトニンは関与している（Blundell & Halford, 1998）。

2．中枢神経系の構造

（1）脳の構造と機能

　中枢神経系には脳と脊髄が含まれる。本節ではこれらの構造と機能について見ていく。脳は，大脳，間脳，中脳，橋，延髄，小脳に分かれる。中脳，橋，延髄を合わせて脳幹と呼ぶ。大脳は，ヒトでは他の部位と比べて大きいが，他の動物では相対的に小さい場合もあり，発生学的には終脳とも呼ばれている。一般的に，大脳と小脳は動物がよりよく生きていくための機能を持ち，脳幹は動物が生きていくために必須な機能を持つ。

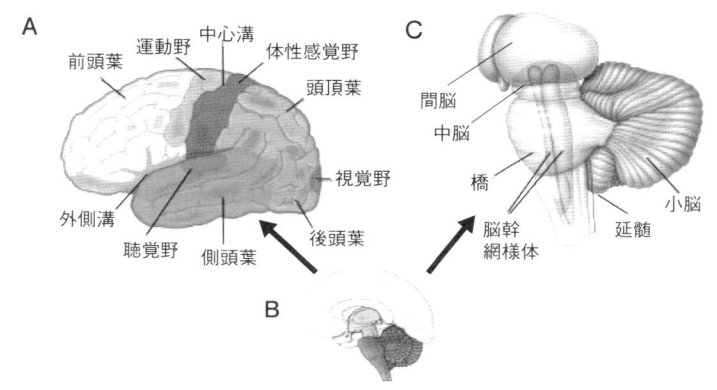

図 2-4　A：大脳皮質の側面図　B：ヒトの脳の断面図　C：脳幹と小脳の拡大図
（A：Nolen-Hoeksema et al., 2014　内田監訳，2015 を改変／B, C：Pinel, 2003　佐藤他訳，2005 を改変）

1）大脳と周辺領域

　大脳は表面にある大脳皮質と内側にある大脳基底核に区分される。大脳皮質の前後に走る大脳縦裂によって，大脳は左右対称の半球に分かれる。大脳の表面にあるしわのような切れ込みを脳溝，脳溝に囲まれて隆起したところを脳回と呼ぶ。ヒトの大脳には脳溝が多数あり，大脳の表面積が大きくなっている。図 2-4 にあるように中心溝と外側溝が代表的な脳溝であり，これらに基づいて大脳皮質は前頭葉，頭頂葉，側頭葉，後頭葉に分けられる。前頭葉は意思決定や情動の制御，作業記憶や運動の制御などの役割を持つ。頭頂葉は体性感覚や場所の認知に関与する。側頭葉は音の知覚や言語の理解に関係する。後頭葉では視覚の情報処理が行われている。このように大脳皮質の領域によってその機能は異なっている。

　大脳皮質のニューロンを染色して顕微鏡で観察すると，6 層構造を形成していることがわかる。ブロードマン（Brodmann, K.）は，大脳皮質の 6 層の細胞の形や厚さなどの違いに注目し，大脳皮質を 52 の領域に分ける地図を作成した。後の研究によってこの地図の領域ごとにその機能も異なることがわかってきた。大脳皮質の部位と機能を細かく見ていくと，視覚，聴覚，体性感覚のように知覚に関わる部位と身体の運動に関わる部位が多くの領域を占める。しかし感覚と運動の過程に直接関わっていない部位もいくつかあり，それらを連

合野と呼ぶ。連合野は，感覚情報や運動情報の統合，情動の調節，言語機能，意思決定や物事の予測など高次の心的機能に関与する領域であると考えられている。前頭葉の運動野を除く部分は前頭前野や前頭連合野と呼ばれ，他の動物に比べて特にヒトで発達している。この部位は情動の制御や意思決定，作業記憶などヒトの特徴をなす機能を有している。

　大脳基底核には，線条体（尾状核と被殻からなる），淡蒼球などがある。これらの部位は運動の開始や終了，運動の学習や記憶に関与している。大脳の内側には左右半球の連絡経路である脳梁があり，これをとりまく領域を大脳辺縁葉という。辺縁葉のさらに内側にあり，大脳皮質と連絡し機能的な関係が深い領域を大脳辺縁系という。代表的な部位は海馬と扁桃体であり，海馬は記憶に扁桃体は情動の生起に関与している。

2）間　　脳

　間脳は視床と視床下部からなり，ともに多数の神経核（神経細胞の集まり）を有している。視床は感覚器官から大脳皮質へ連絡する中継地点としての役割を持つ。たとえば，視覚は外側膝状体から視覚野へ，聴覚は内側膝状体から聴覚野へと到達する。視床下部は，生命を維持するための多くの役割を持つ。視床下部には，摂食，飲水，性行動，睡眠，体内リズムの維持に関与する神経核がある。さらに，視床下部は自律神経系や内分泌系（ホルモン）の調節にも関与している。

3）中脳・橋・延髄

　中脳は視覚，聴覚の中継地点であり，運動制御や姿勢制御の役割を持つ。橋は睡眠や注意を制御している。延髄は呼吸や嚥下などの調節に関与する。この3つの領域にまたがって脳幹網様体という部位がある。この部位は意識の覚醒を維持するはたらきを持ち，睡眠とも関係が深い。

4）小　　脳

　小脳の重要な役割に運動の調整がある。大脳皮質の運動野と協同して，微細な運動や自転車にのる，楽器をひくというような複雑な運動（協調運動と言

う）の学習を調節している。最近では情動の調節，弁別学習や空間学習といった高次の認知学習機能にも小脳が重要であると報告されている（Gandhi et al., 2000）。

(2) 脊髄の機能と構造

　脊髄は脳と末梢神経系を結ぶ神経であり，背骨に平行して上下に走っている。皮膚などから入力された情報は，感覚神経からは脊髄の後側を通って，脳へ向かう上行性経路へと連絡する。脳からの運動出力は下行性経路を経て，脊髄の前側を通って末梢の運動神経へと連絡する。脊髄の機能の一つに脊髄反射がある。「熱いものに触って思わず手をひっこめる」という動作は，感覚神経から脊髄へ到達し，脳までその情報は移動せず，脊髄で運動神経に切り替わり，「手をひっこめる」という動作が出力される。感覚情報は反射よりも遅れて大脳皮質に到達し，「熱い」といった感覚が生じる。

3. 末梢神経系と内分泌系の構造

(1) 末梢神経系の構造と機能

　脳と脊髄が中枢神経系であり，そこから身体の末梢へ向かう遠心性の神経と，末梢から中枢神経系に向かう求心性の神経を合わせて末梢神経という。末梢神経は脳に出入りする 11 対の脳神経と脊髄に出入りする 31 対の脊髄神経に分類される。遠心性の末梢神経には骨格筋につながる体性神経系と心筋，内臓筋（平滑筋），分泌線につながる自律神経系がある。求心性の末梢神経には視覚や体性感覚の情報を中枢に伝える体性神経系と内臓感覚などの情報を中枢に伝える自律神経系がある。目，耳，鼻，皮膚など感覚器官から感覚情報を中枢神経系へ伝える体性神経は感覚神経と呼ばれ，中枢神経系から骨格筋へ運動情報を伝える体性神経は運動神経と呼ばれている。自律神経系は交感神経と副交感神経に分類され，両神経は同じ器官にはたらいてもその作用は正反対になる。たとえば交感神経は心臓に作用して心拍を増加させるが，副交感神経は心臓にはたらき心拍を減少させる。

(2) 内分泌系の構造と機能

　内分泌器官でつくられるホルモンも神経伝達物質と同様に化学物質であり，身体のさまざまな場所で受容体を介してその情報を伝達する。ホルモンとは，内分泌器官でつくられ，血液によって運ばれ特定の標的細胞に作用し，生理的効果を示す物質と定義される。代表的な内分泌器官は，視床下部，下垂体，甲状腺，副腎，性腺（精巣，卵巣），膵臓である。

　視床下部は内分泌系の中枢であり，自律神経系および身体各部の内分泌器官の機能を調整する役割を持つ。下垂体は視床下部の下に位置する小器官であり，視床下部と連携して各種のホルモンを放出する。視床下部ではオキシトシンやバソプレシンが産生され，これらのホルモンは下垂体後葉に運ばれてから身体全体へと放出される。視床下部は下垂体前葉を刺激するホルモン（下垂体ホルモン放出ホルモン）を産生し，その情報が下垂体前葉に伝達され，各種ホルモンが放出される。下垂体前葉から放出されるホルモンは，成長ホルモン，プロラクチンに加えて，内分泌器官を刺激するホルモンである甲状腺刺激ホルモン，副腎皮質刺激ホルモン，性腺刺激ホルモン（卵胞刺激ホルモン，黄体形成ホルモン）である。

　下垂体から刺激を受けて，末梢の内分泌器官からホルモンが放出される。甲状腺からはサイロキシンなどが分泌され，代謝や成長に重要な役割を持つ。副

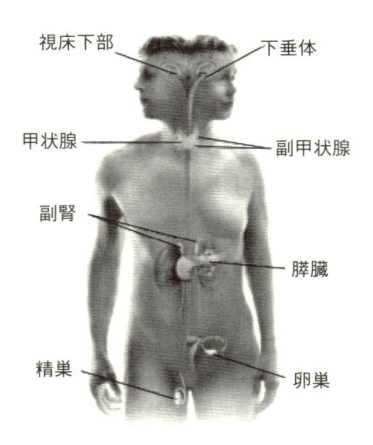

図2-5　ヒトの内分泌系（Myers, 2013　村上訳，2015を改変）

腎皮質からはストレスホルモンとも呼ばれているコルチゾールやコルチコステロンが分泌される。男性の精巣からはテストステロンが，女性の卵巣からはエストロゲン（卵胞ホルモン）やプロゲステロン（黄体ホルモン）が放出される。これらの性ホルモンは第2次性徴期に高まり，男女それぞれの発育に重要な役割を持つ。その他，膵臓からはインシュリンが放出され，飲食によって高められた血糖値を低下させる役割を持つ。

■ 章末問題

1. 以下の文章の空欄に適切な語句を入れよ。

(1) 中枢神経系は，（　①　），（　②　）からなり，末梢神経系は体性神経系と（　③　）からなる。

(2) 脳には（　④　）とグリアの2種類の細胞があり，（　④　）は，細胞体，（　⑤　），（　⑥　）で構成されている。

(3) ニューロンが活性するとき，（　⑦　）が生じ，細胞体から軸索の方向に電気が流れる。

(4) モノアミン系の神経伝達物質には（　⑧　），ノルアドレナリン，（　⑨　）がある。

(5) 大脳は，前頭葉，（　⑩　），（　⑪　），後頭葉からなる。

(6) 脳は，大脳，（　⑫　），脳幹，（　⑬　）に分類される。

(7) （　⑭　）は，内分泌腺でつくられ，大量の化学シグナルが血液中に分泌され，体内に運ばれる。

2. 以下の問に答えよ。

(1) ニューロン間の情報の伝達について簡潔にまとめよ。

(2) 大脳皮質の4つの部位（葉）のはたらきを，簡潔にまとめよ。

引用文献

Blundell, J. E., & Halford, J. C. G. (1998). Serotonin and appetite regulation. *CNS Drugs*, **9**, 473-495.

Etienne, P., Robitaille, Y., Wood, P., Gauthier, S., Nair, N. P., & Quirion, R. (1986). Nucleus basalis neuronal loss, neuritic plaques and choline acetyltransferase activity in advanced Alzheimer's disease. *Neuroscience*, **19**, 1279-1291.

Gandhi, C. C., Kelly, R. M., Wiley, R. G., & Walsh, T. J. (2000). Impaired acquisition of a Morris water maze task following selective destruction of cerebellar purkinje cells with OX7-saporin. *Behavioural Brain Research*, **109**, 37-47.

Hata, T., Kumai, K., & Okaichi, H.（2007）. Hippocampal acetylcholine efflux increases during negative patterning and elemental discrimination in rats. *Neuroscience Letter*, **418**(2), 127-132.

Ikemoto, S.（2010）. Brain reward circuitry beyond the mesolimbic dopamine system: A neurobiological theory. *Neuroscience & Biobehavioral Review*, **35**, 129-150.

池谷裕二（監修）2015　脳と心のしくみ　新星出版

近藤保彦・小川園子・菊水健史・山田一夫・富原一哉（編）（2010）．脳とホルモンの行動学―行動神経内分泌学への招待　西村書店

Myers, D.（2013）. *Psychology*（10th ed.）. New York: Worth Publishers.（村上郁也（訳）（2015）．マイヤーズ心理学　西村書店）

Morris, R. G., & Frey, U.（1997）. Hippocampal synaptic plasticity: Role in spatial learning or the automatic recording of attended experience? *Philosophical Trausactions: Biological Sciences,* **352**, 1489-1503.

Nolen-Hoeksema, S., Fredrickson, B. L., Loftus, G. R., & Luts, C.（2014）. *Atkinson & Hilgard's introduction to Psychology*（16th ed.）. Andover, MA: Cengage Learning EMEA.（内田一成（監訳）（2015）．ヒルガードの心理学　第16版　金剛出版）

Pinel, J. P.（2003）. *Biopsycholigy*（5th ed.）. Boston, MA: Pearson Education.（佐藤　敬・若林孝一・泉井　亮・飛鳥井　望（訳）（2005）．バイオサイコロジー―脳－心と行動の神経心理学　西村書店）

参考文献

Delcomyn, F.（1998）. *Foundations of neurobiology*. New York: Freeman.（小倉明彦・富永恵子（訳）（1999）．ニューロンの生物学　南江堂）

岡田　隆・廣中直行・宮森孝史（2015）．生理心理学　第2版　サイエンス社

岡市廣成・鈴木直人（監修）青山謙二郎・神山貴弥・武藤　崇・畑　敏道（編）（2014）．心理学概論　第2版　2014　ナカニシヤ出版

3 感覚と知覚

1. 感覚・知覚

　私たちは日常，絶えず感覚器官を使って与えられた刺激や自身の置かれた環境について知る。眼の前にあるカップは，眼という感覚器官を通して「見る」ことができるし，小鳥のさえずりは耳を使って「聞く」ことができる。またカップに注がれたコーヒーの香りは鼻を，味は舌を用いてそれぞれ感じ取ることができる。このように，感覚器官を用いて刺激や事象を生体が知るはたらきを感覚または知覚と呼ぶ。

　感覚および知覚という用語は，類似した場面で厳密な区別をすることなく用いられることが多いが，感覚は「どのような刺激を生体が受け取ったか」を重視する概念であり，知覚は「その刺激を生体がどのように解釈したか」を重視する概念であると言える。刺激や事象を「知覚」する際には，感覚器官が受け取った情報をそのまま「見える」「聞こえる」といった感覚体験として出力しているのではなく，受け取った情報の一部だけを選択・誇張したり，複数の情報をまとめたりといった「解釈」が加えられるのである。そのため，私たちが知覚した世界は，刺激の物理的な特性をそのまま寸分違わず受け取ったものではなく，現実とは多少ズレた世界となることが多い。

　本章では，感覚・知覚に関する現象や研究法について解説する。

2. 精神物理学的測定法

　精神物理学とは，刺激の強さと感覚の強さとの関数関係を追究する学問である。1860 年にフェヒナー（Fechner, G. T.）の著した「精神物理学原論」において，たとえばロウソクの明かりはどのくらいの明るさに感じるのかなど，ど

のような強さの刺激がどのような強さに感じるのかの対応関係が検討された。

(1) 閾　　値

　たとえば3mほど離れた位置にいる蚊の羽音などは，通常は聞き取れないぐらい弱い音である。蚊が徐々に近づいてくると，その羽音はやがて私たちにも聞き取ることができるレベルまで大きくなる。このように，刺激が存在していても，その強度が非常に弱い刺激は感じることができず，ある程度刺激強度が増すとその刺激を検出することが可能となる。すなわち，刺激を検出できるかできないかの境界点となる刺激強度が存在することを表し，この境界点を刺激閾または絶対閾と呼ぶ。

　刺激閾以上の強度で提示された刺激について，その強度の変化や差を検出することを弁別と呼ぶ。たとえば，1円玉大の円と500円玉大の円であれば，大きさの差が比較的大きく弁別は容易である。しかし10円玉大の円と100円玉大の円となると，弁別は困難になる。このように，刺激を弁別するためには，ある程度の刺激の変化量や刺激間の強度差が必要である。2つの刺激を弁別するのに必要な最小の刺激の変化量や強度差の値を弁別閾と呼ぶ。弁別閾を求める際には，2つの刺激の強度（上述の例では円の大きさ）を実験参加者に比較判断させたり，または1つの刺激の強度を変化させてその変化に気づいたかを報告させる実験を行って求める。

　刺激閾や弁別閾など，刺激の存在や差を検出できる値を総称して閾値と呼ぶ。閾値はその感覚における刺激に対する鋭敏さの指標として用いられ，閾値が低いほど感覚が鋭敏であることを示す。ただし，閾値を明確な境として感覚が急に変わるわけではなく，刺激の存在や差を「50%の確率で検出できる」値が閾値と定められる。

(2) 心理測定法

　刺激閾や弁別閾などの閾値を測定する際の測定法にはいくつかの種類がある。もっとも簡便な方法は，実験参加者自身に刺激を調整させる調整法と呼ばれる方法である。たとえば，見本となる光刺激を呈示しておき，その隣に明るさを調節できるダイヤルのついた別の光刺激を実験参加者に操作させ，見本刺

激と同じ明るさとなるよう調整させるなどの方法が考えられる。この例では，この作業を繰り返し行うことで「見本と主観的に同じ明るさ」に感じる点（主観的等価点と呼ぶ）を求める。調整法は簡便であり試行数も少なくて済むが，実験参加者の意図が入りやすいという短所もある。

　一方で，実験参加者にとって明らかに刺激を感じない（または感じる）強度から徐々に強度を上げて（または下げて），刺激を感じるようになった（または感じなくなった）値をその試行の測定値とする方法を極限法と呼ぶ。例として，音の刺激閾を極限法によって測定するには，明らかに聞こえない強度の音からスタートし，徐々に音の強度を上げていく。実験参加者が聞こえると判断したら，その時点での強度を測定値とする。同様に，聞こえる音から徐々に強度を下げていく試行も行う。

　極限法のように一定方向に強度を変化させるのではなく，提示するすべての刺激強度の値について，実験参加者にランダム順に提示する方法を恒常法と呼ぶ。音の刺激閾の例で言えば，提示する音の強度の範囲・段階・提示回数を設定し，それらをランダム順に提示し，1試行ごとに聞こえたか聞こえなかったかを実験参加者に報告させる方法となる。調整法のように実験参加者の意図が入らず精度が高い点が長所であるが，試行数が多くなり実験参加者の疲労や飽きが影響する点が短所である。

(3) 感覚の大きさと刺激強度との関係

　たとえば100gのおもりを手に乗せ，そこに1gずつ小さなおもりを足していくという重さの弁別閾を調べる実験を考えてみる。ある実験参加者に対してこの実験を行ったところ，100gのおもりに3g足した時点で「重くなった」と感じたとする。では，同じ実験参加者の手の上に200gのおもりを乗せ，同様に1gずつおもりを足していったとき，この実験参加者は何g足された時点で「重くなった」と感じるのだろうか。実は100gのおもりのときとは違い，200gのおもりを手に乗せた状態で始めると，実験参加者は3g足しても重さの違いを感じ取ることができず，6g足された時点で初めて重さの違いを感じ取ることができる。すなわち，私たちは重さの違いを絶対的な重さの差で知覚しているのではなく，ある重さ（最初に手に乗せるおもりの重さ）を基準とした

重さの比率の違いで知覚しているのである。これを式に表すと，以下のようになる。

$$\frac{\Delta I}{I} = C$$

　ここで，I は基準になる刺激強度（原刺激量），ΔI は弁別閾の値を表し，上記の式はこれら2つの比が常に一定の値 C となることを表す。すなわち，原刺激量と弁別閾は比例関係にあることを表し，この関係性を発見した生理学者ウェーバー（Weber, E. H.）の名を取り，この法則をウェーバーの法則と呼ぶ。また定数 C はウェーバー比と呼ぶ。視覚や聴覚などの，相互に移行することのない感覚の種類を感覚モダリティと呼ぶが，感覚モダリティによりウェーバー比の値が異なることが見いだされている。

　フェヒナーはウェーバーの法則を発展させ，さまざまな強度の刺激についてその強度を変化させて弁別閾を求めた結果，刺激強度と感覚の強さとの間に次のような関係を導き出した。

$$S = k \log I$$

　S は感覚の大きさ（感覚量），I は刺激強度（原刺激量）を表し，すなわち上記の式は感覚量が刺激強度の対数に比例することを表す（k は定数）。この関係性はフェヒナーの法則，またはウェーバー・フェヒナーの法則と呼ばれる。この法則はすなわち，弱い強度の刺激であれば，私たちの感覚は変化に鋭敏である一方，強度の強い刺激になると変化に気づきにくくなることを意味する。例えば，今にも消えそうな電球の光を見つめるとき，その明るさが少し強くなると私たちの眼には大きく明るくなったように感じる。一方，まぶしいぐらいに明るく光る電球であれば，多少明るさが変わっても私たちには気づきにくい。

3.　視　　覚

　種々の感覚モダリティのうち，日常においてヒトがもっともよく用いるのが視覚である。視覚への依存度の高さから，知覚に関する現象も多く研究も古く

図 3-1　図 - 地反転図形の例：ルビンの壺（筆者作成）

白い部分を図，黒い部分を地として知覚すると，壺に見える。黒い部分を図，白い部分を地として知覚すると，向かい合う 2 人の人間の顔に見える。

からなされてきている。ここでは視知覚における現象や性質について述べる。

（1）知覚的体制化

　たとえば，眼の前に立っている人物を見たとき，私たちはその人物を背景から切り離された 1 つのまとまった対象として知覚している。仮にその人物が自己紹介しながら名刺を差し出し，受け取るためにその名刺を注視すると，先ほどまで知覚していた人物は背景として切り離され，今度は名刺がまとまった対象として知覚される。ルビン（Rubin, E. J.）は，知覚されるまとまった対象を図，そこから切り離された背景となる部分を地と呼んだ。上述の例では，最初は人物が図となっていたのが，名刺を差し出されると名刺が図，人物を含めた背景が地となる。私たちは常に地から図が浮き出ているかのように知覚しており，すなわち知覚とは無数の刺激の中から特定の刺激を図として選択する過程であるとも言える。図 3-1 はルビンの壺と呼ばれる絵で，図と地が交互に反転して知覚される図形（図－地反転図形）である。

　複数の刺激が同時に呈示されたとき，私たちは刺激を一つひとつ順番に知覚したりせず，複数の刺激をグループとして知覚する性質を持つ。ウェルトハイマー（Wertheimer, M.）は，複数の刺激がまとまって知覚される要因を群化の法則としてまとめた。図 3-2 に群化の法則の例を示す。たとえば A では，1 と 2，3 と 4，5 と 6 がそれぞれ 1 つのグループとして知覚されやすい。このように，距離の近い刺激同士がまとまって知覚される要因を近接の要因と呼ぶ。B では，白丸同士，ひし形同士のように，似た性質をもつ刺激同士がそれぞれ

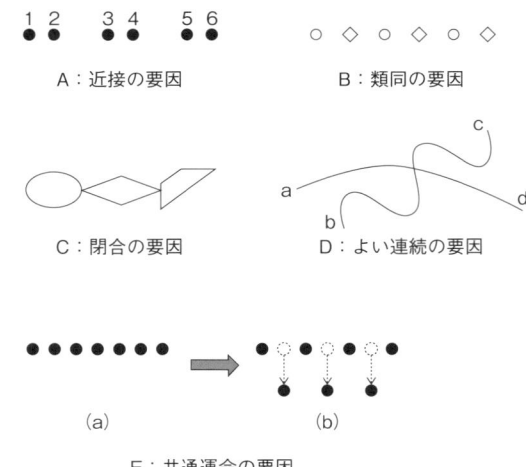

図 3-2　**群化の法則**（筆者作成）

グループとして知覚されやすい（類同の要因）。C は，楕円・ひし形・台形が
それぞれ接しているように知覚されやすいが，これは各線分が閉じた輪郭を
作っているもの同士を 1 つのグループとして知覚していることを表す（閉合の
要因）。D では，ad や bc を 1 つのまとまった線分として知覚しやすい。線分
ad や bc は，ab や cd と比べると連続体として無理がなく，「よい連続」を形
成しているためである（よい連続の要因）。E の（a）のように配置された刺激
は，全体として 1 つのグループとして知覚されやすいが，たとえば一部の刺激
が（b）のように（同時に，同じ速度で）下に移動を開始すると，「動いた刺
激」と「動かなかった刺激」にそれぞれまとまって知覚される。このように共
通の変化が起こった（共通の運命をたどった）刺激同士がまとまって知覚され
る要因を共通運命の要因と呼ぶ。

（2）錯　　視

　ある対象を知覚するとき，対象の実際の像と知覚された像にはズレがある。
多くの場合そのズレはわずかなものであるが，両者のズレが著しく大きくなる
ことがあり，これを錯覚と呼ぶ。錯覚はどの感覚モダリティにおいても起こる
現象であるが，特に視覚において顕著に見られる。視覚における錯覚（いわゆ

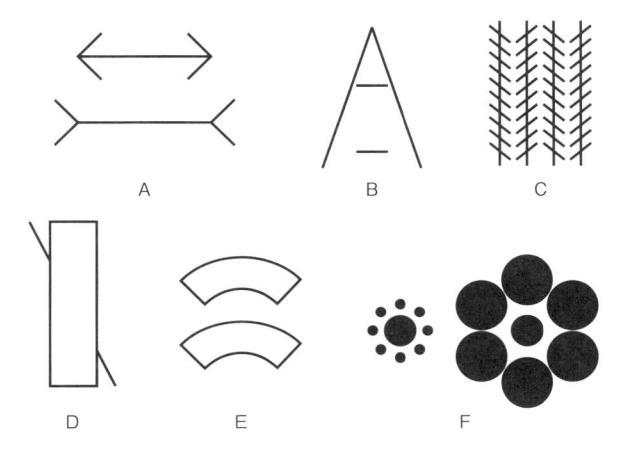

図3-3　錯視図形（筆者作成）

A：ミュラー・リヤー錯視（中央の長い水平線分は上下の図形とも同じ長さ），B：ポンゾ錯視（中央の上下に並んだ短い水平線分は同じ長さ），C：ツェルナー錯視（長い縦の線分はすべて平行），D：ポッゲンドルフ錯視（左上と右下の斜線を延長すると一直線上に並ぶ），E：ジャストロー錯視（上下に並んだ 2 つの図形は形・大きさとも同じ），F：エビングハウス錯視（左右それぞれの中央の円は同じ大きさ）

る「目の錯覚」）を錯視と呼ぶ。古来より，単純な幾何学図形を組み合わせて錯視を起こす錯視図形を用いて研究がなされており，錯視図形の種類により同じ大きさ・長さのものが違って見える，直線が曲がって見えるなど錯視のバリエーションがある。図3-3 に代表的な錯視図形を示す。

(3) 奥行き知覚

　私たちは奥行きのない二次元の網膜像から，奥行き方向を知覚することができる。奥行きを知覚する手がかりには片眼視でも得られる情報と，両眼視によってのみ得られる情報がある。通常，片眼視よりも両眼視の方が奥行きを正確に知覚できるが，これは両眼視の際には片眼視情報と両眼視情報の双方を得ることができるからである。

　片眼視でも得られる情報としては，運動視差が挙げられる。例として，走っている電車に乗っている状態で，車窓から外の景色を眺めている場面を考えてみよう。車窓から向こうに見える 1 本の木を注視してみると，その木の向こう側に見える山は視野内で進行方向と同方向に運動するように見える。逆に，注

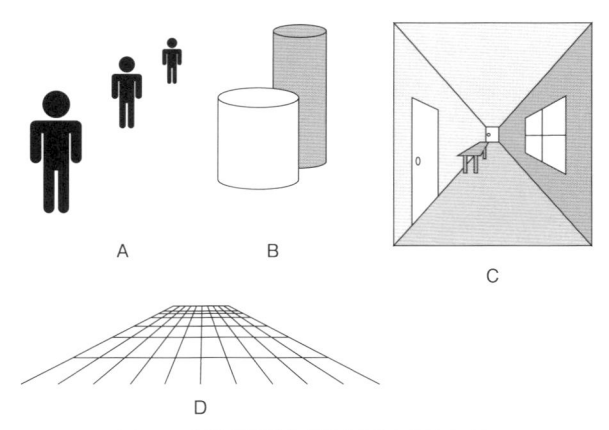

図 3-4　経験学習的な網膜像要因（筆者作成）

A：物体の大きさと位置関係（小さいもの，上方にあるものほど遠くにあるように知覚），B：部分的重なり（一部が隠されたように見えるものは，隠しているものより向こう側にあるように知覚），C：線状透視（手前から奥に向かう線を 1 点に収束するように描くと奥行きを感じる），D：きめの勾配（きめが粗い部分からスムーズに細かくなっていく模様は，手前から奥に向かう平面に見える）

視した木よりも少し手前にある家は，視野内で進行方向と逆方向にゆっくり運動するように見える。また，電車が踏切を通過する際には，（注視した木よりもかなり手前にある）踏切の遮断機は，進行方向と逆方向に速く運動して見える。すなわち物体が注視した対象より遠くにあるか近くにあるかで運動方向が変わり，対象との距離によって運動速度が変化する。このように，自身が運動しているときの視野内での物体の運動の仕方から，奥行き情報を手がかりとして得ることができる。また，他の片眼視情報として経験学習的な網膜像要因（図 3-4）が挙げられる。

　両眼視によってのみ得られる奥行き情報としては，両眼の輻輳（ふくそう）と両眼視差が挙げられる。輻輳とは眼球運動の一種で，両眼が左右対称に回転運動をする働きである。たとえば，自分の眼の前に指を立てて置き，立てた指の先を注視したまま指をゆっくりと近づけてみると，指先を注視した両方の眼球は内側に回転する。逆に指を遠ざけていくと，両方の眼球は外側に回転する。すなわち，視対象との距離によって眼球の回転方向と度合いが変化し，その結果両眼の視線が交わる角度（輻輳角）が変化する。およそ20m 以内の距離であれば，こ

 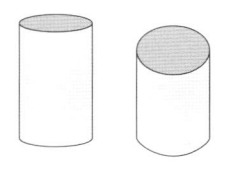

A：大きさの恒常性　　　　　　　　B：形の恒常性

図3-5　恒常性（筆者作成）

の輻輳角から奥行きに関する手がかりを得ることができる。また，私たちの両眼はついている位置が異なるため，右眼と左眼では網膜像に多少のズレがある。この両眼の像のズレを両眼視差と呼ぶ。このズレを脳において統合することで，私たちは奥行きに関する手がかりを得ている。両眼視差の性質を利用すると，両眼に意図的にズレた像を見せることで立体的な像に見えさせることが可能である。今日の3D映像や3D眼鏡は，これを利用したものである。

(4) 恒　常　性

　図3-5のAに描かれた2人の人物のうち，左側の人物は右側の人物の2倍の大きさで描かれている。しかし，私たちがこれを見たときには通常「左側の人物の身長は右側の人物の2倍である」という知覚はせず，「右側の人物は左側の人物よりも遠くに立っている」という知覚のほうが一般的である。このように，網膜に映った像の上で視対象の性質が変化しているにもかかわらず，その性質が変わらないように知覚される性質を恒常性と呼ぶ。図3-5のAの例では，網膜上の大きさが変化しているにもかかわらず大きさが変わらない，すなわち恒常のものとして知覚しているため，大きさの恒常性と呼ぶ。また図3-5のBは，形の知覚に関して恒常性が起こっている例である（形の恒常性）。Bに描かれた立体の色の濃い部分は，網膜上は楕円として映っているが，私たちはこの部分を真円と知覚できる。

　恒常性は，私たちに安定した知覚世界をもたらすはたらきを持っており，私たちが持つ対象に関する知識と密接に関わっている。図3-5のAにおいて大きさの恒常性が起きるのは，一般的な人間の身長がどのくらいであるかの知識を持ち合わせており，それと矛盾しないように知覚しようとしているためであ

ると考えられる。また図3-5のBについては，色の濃い部分が「円柱の底面である」ことを知っていることで真円と知覚できる。すなわち，対象に対する熟知度（どの程度熟知しているか）が高いと，恒常性が起こると言える。大きさや形の他にも，明暗や色，また（視覚ではないが）音の大きさなどについても恒常性が起こるが，同様に熟知度の影響が大きい。

4. 聴　　覚

　視覚に次いでヒトが通常の生活で依存している感覚モダリティが聴覚である。聴覚刺激となるのは音波であり，音波を伝える物質（媒質と呼び，通常は空気）の振動が媒質を伝わったものである。知覚される音には3つの基本的属性があり，それぞれ音の大きさ，音の高さ，音色である。ここでは主に音の大きさと音の高さについて述べる。

　音刺激の強度（音の強さ）は音圧レベルと呼ばれる。音圧は音波形の振幅に対応しており，振幅が大きければそれだけ強い音を表す。音圧レベルはdB（デシベル）という単位で表され，対象となる音と基準となる音との比率の対数から算出される。松田（2000）によれば，おおよその目安としてはヒトのささやき声は20dB，通常会話するときの声の強さはおよそ60dBで，100dBを超えるような強さの音は一時的に聴力を損失するぐらいの強い音である。

　音圧レベルが音刺激そのものの強さを表すのに対し，音の大きさは知覚された音の大きさを表す（例えば音圧レベルの高い音であっても，音源からある程度離れた距離で聞けば大きな音にはならない）。また，音の高さは一般に音の周波数（1秒当たりの周期の交替回数，単位：Hz（ヘルツ）で表す）と対応しており，周波数が高いほど高い音として知覚される。強度など条件を統制した上で音を聴取すると，同じ音圧レベル（dB値）の音でも周波数によって音の大きさが異なって聞こえることがわかっている。そこで，異なる周波数でも同じ大きさの音に聞こえる音を求めて図示したものが音の大きさの等感曲線である（図3-6）。等感曲線とは，縦軸に周波数，横軸に音圧レベルをとり，異なる周波数で同じ大きさの音に聞こえる音を曲線で結んだ表し方である。等感曲線を用い，周波数が1,000Hzの音を基準として，同じ等感曲線上の音に同じ

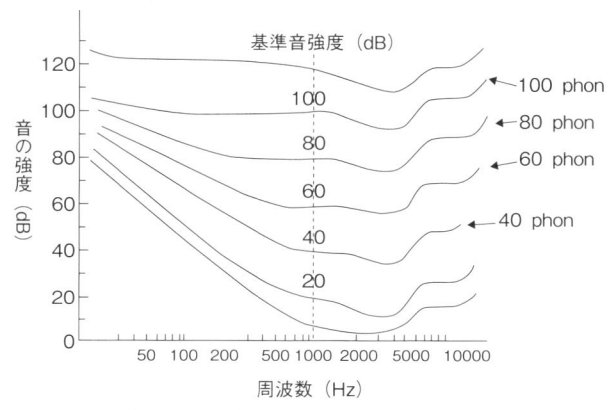

図 3-6　音の大きさの等感曲線（松田．2000 をもとに筆者作成）

数値を割り当てたものが，音の大きさの単位として用いられる phon（フォン）である。たとえば 40phon の音は，1,000Hz，40dB の音と同じ大きさに聞こえる音を表す。

5. 注　意

　注意という用語は，たとえば横断歩道などで「車に注意を払う」などの用法で日常的に用いられる。心理学においては，注意を扱うのは認知心理学の分野であるが，認知心理学における注意は日常的に用いられる用語とは少し異なる。認知心理学において注意とは，①情報を選択する機能，②情報のある側面へ集中する機能，③情報の存在に気づく機能を持つものである（道又，2003）。注意を向けた情報には「意識を向けている」とも言い換えることができ，意識と注意には深い関連を持つことが指摘されている（道又，2003；小川，2006）。
　注意が情報を選択する機能をよく表す例に，カクテルパーティ効果という現象がある。パーティ会場など多数の人が同時に会話していて騒々しい中で自身も友人と会話するとき，相手の声が周りの会話と比べて特に大きな声でなくとも比較的会話内容を聞き取ることができる。また友人との会話中に，少し離れた場所での他人の会話中に自身の関心のある情報が出てきた場合，その情報に

関する会話の音量が特に大きくなくとも聞き取れることがある。これらの例のように，多数の情報の中から特定の情報を選択する機能を選択的注意と呼ぶ。

　注意を別の視点から捉え「バケツの水」と表現することもある。バケツに入った水を用いて，玄関の打ち水・花壇の花への水やり・洗車の作業を行う際，打ち水に多量の水を使うと，花への水やりと洗車に使える水の量はわずかとなってしまう。同様に，注意は有限の資源（注意資源と呼ぶ）で総容量が決まっており，ある作業に注意を多く向ける（すなわち注意資源を多く消費する）と，他の作業に向ける注意資源が残り少なくなるというのがこの考え方である。注意のこのような機能を検討するのによく用いられるのが，異なる2つの課題を同時に遂行させる二重課題法である。一般に2つの課題を同時に遂行すると，それぞれの課題を単独で遂行した場合に比べ成績が下がることが見出されている（Wickens, 1980; Wickens & Gopher, 1977）ことから，注意が2つの課題で有限の資源を分割消費するように働くとする注意資源の概念が支持されている。

■　章末問題

1.　以下の文章の空欄に適切な語句を入れよ。

(1) 刺激を検出できるかできないかの境界点の強度を（　①　）と呼び，この値が低いほど感覚が（　②　）であることを示す。

(2) ある大学の教室で講義を受けている学生の様子を観察したとき，互いに近くに座っている学生同士を1つのグループとして知覚するのは，群化の法則のうち（　③　）の要因が働いた結果である。また，男子学生・女子学生をそれぞれグループとして知覚するのは（　④　）の要因が働いた結果である。

(3) 奥行きを知覚する際，両眼視によってのみ得られる情報は両眼の輻輳と（　⑤　）である。

(4) （　⑥　）は音刺激の強度を表し，dBという単位で表される。dB値が同じであっても，音の（　⑦　）が異なると，音の大きさは異なって聞こえる。音圧レベルに対し，音の大きさの単位として用いられるのが（　⑧　）であり，これは1,000Hzの音を基準に同じ（　⑨　）上の音に同じ数値を割り当てたものである。

(5) 騒々しいパーティ会場でも，多数の会話の中から自分が注意を向けた情報を聞き取ることができる現象を（　⑩　）効果と呼ぶ。

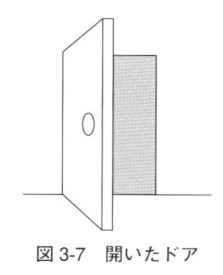

図3-7　開いたドア

2. 以下の問に答えよ。

(1) 弱い音Aと強い音Bの2つの音刺激について，音量を少しずつ変化させた場合，その変化をより敏感に感じ取れるのはどちらか。フェヒナーの法則を用いて説明せよ。

（キーワード：フェヒナーの法則，感覚量，原刺激量）

(2) 恒常性について，図3-7の例を用いて説明せよ。

（キーワード：形の恒常性，網膜像，熟知度）

引用文献

松田隆夫（2000）．知覚心理学の基礎　培風館

道又　爾（2003）．高次の知覚と注意　道又　爾・北﨑充晃・大久保街亜・今井久登・山川恵子・黒沢　学　認知心理学─知のアーキテクチャを探る（pp.65-99）　有斐閣アルマ

小川時洋（2006）．注意　岡市廣成・鈴木直人（編）　心理学概論（pp.65-70）　ナカニシヤ出版

Wickens, C.（1980）. The structure of attentional resources. In R. Nickerson *Attention and performance VIII.*（Ed.），（pp.239-257）. Hillsdale, N J: Erlbaum.

Wickens, D., & Gopher, D.（1977）. Control theory measures of tracking as indices of attention allocation strategies. *Human Factors*, **19**, 349-365.

参考文献

松田隆夫（2000）．知覚心理学の基礎　培風館

道又　爾・北﨑充晃・大久保街亜・今井久登・山川恵子・黒沢　学（2003）．認知心理学─知のアーキテクチャを探る　有斐閣

岡市廣成・鈴木直人（編）（2006）．心理学概論　ナカニシヤ出版

八木昭宏（1997）．現代心理学シリーズ6　知覚と認知　培風館

4

学　　習

1. 学習とは

　「学習」という言葉を聞くと，学校での「勉強」を思い浮かべる人が多いだろう。しかし，心理学用語の「学習」はもう少し広い意味を持っている。学習は「経験による比較的永続的な行動の変容」と定義される。たとえば，母親の帰りが遅いときに夕食を作っておいたら母親がとても喜んだので，母親が仕事のときには夕食を作るようになった。これは「夕食を作ることによって母親が喜んでくれた」という経験によって「夕食を作る回数が増加した」というように行動が変化した学習の例である。そのほか，ゲームをする時間が長くなった，授業をさぼる頻度が増えた，夜更かしが増えたなども，何らかの経験が原因となって，それまでの行動が持続的に変化しており，「学習」とみなされる。一般的な意味での学習が，行動が望ましい方向に変わることを指すのに対して，心理学では望ましい変化も望ましくない変化も，経験によって行動が変化したとき学習が生じたと言う。そして，行動の変化には，新しい行動の獲得のほか，すでにある行動の頻度の増減や，維持時間の変化，さらに行動の消失も含まれる。

　これに対して，反射や本能行動など，生まれつき生体に備わっている行動は学習とはみなさない。空腹のときにお腹がなる，熱い物を触って手を引くなど，経験を伴わなくても生じる行動は学習行動ではない。学習行動かどうかを判断する場合には，生まれて間もない赤ん坊でそのような行動が出現するかどうかを考えてみるとよいだろう。つまり，その行動が経験によって備わったものかどうかが重要なポイントとなる。

　では，ここでいう経験とは何を指すのか？　同じ対象や状況に会うこと，これが経験である。同じ人に出会う，同じ場所に行く，同じ音を聞くなど経験を

積み重ねていくと，それらに馴染みができ，行動が変化していく。単純に同じ音を何度も聞いていると，飽きてくることがある。あるいは，音楽と状況が結びついて懐かしい感情がわいてくることもある。いずれも意図した反応ではないだろうが，これらも学習による行動の変化である。

　ヒト以外の動物も学習する。犬にお手やお座りを訓練してできるようになることが学習であることは理解しやすいが，ショウジョウバエや軟体動物のアメフラシも学習をすると言うと驚くかもしれない。ショウジョウバエは危険を伴う匂いと安全な匂いの区別を学習する。アメフラシも危険を知らせる刺激に対して防御するという学習行動が生じる。これらの生物は学習の神経メカニズムを明らかにする研究において大きな貢献をしている。経験によって行動が比較的永続的に変化する，この定義に基づくと，学習がさまざまな動物に共通する現象であることがわかるだろう。以上，さまざまな学習行動の例を示したが，以下にこれらを分類して説明していく。

2. 馴化と鋭敏化

　単純なタイプの学習として，単一の刺激（出来事）を繰り返し経験することによって生じる行動の変化について取り上げる。この学習は，非連合学習と呼ばれる。蝉が鳴き始めると，夏がきた！としばらくは耳を傾けることがあるだろう。しかし，いつまでも鳴き声にとらわれて仕事が手につかないということはない。だんだんと耳が慣れてくるのである。このように同じ刺激を繰り返し経験すると，反応が弱まっていくことを馴化と言う。そして，夏も終わるころにツクツクボウシが鳴き始めると，また注意が復活する。馴化はそれを生じさせた特定の刺激に対して生じるもので，これを刺激特異性と呼ぶ。

　アメフラシが学習することを先に述べた。アメフラシの水管（サイフォン）に接触刺激を与えると，エラが収縮する（図 4-1A）。エラ引っ込め反応という行動で，刺激を繰り返し与えると，エラ引っ込め反応は弱まる。つまり接触刺激に対して馴化が生じる（Kandel, 2001）。馴化とは逆に，同じ刺激に対して反応が大きくなる場合を鋭敏化という。たとえば，一度歯医者で痛い治療を受けると，少しの治療でも痛みを感じてしまうことがある。痛みや恐怖など強い

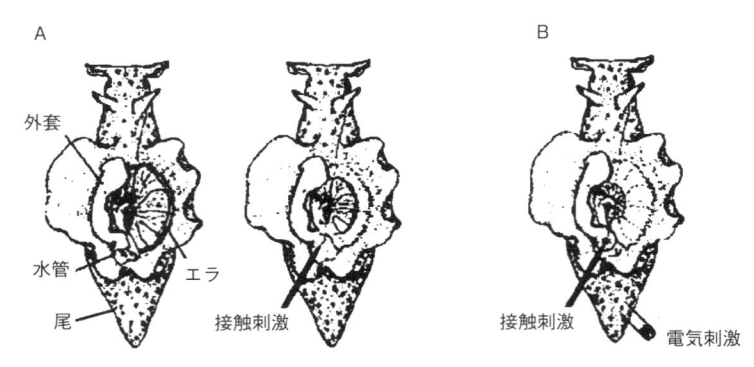

図4-1　アメフラシのエラ引っ込め反応
A; アメフラシの背側図と馴化実験での刺激部位
B: 鋭敏化実験での刺激部位
（岡市・鈴木，2014）

刺激に対しては鋭敏化が生じやすい。アメフラシの実験で，尾部に電気刺激を与えて，大きなエラ引っ込め反応が生させると，その後，筆でそっと触る弱い刺激でも，大きなエラ引っ込め反応が生じるようになる（図4-1B）（Kandel, 2001）。このように，鋭敏化は生体に害を及ぼすような強い刺激の場合に生じる。

3. 古典的条件づけ

(1) 基本概念

　古典的条件づけは2つの出来事の結びつきを学習するというもので，連合学習と呼ばれる。ロシアの生理学者パヴロフ（Pavlov, I. P.）による犬を用いた条件反射の実験が有名である。もともと消化腺の実験に用いていた犬が，実験を続けていくうちに，口に餌を入れる前から唾液が出るようになったことがこの発見のきっかけとなった。パヴロフは，実験者の足音などが唾液分泌を引き起こす誘発刺激になっているのではないかと仮説を立て，これを実験的に確かめた。足音のかわりにメトロノームの音を聞かせ，数秒後に好物の肉片を与えた。これを繰り返すうちに，犬はメトロノームの音がしただけで，唾液を分泌するようになった。すなわち，メトロノームの音と肉片という二つの刺激の関

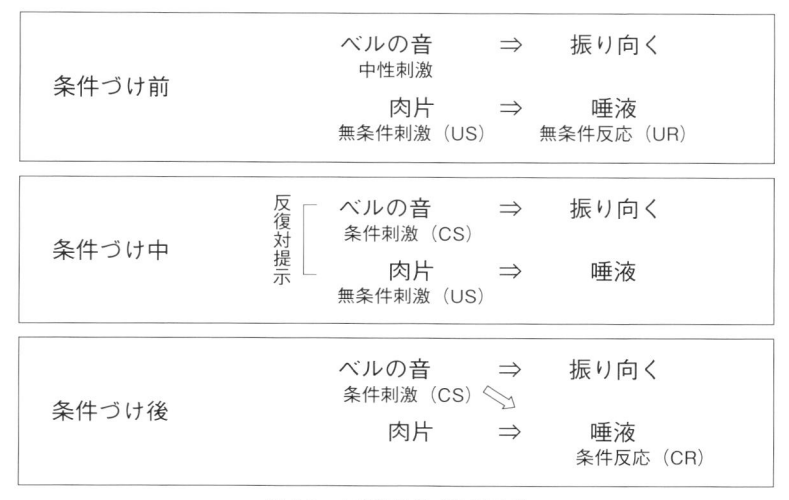

図 4-2　古典的条件づけの図式

係性を学習したのである。

　これらの刺激の関係性について条件づけ前，条件づけ中，条件づけ後という学習のプロセスにそって説明する。条件づけ前，肉片は口の中に入れると唾液分泌を誘発する刺激であった。生得的に反射や反応を引き起こす機能を持った刺激を無条件刺激（Unconditioned Stimulus: US）と呼び，それに対して生じる反応を無条件反応（Unconditioned Response: UR）と呼ぶ。条件づけ中には，犬にとっては快も不快ももたらさない中性刺激のメトロノームの音と無条件刺激である肉片がセットで提示される。この対提示を何度か繰り返すことによって条件づけが成立する。条件づけ後，メトロノームの音のみを提示すると，これに対して唾液反応が誘発されるようになった。このとき，メトロノームの音は条件刺激（Conditioned Stimulus: CS），唾液分泌は条件反応（Conditioned Response: CR）と呼ばれる（図 4-2）。

(2) 条件性情動反応

　唾液分泌のような身体反応以外にも，不安や恐怖など情動に関連する反応も古典的条件づけによって獲得してしまう場合がある。ワトソンとレイナー（Watson & Rayner, 1920）は，11 ヶ月の乳児アルバートに対して，古典的条

件づけの手続きを用いて，白ネズミに対する恐怖を獲得させた。アルバートに白ネズミを見せ，アルバートがそれに手を伸ばした瞬間に背後で鋼鉄棒を激しく打ち鳴らした。これを6回繰り返すと，アルバートは白ネズミを見ただけで泣き出し，逃げ出そうとするようになった。条件づけの用語を用いると，白ネズミCSを鋼鉄棒の音USと複数回対提示することによって，泣き出すなどの情動反応CRが獲得されたと説明できる。このCRは条件性情動反応と呼ばれる。これと同様に，さまざまな恐怖症や事故や災害の後の心的外傷後ストレス障害（PTSD）も古典的条件づけによって獲得される。

(3) 古典的条件づけの諸現象

1) 反応の獲得

　条件反応（CR）は，条件刺激（CS）と無条件刺激（US）の対提示により獲得される。多くの場合は，対提示の回数が多くなるにつれて，強い条件反応が生じるようになる。犬の唾液分泌の条件づけでは，30回の対提示でほぼ最大の条件反応があらわれ，それ以上の対提示では反応の強さはほぼ横ばいとなる。USが例えば電気ショックのような強烈な刺激であった場合には，対提示の回数は少なくても条件づけは成立する。このように対提示の回数や刺激の強さが条件反応の獲得に影響する。

　またCSとUSの提示の時間的な関係も条件反応の形成において重要である。時間的関係には4つのパターンがある（図4-3）。CSを提示した少し後にUSが提示され，両方同時に終了する（延滞条件づけ）。CSの提示が終了した後にUSが提示される（痕跡条件づけ）。CSとUSが両方同時に提示され，同時に終了する（同時条件づけ）。CSの提示よりも前にUSが提示される（逆行条件づけ）。延滞条件づけがもっとも条件づけが成立しやすく，同時条件づけや逆行条件づけは条件づけが成立しにくい。

2) 消去と自発的回復

　条件づけが成立した後に，CSのみを単独で提示すると何が起こるのか？　パヴロフは犬に肉片を与えずにメトロノームの音のみを与え続けた。しばらくこの試行を繰り返すと犬は唾液を流さなくなった。つまり，メトロノームの音

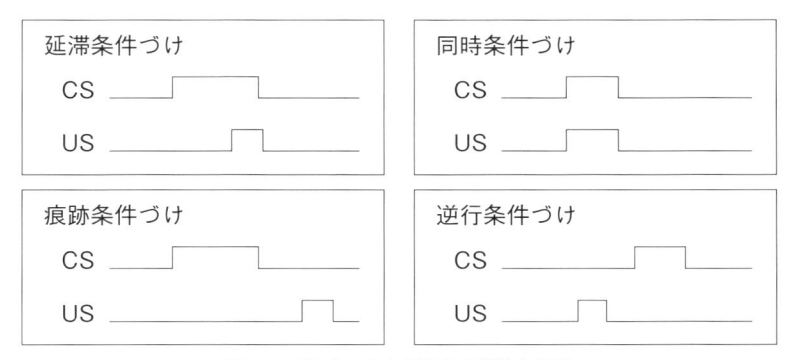

図 4-3　CS と US の提示の時間的な関係

は美味しい物がやってくるという信号としての機能を持たなくなり，反応が減少したのである。注意すべき点は，消去とは反応が消えてなくなるというよりも，CS を単独提示することによって反応が抑制されることである。そのため，時間が経つと CS が再び出現することがある。ある匂いをかいだとき，ある音楽を聞いたときにふと懐かしい気持ちがよみがえることがある。または，一度は恐怖を克服してなんともなくなった対象に対して恐怖がよみがえることもある。この現象は自発的回復と呼ばれる。条件反応がこういった性質を持つことから，恐怖症の治療が容易ではないことがわかる。

3）般化と弁別

　条件づけが成立すると，この条件づけで使用された条件刺激と類似した対象にも，条件反応が生じるようになる。これを般化と呼ぶ。たとえば，白ネズミに対して恐怖を獲得したアルバートは，ネズミに似た動物，アザラシの毛皮，脱脂綿やサンタクロースのお面までに恐怖を示すようになった。般化は条件刺激との類似度が高いときに生じやすく，類似度が下がるにしたがって生じにくくなる。条件づけ獲得後に，条件刺激との類似度を段階的に変化させていき，そのときの条件反応の強さを測定すると山型の曲線が描かれる。これを般化勾配と呼ぶ。一方，類似した刺激であっても，一方には強化を他方には消去の手続きを適応すると，強化された刺激のみに条件反応が生じるようになる。この手続きは分化強化と呼ばれ，それによって二つの刺激が区別されて異なる反応

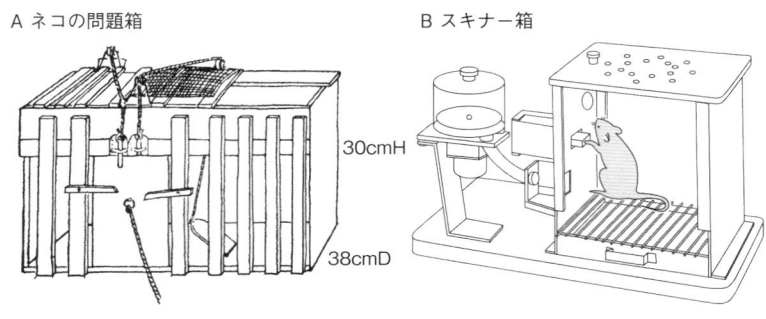

A ネコの問題箱　　　　　　　　B スキナー箱

30cmH

38cmD

図 4-4　オペラント条件づけでの実験装置

が出現する。これを弁別と呼ぶ。般化も弁別も生体にとっての意義は大きい。猛禽類に補食される危険の高い小動物では，頭上を飛行する対象に対して全般的に恐怖が般化する。対象のわずかな違いを見分けるよりも，いち早く危険を察知して逃げることが，捕食されるリスクを減らすだろう。また，食べることができるキノコと毒キノコを見分けるためには，わずかな色や形の違いを弁別しなければならない。生体に般化と弁別の能力が備わっていることで，環境に適応できるのである。

4.　オペラント条件づけ

(1) 基本概念

　オペラント条件づけによる学習は，環境内で生体が自発的に起こした行動に何らかの結果が伴うことによって成立する。古典的条件づけが二つの刺激の連合学習であったのに対して，オペラント条件づけは環境刺激とそれに対する反応，反応後の環境変化という 3 つの項目で構成される 3 項随伴性の学習である。

　オペラント条件づけの研究はアメリカの心理学者ソーンダイク（Thorndike, E. L.）によるネコの問題箱（図 4-4A）の実験に端を発する。問題箱には掛け金やロープやペダルの仕掛けがあり，これらをはずすとネコは箱から出て好物の魚にありつける。最初の試行では，ネコは鳴いたり箱をひっかいたり，解決に結びつかない行動を示すが，そのうちに偶然に仕掛けをはずし脱出できた。

試行を繰り返すうちに，脱出までのスピードは速くなっていった（Thorndike, 1898）。効率的な脱出は試行錯誤によって獲得された。最終的には，仕掛けをはずす行動のみが残り，解決につながらない行動は省略された。ソーンダイクはこの学習を「効果の法則」（Thorndike, 1911）によって説明した。それは，動物にとって時間的に接近して満足をもたらす反応は再び起こりやすくなり，不快をもたらす反応は起こりにくくなるという法則である。

　オペラント条件づけの実験をより体系的に進めたのがスキナー（Skinner, B. F.）である。スキナーは小さな板（レバー）と給餌装置を備えた装置を開発し，ネズミがレバーを押すと餌皿に報酬ペレットが提示された。この装置はスキナー箱と呼ばれている（図4-4B）。偶然にレバーに触れて報酬を得ることを繰り返すと，ネズミは頻繁にレバーを押すようになる。この学習において，環境刺激はレバー，反応はレバーを押すこと，その結果もたらす環境変化は報酬の提示であり，オペラント条件づけの基本原理である3項随伴性が成立している。

(2) 強化と罰

　オペラント条件づけでは環境の変化により行動が増加する場合と減少する場合がある。犬がお手をしたときにおやつを与えると，お手をする回数が増えるなど，行動が増加する場合を強化と呼ぶ。この時のおやつを正の強化子または好子と呼ぶ。いたずらをしたときに叱るといたずらが減るなど，行動が減少する場合を弱化（罰）と呼ぶ。この叱責は負の強化子あるいは嫌子と呼ばれる。さらに，この2種類の反応変化が環境に刺激が出現することによって生じるか，消失することによって生じるのかという次元で分類され，「正の強化」，「負の強化」，「正の弱化（罰）」，「負の弱化（罰）」という4種類の行動随伴性のパターンができる。「正」は刺激が出現すること，「負」は刺激が消失することを指し，刺激が好ましいのか嫌悪的なのかは問題としない。

　正の強化は，行動すると報酬が与えられ，その結果，行動が増加する場合を指す。たとえば，お手伝いをすると褒められ，それらの行動が増加する場合である。日常においては意図せずに問題行動に対して強化子を与えている場合もある。飼い犬の無駄吠えをやめさせようと，犬が吠えたときにおやつを与えて

しまうケースは正の強化であり，犬はますます吠えるようになる。

　負の強化は，行動をすると嫌悪的な刺激が消失し，行動が増加する場合を指す。親から叱られそうになったときに自室に逃げるのは負の強化である。このように嫌悪刺激が与えられる前にそれを避ける行動を回避行動と呼ぶ。また嫌悪刺激が与えられた後でそれから逃れることを逃避行動と呼ぶ。

　正の弱化（罰）は，行動をすると嫌悪刺激が出現し，行動が減少する場合を指す。いたずらをしたときに叱られたので，いたずらをしなくなった，夜食を食べていたら体重が増加したので，夜食をひかえるようにしたなどが正の罰の例である。罰はネガティブな感情をもたらすので，子育てや教育場面では正の罰の使用はそれほど有効でないことが多い。

　負の弱化（罰）は，行動をすると報酬など好ましい刺激が消失し，行動が減少する場合を指す。先ほどの犬の無駄吠えという問題行動を解決したいならば，吠えたときにはかまってやらないなど負の罰が有効である。

（3）オペラント条件づけの諸現象
1）反応の獲得

　先に述べたネコの問題箱での実験で，実験者が行ったことは，箱の外に報酬を置くということのみで，それ以外に動物に積極的に働きかける手続きはなかった。ネコが仕掛けをはずす行動が偶然に生じるのを待つしかなく，相当な時間が必要となる。生体がレパートリーにもっていない新しい行動をより効率よく獲得させるために，行動形成（シェイピング）という手法がある。まず形成しようとする反応に少しでも似ている反応を選び，基準を設定して，その基準を満たした場合に強化子を与える。この基準を徐々に目標の行動に近づけていく。この方法はシェイピングの中でも逐次接近法と呼ばれる。スキナー箱でのレバー押し行動を獲得させようとするとき，ステップ1では，レバーへ接近した時に強化子を与える，ステップ2では，レバーの前で前肢を上げると強化子を与える，ステップ3では，前肢がレバーに触れた時に強化子を与える。ステップ4では，前肢でレバーを押したときに強化子を与えるというように，ステップを下位のものから順番に上げていくことで学習がスムーズに進む。

2）反応の維持

　オペラント行動を維持させるとき，どのようなタイミングで強化子を提示するかを強化スケジュールと言い，これによって反応の出現の仕方が変わってくる（図4-5）。大きくは，反応に対して毎回強化子を与える連続強化スケジュールと，時々与える部分強化スケジュールに分けられる。部分強化スケジュールには，反応数を基準にした固定比率スケジュール（Fixed Ratio; FR）と変動比率スケジュール（Variable Ratio; VR），時間を基準にした固定間隔スケジュール（Fixed Interval; FI）と変動間隔スケジュール（Variable Interval; VI）がある。固定比率スケジュールは，一定回数の反応に対して強化子が提示されるスケジュールで，FR5というと，5回反応すると報酬が与えられることを指す。このスケジュールでは，強化の後に休憩をするというブレイク・アンド・ランと呼ばれる特徴的な反応パターンが生じる。変動比率スケジュールは何回反応すべきか予想できないが，平均してある回数反応すると報酬が与えられる。VR5の場合は，3反応目に与えられる場合もあれば，10回反応しなければならない場合もあり，平均して5回の反応が要求されるという意味である。このスケジュールでは，休憩することなく反応が持続し，4つの中で最も反応頻度が高くなる。固定間隔スケジュールは，前の強化から一定時間経過後の最初の反応に報酬が与えられる。FI30sとは，前の強化から30秒経過後の最初の反応で報酬が出る。強化後に休止するが徐々に反応が増えるという変化を伴い，スキャロップという特徴的なパターンを示す。変動間隔スケジュール

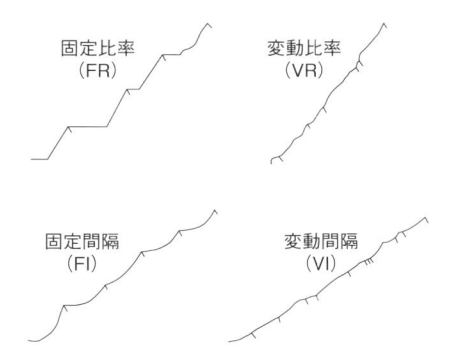

固定比率
（FR）

変動比率
（VR）

固定間隔
（FI）

変動間隔
（VI）

図4-5　4つの強化スケジュールと反応の出現の仕方（藤田，2017）

は前の強化から平均して一定時間が経過した後の最初の反応に強化が与えられる。VI30s とは，40 秒経過の場合もあれば 10 秒経過の場合もあり，平均して 30 秒後の最初の反応が強化される。強化後も安定して反応が持続し，VR スケジュールに次いで反応頻度は高くなる。

3)　消去と消去抵抗

　オペラント条件づけにおける消去は，出現した行動に対して強化子を提示しない手続きである。行動する前後で環境の変化がないことによって，行動が減少していく。正の罰や負の罰によっても行動は減少するが，これらは環境が行動の前後で変化するので消去とは区別される。消去手続き後の反応の変化は，それ以前にどのような強化スケジュールで訓練されていたかによって異なる。連続強化スケジュールで維持されていた行動の消去は急速に進む。これと比べて，部分強化スケジュールで訓練された行動は消去されにくい。強化子を提示しなくても反応が持続することを消去抵抗と呼ぶ。FR，VR の場合は，一定期間反応をやめる反応休止が起こり，階段型の変化をたどる。FI は維持の時と同様にスキャロップを描くが，そのカーブが徐々に緩やかになっていく。VI では休止をはさまず，なだらかな円弧を描きながら減少する。

(4)　観察学習

　これまで述べた学習は，学習者が実際に行動する，刺激に対して反応するなど直接的な経験をすることで成立する学習であった。これに対して観察学習は，他者（モデル）の経験を見聞きすることで成立する学習である。観察学習では，行動をする前にすでに学習が生じていると言える。たとえば，兄や姉が勉強やお手伝いをして親から褒められている様子を観察し，下の子どもが同様の行動をするようになったという場合である。テレビのタレントや芸能人の真似をするなどの模倣行動も観察学習に含まれる。また，"他人のふり見てわがふりなおせ" という言葉があるように，モデルの行動が望ましくない結果をもたらすことを観察した場合には，同じ行動をとらないようにすることも観察学習である。

　子どもに暴力的なシーンを見せることはよくないというのは，子どもが暴力

行動を観察学習してしまうのではないかという懸念からくるものであるが，この可能性を確かめるために，バンデューラ（Bandura et al., 1963）は4歳児を対象に実験を行った。子どもの特性に偏りがないように，暴力シーンを見せる実験群と見せない統制群に分けた。暴力シーンは大人がゴム製の人形に対して暴言を吐きながら叩いたり蹴ったり暴力をふるっている映像であった。その後のテストでは，同じゴム製の人形を置いた実験室で子どもを自由にさせ，その様子をマジックミラー越しに観察した。暴力シーンを見た子どもは，大人と同様に人形に対して激しく暴力行為を繰り返した。暴力シーンを見なかった子どもには暴力行動は観察されなかった。この実験は倫理的な問題も含んでいるが，暴力行動が観察学習されることを示した衝撃的な結果をもたらした。

(5) 運動学習

　日常の行動の多くは，特に意識することなくスムーズに遂行することができる。しかし，最初からスムーズな運動ができていたわけではない。初めてパソコンのキーボードを扱うとき，一文字ずつ位置を確認しながら指を動かさなければならず，多くの注意と時間を必要とするだろう。スポーツ，楽器の演奏，料理なども同様である。運動は複数の動作の系列から構成されており，不慣れな段階では各動作に意識を向けて遂行しなければならない。しかし，これらの動作を繰り返し行っていくうちに，特に注意を払わなくても複数の動作を正しい順序で実行できるように自動化される。これが運動学習である。運動学習は長い期間保たれるという性質や，集中学習よりも分散学習の方が効果的に学習できる（Dore & Hilgard, 1937）という特徴がある。

■ **章末問題**

1．以下の文章の空欄に適切な語句を入れよ。

(1) 同じ刺激を繰り返し経験すると，反応が弱まっていくことを（　①　）と言い，それを生じさせた特定の刺激に対して生じる。これを（　②　）と呼ぶ。

(2) 同じ刺激に対して反応が大きくなる場合を（　③　）と言う。

(3) 古典的条件づけにおいて（　④　）と（　⑤　）の対提示を何度か繰り返す手続き

を（　⑥　）と言い，これによって条件づけが成立する。

(4) レスポンデント条件づけにおける消去手続きは（　⑦　）の単独提示であるのに対し，オペラント条件づけにおける消去手続きは（　⑧　）である。

(5) 運動学習は（　⑨　）よりも（　⑩　）の方が効果的である。

2. 以下の問に答えよ。

(1) 古典的条件づけとオペラント条件づけの違いについて述べよ。

(2) オペラント条件づけにおいて強化子の与え方にはどのようなタイプがあるか？　タイプの違いによって行動はどのように異なるのか？

引用文献

Bandura, A., Ross, D., & Ross, S. A.（1963）．Imitation of film-mediated aggressive models. *Journal of Abnormal & Social Psychology*, **66**, 3-11.

Dore, L. R., & Hilgard, E. R.（1937）．Spaced practice and the maturation hypothesis. *Journal of Psychology*, **4**, 245-259.

藤田和生（2017）．比較認知科学　放送大学教育振興会

Kandel, E. R.（2001）．The molecular biology of memory storage: A dialog between genes and synapses. *Bioscience Reports*, **21**, 565-611.

岡市廣成・鈴木直人（監修）（2014）．心理学概論　第2版　ナカニシヤ出版

Thorndike, E. L.（1898）．Animal learning: An experimental study of the associative processes in animals. *Psychological Review Monograph Supplement*, **2**, 1-109.

Thorndike, E. L.（1911）．*Animal intelligence*. New York: Macmillan.

Watson, J. B., & Rayner, R.（1920）．Conditioned emotional reactions. *Journal of Experimental Pychology*, **3**, 1-14.

参考文献

磯　博行（1999）．学習する脳・記憶する脳　裳華房

Myers, D. G.（2009）．*Psychogy* (9th ed.). New York: Worth Publishers.

5 動機づけ

　空腹のとき，人は，その空腹を満たすために，食べ物を探し，家の外に出て食事をしようとする。このように，ある行動を生起，持続させ，一定の方向に導こうとする心理的過程を「動機づけ」と言う。その過程は，単純には，まず"欲求"があり，それに"行動"，"目標"が続く一連の流れで示される。欲求とは，個人の内側から何らかの行動を引き起こさせる心理的エネルギーであり，人を特定の行動に駆り立て，その行動を方向づけるといったはたらきを持つ。また，欲求によって生起した行動は，その欲求を満たすための目標（ここでは食べ物）に向かう行動となる。さらに言えば，人の行動は，欲求がある限り生起し続けるし，目標に関しても，その達成を諦めたりしない限り，目標達成に向けた行動は生起し続ける。行動の生起や持続には，人の内側にある欲求と同時に，人の外側にある目標も深く関わっているのである。

1. 欲　　求

　欲求は，一次的欲求と二次的欲求に分けることができる。一次的欲求とは生理的動機づけとも言われ，個体の生命や種の存続を維持するための生理的欲求であり，生得的な欲求である。たとえば，飢えを回避したいという欲求（食欲）などがある。一方，社会的動機づけとも言われる二次的欲求は一次的欲求から派生した欲求であり，経験や学習を通じて獲得された欲求である。困難なことを成し遂げたいという欲求（達成欲求）や他者に認められたいという欲求（承認欲求）などがある。

　マズロー（Maslow, 1943）は，これらの人間が持つさまざまな欲求を図5-1に示すように5つに分類するとともに，それぞれの欲求を段階的に配置している（マズローの欲求階層説）。また，マズローは生理的欲求から自己実現の欲求というように上の段階へと進むにつれ高次の欲求になっていくとしており，

図 5-1　マズローの欲求階層説（Maslow, 1943）

人は，下位の欲求が満たされていない場合は次の欲求を求めようとはしないとしている。たとえば，外敵に襲われず安全でありたいという安全と安定の欲求は，飢えや渇きが満たされた，といったように生理的欲求が満たされていない場合は求めようとしない。さらに，安全が確保されていない状況では誰かに愛されたいという所属と愛の欲求を求めるようにはならないとしている。

2.　一次的欲求

　人は他の動物と同様に，生きていくために外界から水や栄養分をとる必要がある。さらに，動物には自分の種を残す行動，つまり子孫をつくる行動が生得的に備わっている。こういった摂食行動，飲水行動，性行動は一次的欲求である生理的欲求によって引き起こされる。その他，睡眠や排泄行動も生理的欲求によって生じる行動に分類される。動物に生理的欲求が生じるのは，糖分や水分の欠乏など身体の生理的バランスが保たれなくなったときに，動物の身体にそれを回復しようするはたらきが生じるためである。動物の身体がその生理的均衡を保つはたらきを，身体の恒常性（ホメオスタシス）と呼んでいる。このように，一次的欲求・生理的欲求は人の生活の中で自然とわき起こってくる欲求であり，「個体と種が生き残るために必要な欲求」と言える。そして，脳では主に視床下部と身体全体に作用する各種のホルモンがこの欲求の生起に重要な役割を担っている。

（1）空腹による動機づけ

　生理的欲求は，人にも動物にも共通して備わっていると考えられている。動物が空腹を感じる原因の1つに，血液中のブドウ糖の濃度（血糖値）の減少がある。脳幹や視床下部といった特定の脳部位はブドウ糖の濃度に敏感であり，その濃度が低下すると，私たちは空腹を感じるようになり，摂食行動に駆り立てられる。なお，図5-2に示したように，食べるという命令を下している脳部位は視床下部の外側核である。また，食事をとると血糖値が上昇し，私たちは満腹を感じ，食べることを止める。これは，視床下部の腹内側核のはたらきによる。視床下部の外側核を損傷したネズミは摂食行動を示さなくなるが，腹内側核を損傷したネズミは餌を食べ止まず，普通のネズミに比べ体重が増加する（岡市・鈴木，2014）。こういったことから，視床下部の外側核は摂食中枢，腹内側核は満腹中枢と呼ばれている。また，食べる行動，食べ止む行動は，体内のいくつかのホルモン（レプチンやニューロペプチドYなど）の作用によっても制御されている（岡田ら，2015）。

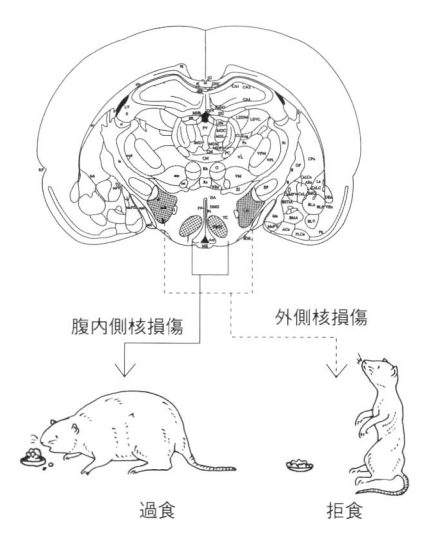

図 5-2　満腹中枢（視床下部腹内側核：荒い点の部分）と摂食中枢
（視床下部外側核：細かい点の部分）を損傷した効果（山内・橋本，2006）

(2) 渇きによる動機づけ

　夏の暑い時期は，少し体を動かすだけで汗をかき，喉に渇きをおぼえる。体内の水分が欠乏すると，その状態を解消するためにホメオスタシスがはたらく。摂食行動と同様，口渇中枢も視床下部にあり，身体の水分が欠乏すると，動物は渇きを感じ，飲水行動が促進される。また，視床下部は脳下垂体にはたらきかけて腎臓から水分の取り込みを促進し，尿の量を少なくするホルモンを放出させる。脱水が進み血漿（けっしょう）の量が減ると，腎臓からも飲水行動に駆り立てるホルモン（レニンなど）が放出される（岡田ら，2015）。

(3) 性（生殖）の動機づけ

　動物は性行動をしなくても死ぬことはないが，子孫を残すことはできない。性行動（生殖行動，繁殖行動）は，動物に生得的に備わった行動であり，その行動を駆り立てる性欲も生理的欲求の一つである。

　人の性行動には，性同一性（性自認）の発達が必要となる（Nolen-Hoeksema et al., 2014）。母親の胎内の受精卵が男性であるか女性であるかは，遺伝子のはたらきによって決定される。しかしながら，性行動に限らず，男性が男性的な行動，女性が女性的な行動をするようになるのには，胎内のホルモン環境が重要である。妊娠 12 ～ 22 週にかけて，男児の精巣からアンドロゲンが分泌されており，男性ホルモンのはたらきがその後の男性生殖器の発達に重要な役割を持つ（近藤ら，2010）。女児の場合，体内でアンドロゲンの生成は行われず，女性生殖器が発達していく。胎児期での女性生殖器の発達にはエストロゲンなどの女性ホルモンは必要とされない（Nolen-Hoeksema et al., 2014）。

　思春期になると，身体のホルモン系に変化が起こり，視床下部から放出される化学物質により，下垂体が刺激され，性腺刺激ホルモンが血液中に分泌される。この性腺刺激ホルモンは生殖器を刺激し，男性では精巣から男性ホルモン（アンドロゲン）が，女性では卵巣から女性ホルモン（エストロゲンやプロゲステロン）が放出される。女性ホルモンは排卵を促進し，男性ホルモンは脳に作用して，性的欲求を活性化させる。

3. 二次的欲求

　二次的欲求（社会的動機づけ）とは，経験や学習を通じて新たに獲得された欲求であり，達成欲求や承認欲求などのさまざまな欲求がある。だが，この節では，それぞれの欲求を細かく説明していくことはしない。動機づけとは，先述したように，目標の達成を可能とする行動を生起させ，持続させることであることから，ここでは，主に，行動の生起・持続に関連する事柄を取り上げる。

(1) 外発的動機づけ・内発的動機づけ

　何らかの行動の生起を説明する際，内発的動機づけと外発的動機づけの対立的な2つの動機づけから説明していくことが多い。純粋に“知りたい”というような知的好奇心から辞書やインターネットで調べるといった行動は内発的動機づけに基づいた行動という。内発的動機づけに基づいた行動は，行動すること自体が目的となっているような行動である。だが，調べものをしている者全員が知的好奇心などから調べものをしているわけではない。中には，怒られるからしかたなく調べているというような者もいるだろう。このように，賞賛，叱責，報酬，罰など，外的な要因によって行動が引き起こされている場合の行動を外発的動機づけに基づいた行動という。

　また，最近では，内発的動機づけ，外発的動機づけを対立的に捉えるのではなく，図5-3に示したように，非動機づけから内発的動機づけまで，動機づけを連続体として捉える考えも出てきている（Deci & Ryan, 1985; Ryan & Deci, 2000）。このデシとライアンの理論を自己決定理論と言うが，この理論は，外発的動機づけを，図5-3に示したように，4段階に分け，図の右にある外発的動機づけほど内発的動機づけに近い外発的動機づけとしている。たとえば，取り入れ的調整の段階は，しなくてはいけないといった義務によって行動するという段階であり，不安だから，恥をかきたくないから，といった消極的な理由で行動を生起させている場合である。この段階では，行動すること自体が目的ではないものの，外的な要因によって行動しているわけではなく，自ら行動している，という点で内発的動機づけに基づいた行動に多少近くなっている。さらに，デシとライアンは，有能さ（環境との関わりの中で自身の有能さを感

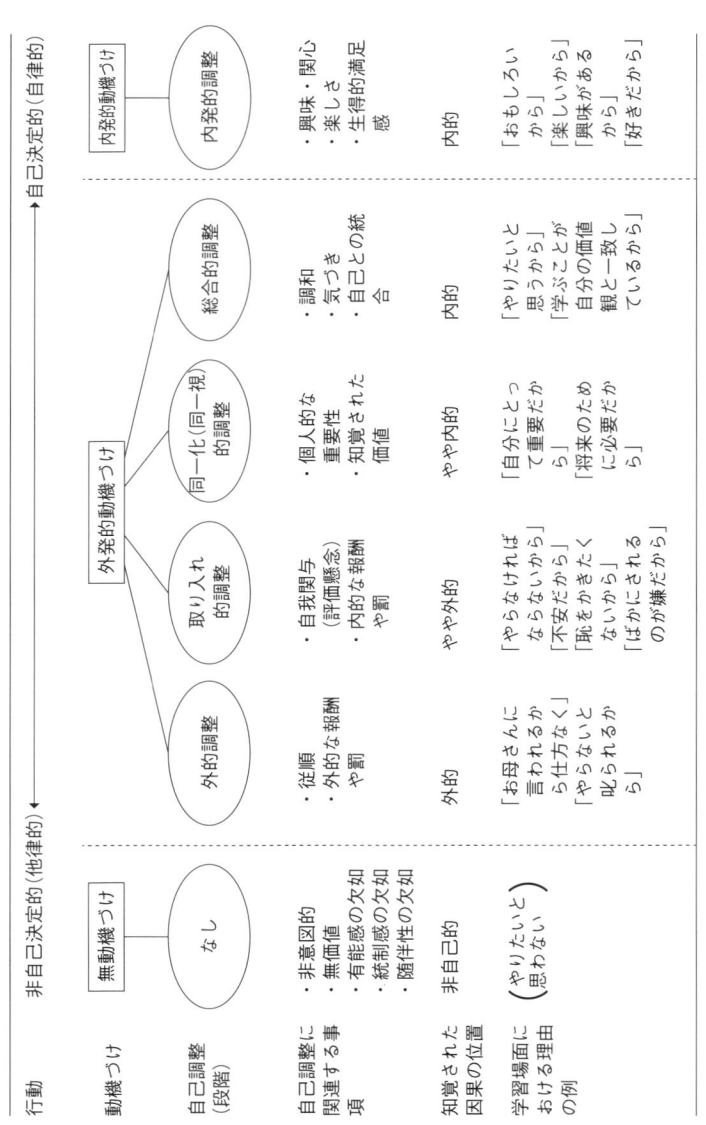

図 5-3　動機づけのタイプ，自己調整のタイプを中心にした自己決定連続体のモデル
(Deci & Ryan, 2002 ; Ryan & Deci, 2000 などを参考にして作成：櫻井，2009)

じ，追求したいという欲求），関係性（他者やコミュニティと結びつきを持ち
たいという欲求），自律性（自分の行動を自分の意志で決定し，行動したいと
いう欲求）という，3つの基本的な心理的欲求が満たされることで内発的動機
づけが促進されるとしている（Deci & Ryan, 1985; Ryan & Deci, 2000）。これ
らの欲求が満たされることで，行動は，内発的動機づけに基づいた行動へ，図
では右の段階に進んでいくとしているのである。たとえば，人に何らかの課題
を学習させる際，教育者側が学習させるものを決め，その内容を学習者に押し
つけるのではなく，学習したい課題を学習者に選ばせるようにして自律性の欲
求を満たすと学習意欲は高まる（Deci & Ryan, 1985; Ryan & Deci, 2000）。こ
のように，もともとは外発的動機づけに基づいていた行動であっても，有能
さ，関係性，自律性の3つの欲求を満たしていくことで，徐々に，その行動
は，内発的動機づけに基づいた行動となっていく。

(2) 報酬の影響

　人は，自身の行動を他者から褒められると，以後，その行動をより多く生
起するようになる（Deci, 1971）。褒められると，さらに褒めてほしくなり，
一層やる気が生じる。このことは，先述の自己決定理論の説明で述べたよう
に，賞賛などの報酬によって有能さの欲求が満たされ，内発的動機づけが高
まったことを示している。こういった現象をエンハンシング効果と言う。その
一方で，褒められると必ずやる気が生じるわけではないことも判明しており，
こちらの現象はアンダーマイニング効果と言われる。たとえば，レッパーら
（Lepper et al., 1973）は，報酬の与え方によって幼児が自由時間に自発的に絵
を描く時間が異なることを確かめている。レッパーらは，絵を描いたら賞状を
あげると約束し，実際に賞状をあげる条件（報酬予期条件），絵を描いた後に
賞状をあげるものの賞状をあげることは事前に言わない条件（予期しない報酬
条件），特になにもしない条件（報酬なし条件）といった3条件下で幼児に1
週間絵を描かせた。そして，自由時間に絵を描く時間量を各条件の前後で比較
したところ，図5-4に示すように，報酬予期条件においてのみ自由時間に絵を
描く時間量が有意に減少することが判明したのである。これは，報酬によって
有能さや自律性の欲求が阻害されることとなり，幼児の純粋に絵を描きたいと

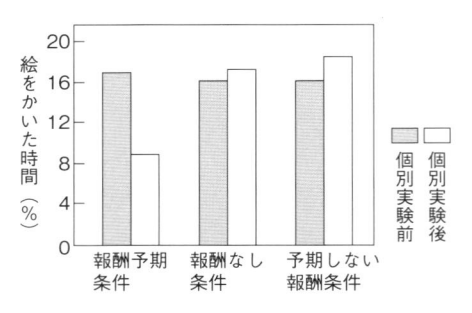

図 5-4　幼稚園児が自由時間に絵をかいた時間の割合（%）
（Greene & Lepper, 1974；大村，1996）

いう内発的動機づけが低下したことを示している。

　エンハンシング効果やアンダーマイニング効果からわかるように，報酬は動機づけに異なった影響を与える。このことに対する説明はいくつかあるが，ここでは，デシとライアン（Deci, 1975; Deci & Ryan, 1985）の認知的評価理論をとりあげる。認知的評価理論は，褒めるなどの外的報酬がいかに動機づけや動機づけに関連する過程に影響するのかを示す理論である。この理論に依拠すれば，外的報酬は，情報的側面と制御的側面といった2つの側面を持っており，報酬を受けとる者が，この2つの側面のうち，どちらの側面を強く感じるかによって動機づけの方向性が異なってくる。たとえば，外的報酬により，その選択した行動の効果が伝えられた（情報的側面）と感じた，さらに，その効果が良い効果であった場合，人は有能感を感じやすくなり，内発的動機づけは高まる。その一方，外的報酬により，その行動をするように強制された（制御的側面）と感じると，プレッシャーを感じ，内発的動機づけは低下する。このデシとライアンの考えに従えば，母親が子どもに勉強しなさいと言った場合に子どもが勉強する気をなくしてしまうのは，母親が自分に勉強させようとしていると子どもには感じられた，つまり母親の言葉に制御的側面を感じ取ったためということを意味する。動機づけには，デシとライアンが述べているように，自分の行動を自分の意志で決定しているのか否かといったことが関係してくるのである。

（3）原因帰属

　これまで説明してきたように，動機づけは欲求の満たされ方や与えられた報酬に対する受け手の受け取り方などの影響を受ける。動機づけは，これらに加え，自分が成功したり失敗したときに，その原因がどこにあったのかを判断する，その判断の仕方からの影響も受ける。この判断を原因帰属というが，ワイナーら（Weiner et al., 1971）は，その原因を求める先を，表5-1に示したように，統制の位置（その原因が，個人内の要因であるのか，個人外の要因であるのか），安定性（その原因が，変化しにくい安定している要因であるのか，変化しやすい不安定な要因であるのか）の組み合わせで4つ設けている。この4つのうち，動機づけの低下を導かないのは，自分の失敗を努力，成功を内的要因に帰属させた場合であり，動機づけの低下を導きやすいのは，自分の失敗を能力，成功を外的要因に帰属させた場合である。たとえば，成功を努力に帰属させた場合，努力したために今回は成功したので，努力しておけば次回も成功するだろうという意識を導き，動機づけの低下を導くことはない。同様に，自分の失敗を努力に帰属させた場合，努力していたなら成功していたはずだという意識を持つこととなり，この場合も動機づけの低下を導かない。しかしながら，自分の失敗を能力に帰属させてしまうと，能力はすぐに変わるものではないため，今回の失敗が次回の失敗までも予期させることとなり，動機づけの低下を導いてしまう。また，成功を外的要因に帰属する，つまり，課題が簡単だったり，運が良かったから成功したという場合，これは今回の成功はたまたまだという意識を導き，動機づけを向上させることはない。動機づけを低下させないためには，失敗であれ成功であれ，努力に帰属させることが重要となるのである。

表 5-1　帰属因の分類 （Weiner et al., 1971）

	安定的	不安定的
内的	能力	努力
外的	課題の難しさ	運

（4）自己効力理論

　原因帰属の節で述べたように，動機づけを低下させないためには，失敗を努

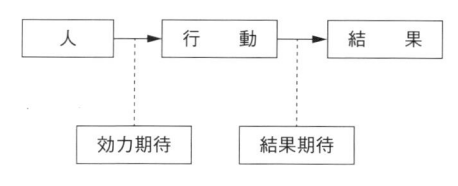

図 5-5　効力期待と結果期待（竹綱，1996）

力不足に帰属させていくことが重要となる。しかしながら，努力しても失敗ば
かりで，全く努力が報われないとしたら，人は努力することを放棄するよう
になる（Dweck & Reppucci, 1973）。動機づけを低下させないためには，努力
したら報われることを経験することも重要となってくるのである。動機づけに
おける努力が報われる経験の重要性についてはバンデューラ（Bandura, 1977）
の自己効力理論が参考になる。バンデューラの自己効力理論は，図 5-5 に示す
ように，結果期待と効力期待の 2 つの期待から行動の生起を説明している。結
果期待とは，ある行動を起こせばある特定の結果が得られるだろうという期待
であり，効力期待とは，何らかの結果を生む行動をうまく実行できるだろうと
いう期待である。また，自己効力感とは，人が効力期待を認識している状態の
ことを指し，図 5-5 からわかるように，人に自己効力感を持たせることが行動
の生起にとって重要となる。たとえば，1 週間後のテストに合格するために英
語のテキストを 100 頁読みましょうと言われて，あなたはテストで良い成績を
得るために 100 頁読むだろうか。読む人もいるかもしれないが，多くの人は
読まないだろう。テキストを 100 頁読むことで良い成績が得られるという期
待（＝結果期待）は，100 頁の英語が読めないと思っている人には何の意味も
持たないのである。つまり，結果期待をいくら高めても行動を生起させられな
い場合があり，その場合は，効力期待を高めていくことが必要となる。たとえ
ば，先ほどの例で言えば，100 頁は無理でも 10 頁くらいなら読めると考えて
いるならば，10 頁読ませてみる。その結果，成績が向上することが認識でき
たならば，自己効力感を感じることとなり，読むという行動を持続的に生起さ
せるようになる。このように，動機づけを低下させないためには自己効力感を
感じさせ，高めていくことも必要となってくる。また，その高め方には，表
5-2 に示したようにさまざまなやり方があり，自分と同じレベルの他者が課題に

表 5-2　自己効力感の 4 つの情報源 (Bandura, 1977 をもとに作成：林ら, 2012)

情報源	内容
遂行行動の達成	・実際にある行動をとってみて、できそうだという感覚を持つこと。 ・成功を体験し、達成感を得ることが、自己効力感を高めることになる。 ・最も強力な情報源の一つである。
代理的経験	・他人が取り組む様子を観察し、自分にもできそうだという感覚を持つこと。 ・自分ですぐに実行に移すことが難しいとき、初めて体験する場合などに、他人の行動を観察することが有効となる。
言語的説得	・人からできると説得されたり、あるいは、自らを説得したりすること（自己暗示）で、自己効力感は高まる。
情動的喚起	・自らの情動の喚起状態が自己効力感のあり方を左右する。 ・心臓の鼓動が早くなり緊張が高まれば、できないのではないかと感じる。 ・逆に気持ちが落ち着いていれば、うまくやれそうだと自己効力感を高めることになる。

取り組んでいる様子を見るだけでもある程度の効力感を感じ、高めさせられる。

4. 学習性無力感

　自己効力理論の冒頭で述べたように、努力が報われないことが続くと、人は、努力することを放棄してしまう。このことは学習性無力感と呼ばれ、セリグマンとマイヤー (Seligman & Maier, 1967) の 3 匹の犬を用いた実験によって示されている。3 匹の犬は、実験の最初は、図 5-6 の左側に示したように、固定されて動けないようになっている。また、この 3 匹のうち、2 匹の犬の後ろ足には電極が連結され、2 匹同時に電気ショックを受けるようになっていた。さらに、犬の顔の横には電気ショックを止められる反応パネルが設置されていた（そのパネルに電気ショックをとめられる機能があったのは一方の犬のもののみ）。つまり、この 2 匹の犬は、同じ回数、同じ時間だけ電気ショックを受けるが、一方の犬にのみ、電気ショックを止める手段が与えられていたのである（自分で電気ショックを止めることができる犬が"逃避可能群"、自分で電気ショックを止めることはできない犬が"逃避不可能群"）。また、残りの1 匹は、後ろ足に電極が繋げられているものの電気ショックは受けないように

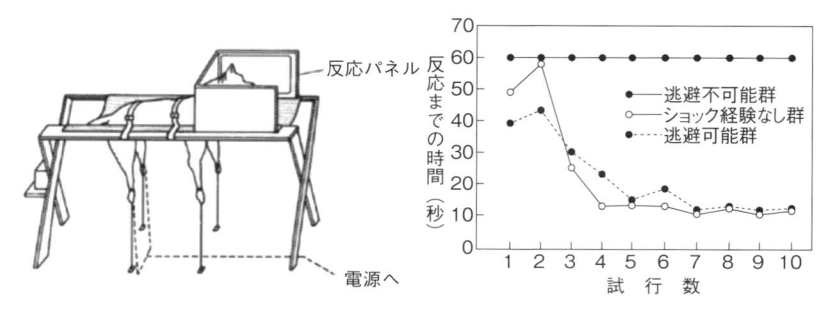

図5-6 セリグマンらの学習性無力感に関する実験における
犬に電気ショックを与える様子と実験結果 (Seligman & Maier, 1967)

なっていた（ショック経験なし群）。このような手続きで，それぞれの犬に何
回か電気ショックを与えた後，犬を自由に動ける状態にし，仕切りで2つに区
切られた部屋に入れる。そして，今度は，合図とともに犬がいる方の床から電
気ショックを与えるようにする。この場合，犬は固定されていないので，電気
が流れていない方に移動すれば電気ショックを回避することができる。この移
動時間を試行数ごとに示したものが図5-6の右側のグラフである。このグラフ
に示されたように，床から電気ショックを与えたとき，最初は，どの犬も，と
まどって電気が流れていない方に移動するまで時間（反応までの時間）がかか
る。だが，電気ショックを受けなかったり，自分で電気ショックを止めること
ができていた犬は，試行を繰り返すうちに，電気が流れる合図があるとすぐに
電気が流れていない方に移動するようになる。その一方，自分で電気ショック
を止めることができなかった犬は，固定されていないにもかかわらず，試行を
繰り返しても電気が流れていない方に移動しようとしない。この行動は，固定
状態における体験により，自分がどのような行動をしても電気ショックを止め
ることはできないとあきらめてしまったためだと考えられる。このように，何
をしても望む結果が得られない経験・状況が続くと，人も含め，動物は行動す
ること自体をあきらめるようになり，不快な状態から脱しようとしなくなる。
このような状態のことを学習性無力感と呼ぶ。なお，その後，状況の認知も考
慮するようになり，個体がコントロール不能な状況の原因をどのように捉える
のかといった，帰属の観点から無力感の形成メカニズムを考えるようになって
きている（改訂版学習性無力感：Abramson et al., 1978）。

■ **章末問題**

1. 以下の文章の空欄に適切な語句を入れよ。

(1) 人を特定の行動に駆り立て，その行動を方向づけるといったはたらきを持つ心理的エネルギーのことを（　①　）と言う。

(2) 身体の生理的バランスが保たれなくなったときに，食べ物を食べたりすることで，それを回復させようする身体の働きのことを（　②　）と言う。

(3) 一次（生理）的欲求によって引き起こされる摂食行動において，食べるという命令を下す脳部位は（　③　）である。

(4) オスの性行動には（　④　）というホルモンの働きが重要となる。

(5) （　⑤　）に基づいた行動とは，賞賛，叱責，報酬，罰など，外的な要因によって行動が引き起こされている場合の行動を指す。

(6) 自身の行動が他者から褒められたことで，それ以降，その行動をあまり生起しなくなるように，内発的動機づけが低下してしまう現象を（　⑥　）と言う。

(7) 自身の行動が他者から褒められた場合，受け手側が，その褒めるといった外的報酬が持っている情報的側面の方を強く感じると，内発的動機づけは（　⑦　）。

(8) 動機づけは，自分が成功したり失敗したときに，その原因がどこにあったのかを判断していく過程である（　⑧　）の影響も受ける。

(9) 自己効力理論では，動機づけを低下させないためには（　⑨　）を感じさせることが重要であると考えられている。

(10) 何をしても望む結果が得られない経験・状況が続いたことで行動を生起しなくなってしまった状態のことを（　⑩　）と言う。

2. 以下の問に答えよ。

(1) 行為を褒めた結果，その行為のやる気がそがれてしまうことが生じる理由について説明せよ。

　　（キーワード：アンダーマイニング効果，自律性の欲求，制御的側面）

(2) 動機づけにおいて，努力したら報われるという経験をさせることがなぜ重要とされているのかについて説明せよ。

　　（キーワード：有能さの欲求，自己効力感，学習性無力感）

引用文献

Abramson, L. Y., Seligman, M. E. P., & Teasdale, J. D. (1978). Learned helplessness in humans: Critique and reformulation. *Journal of Abnormal Psychology*, **87**, 49-74.

Bandura, A. (1977). *Social learning theory*. New York: General Learning Press.

Deci, E. L. (1971). Effects of externally mediated rewards on intrinsic motivation. *Journal of*

　　Personality and Social Psychology, **18**, 105–115.

Deci, E. L.（1975）．*Intrinsic motivation*. New York: Plenum.

Deci, E. L., & Ryan, R. M.（1985）．*Intrinsic motivation and self-determination in human behavior*. New York: Plenum.

Deci, E. L., & Ryan, R. M.（2002）．*Hand Book of self-determination research*. *Rochester*, NY: Yniversity Rochester Press.

Dweck, C. S., & Reppucci, N. D.（1973）．Learned helplessness and reinforcement responsibility in children. *Journal of Personality and Social Psychology*, **25**, 109–116.

Greene, D., & Lepper, M.（1974）．Effects of extrinsic rewards on chidren's subsequent intrinsic interest. *Child Development*, **45**, 1141–1145.

林　邦雄・谷田具公昭（監修）　谷口明子・西方　毅（編著）（2012）．保育の心理学Ⅰ　一藝社

近藤保彦・小川園子・菊水健史・山田一夫・富原一哉（2010）．脳とホルモンの行動学―行動神経内分泌学への招待　西村書店

Lepper, M., Greene, D., & Nisbett, R.（1973）．Undermining children's intrinsic interest with extrinsic rewards: A test of the "overjustification" hypothesis. *Journal of Personality and Social Psychology*, **28**, 129–137.

Maslow, A. H.（1943）．A theory of human motivation. *Psychological Review*, **50**, 370–396.

岡田　隆・廣中直行・宮森孝史（2015）．生理心理学　第2版　サイエンス社

岡市廣成・鈴木直人（監修）．青山謙二郎・神山貴弥・武藤　崇・畑　敏道（編）（2014）．心理学概論　第2版　ナカニシヤ出版

大村彰道（編）（1996）．教育心理学Ⅰ　発達と学習指導の心理学　東京大学出版会

Ryan, R. M., & Deci, E. L.（2000）．Self-determination theory and the facilitation of intrinsic motivation, social development, and well-being. *American Psychologist*, **55**, 68–78.

櫻井茂男（2009）．自ら学ぶ意欲の心理学―キャリア発達の視点を加えて　有斐閣

Seligman, M. E. P., & Maier, S. F.（1967）．Failure to escape traumatic shock. *Journal of Experimental Psychology*, **74**, 1–9.

竹綱誠一郎（1996）．動機づけ　大村彰道（編）　教育心理学Ⅰ　発達と学習　指導の心理学（pp.149-167）　東京大学出版会

Weiner, B., Frieze, I., Kukla, A., Reed, L., Rest, S., & Rosenbaum, R. M.（1971）．*Perceiving the causes of success and failure*. Morristown, NJ: General Learning Press.

山内弘継・橋本　宰（監修）　岡市廣成・鈴木直人（編）（2006）．心理学概論　ナカニシヤ出版

参考文献

Myers, D. G.（2013）．*Psychology*（10th ed.）．New York: Worth Publishers.（村上郁也（訳）（2015）．マイヤーズ心理学　西村書店）

Nolen-Hoeksema, S., Fredrickson, B. L., Loftus, G. R., & Luts, C.（2014）．Atkinson & Hilgard's introduction to Psychology（16th ed.）．Andover, MA: Cengage Learning EMEA.（内田一成（監訳）（2015）．ヒルガードの心理学　16版　金剛出版）

6

記憶と感情

1. 記　　憶

(1) 記憶の過程

　記憶は記銘，保持，想起の3つの段階を持つ。記銘は，新しい情報を覚える段階，保持は覚えておく段階，想起は覚えた情報を取り出す段階である。私たちは入力された刺激をすべてそのまま記憶することはできない。記銘の段階では，新しい情報を過去の記憶や知識と照合し，その意味を理解しようとする。そのため，情報は人によって異なるものに変換されて保持される。十分に理解し，意味づけされた情報は保持されやすく，必要に応じて想起することができる。想起には再生と再認の2つの再現方法がある。再生とは記銘した情報を口頭で述べたり，書いたりする再現方法である。再認とは選択肢の中から学習した項目を選択する，あるいは，覚えているかどうかについて答えるといった再現方法である。覚えたつもりでいても，いざというときに思い出せないこともある。これは想起の失敗である。このように，物事を記憶するときには各段階で認知的な情報処理が加わるということから，情報処理理論の分野では，これらの3つの段階を，符号化，貯蔵，検索と呼ぶ。

(2) 記憶の種類

1) 記憶の長さによる分類

　記憶は保持される長さによって，感覚記憶，短期記憶，長期記憶に分類される。アトキンソンとシフリン（Atkinson & Shiffrin, 1968）の二重貯蔵モデルでは，3つの記憶の貯蔵庫が想定され，情報がこの貯蔵庫を順に移行していくと考えられた。まず，外界の情報は感覚登録器と呼ばれる貯蔵庫に蓄えられ，視覚情報であれば0.5秒，聴覚情報であれば5秒程度保持される。この記

憶のうち，重要なものは短期貯蔵庫に移行する。ここでの記憶容量は非常に小さく 7 ± 2 項目程度である（Miller, 1956）。ミラーは，この記憶範囲を「マジカルナンバー 7」と名づけた。電話番号や暗証番号が，短期記憶範囲内の容量であるため，操作を終えるまでの短期間保持しておくことができる。アルファベット 3 文字の場合であれば，短期記憶の保持期間は 18 秒程度ということが実験で明らかになっている（Peterson & Peterson, 1959）。短期記憶の容量や保持時間を増やす方法がある。項目をいくつかに分けてまとまりを作ると，記憶が保持されやすい。この方法をチャンキングと呼ぶ。たとえば，NATOIOCASEANIMFWHO を 18 個のアルファベットの羅列として記憶することは難しい。しかし NATO/IOC/ASEAN/IMF/WHO と区切って 5 項目を記憶することは容易である。

　短期記憶を長期記憶に移行させるためには，記憶すべき項目を復唱する，あるいは頭の中でリハーサルするとよい。また，意味的な理解がなされたり（意味的符号化），概念的に分類されたり（体制化），既存の知識に取り込まれた（スキーマ処理）情報は，長期記憶に移行する。長期記憶の貯蔵庫は無限と思われる容量があり，生涯にわたって保持されるものもある。

　短期貯蔵庫や長期貯蔵庫が存在するという仮説は，系列位置効果という現象を示す実験により支持された。グランツァとカニッツ（Glanzer & Cunitz, 1966）は，実験参加者に 15 の単語を一定の速度で示し，思い出した順に再生させる自由再生法で記憶をテストした。単語リスト提示後，すぐに再生を求めた場合には，リストの最初の方の再生率（初頭効果）と終わりの方の再生率（新近性効果）が高くなった。ところが，リスト提示後に 10 秒または 30 秒の遅延を挟み，単純な計算課題を行うと新近性効果は消失した（図 6-1）。これは，リスト提示後の計算課題が記憶項目をリハーサルするのを妨害し，短期記憶に保持された情報を長期記憶に送ることができなくなるためであると考えられた。この結果から，リストの最後の方の単語は短期記憶として保持され情報を反映し，リストの最初と中央部の単語の再生は長期記憶に移行した情報を反映していることがわかる。

　短期記憶と同様に一時的な記憶であるが，時間的な制約を受けず，作業を実行している間保持される記憶を作業記憶（ワーキングメモリ）と言う。たとえ

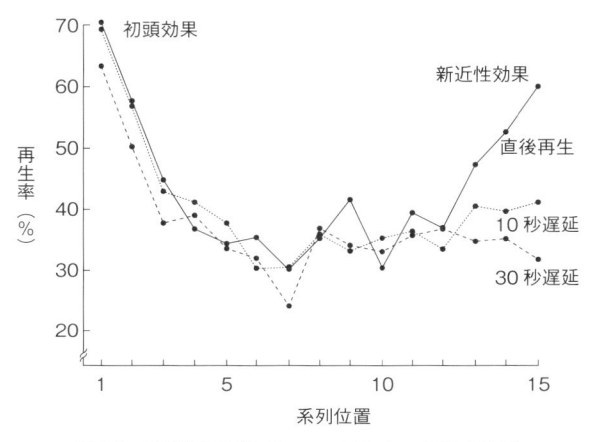

図 6-1　系列位置曲線〔Glanzer & Cunitz, 1966 を改変〕

ば，15 + 38 - 22 という計算をする場合，15 + 38 = 53 を記憶しておいて，22 を引く計算をしなければならない。このように，記憶すべき項目の一部を頭にとどめつつ，目的の作業を進めるときに使われるのがワーキングメモリである。計算だけでなく，レストランで注文を受けて厨房に伝えにいくまでの記憶や，運転をしながら助手席の人と話をするといった二重課題の遂行にワーキングメモリが必要とされる。ワーキングメモリは，貯蔵庫というよりは，作業場としての機能を果たしており，作業が終了すると同時にリセットされる記憶である。

2）記憶の内容による分類

　スクワイア（Squire, L. R.）は記憶する内容によって宣言記憶と非宣言記憶に分けた（図 6-2）。宣言記憶は記憶の内容を言語化できるのに対し，非宣言記憶は言語化することが難しい。たとえば，朝食に何を食べたかという出来事や事実は言葉で説明できる宣言記憶であるのに対し，自転車の乗り方などの動作は，記憶として存在しているにもかかわらず言語化が難しく，非宣言記憶である。非宣言的記憶は手続き記憶，プライミング，古典的条件づけ，非連合学習を含む。古典的条件づけと馴化・鋭敏化などの非連合学習については第 4 章で解説した。

　エピソード記憶は個人が経験した出来事に関する記憶である。幼いころの家

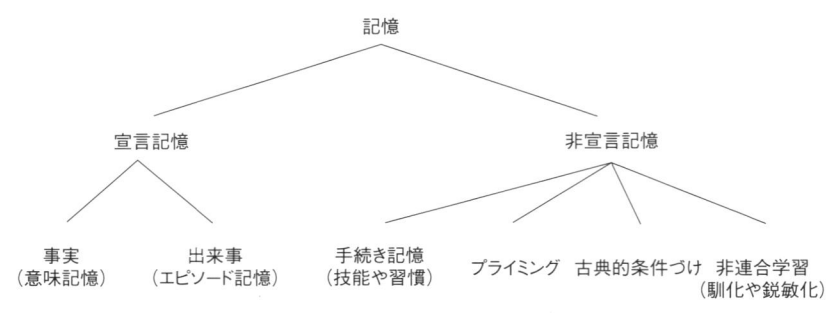

図 6-2　内容に基づく記憶の分類（Squire & Zola-Morgan, 1991 をもとに作成）

族旅行の記憶，友人と遊んだ記憶，美味しい物を食べた記憶などがエピソード記憶として保持されている。エピソード記憶は「いつ」，「どこで」，「何を」したかという 3 つの要素からなる。記憶にとどめるために何度も反復する必要はなく，その出来事の周辺情報や背景との結びつきの中で強固に保持される。エピソード記憶は個人の経験として意識的に想起される記憶であることから，タルビング（Tulving, E.）は，これを顕在記憶と分類している。

　意味記憶は事実や知識の記憶である。たとえば，日本で一番高い山は富士山である，フランスの首都はパリである，ズッキーニはかぼちゃの仲間であるということは意味記憶として保持される。一度知識として定着すると，その情報をどこで知ったのか，いつ知ったのかといったことは思い出すことができない。このことから，意味記憶は潜在記憶とみなされる（Tulving, 1983）。

　手続き記憶は動作に関する記憶で運動学習（第 4 章参照）とも呼ばれる。自転車に乗れるようになる，楽器の演奏が上達するときに働く記憶で，同じ経験を繰り返すこと，すなわち練習により獲得される。鏡映描写課題は経験のない運動の手続きを測定することができる。星形を鏡に映し，それを見ながらなぞるという課題である。通常の知覚と上下左右が逆転するため，最初の試行では星を一周するのに時間がかかるが，繰り返すうちに速くなっていく。この課題を用いて，海馬を含む脳領域の切除手術を受けた患者 H.M. の手続き記憶が測定された（Milner, 1965）。H.M. に鏡映描写の課題をさせると，遂行は訓練回数とともに上達し，手続き記憶は正常であることがわかった。しかし，H.M. 自身は，この上達後でさえ，この課題を行うのは初めてであると主張し

た。H.M. の症例はエピソード記憶と手続き記憶に関わる脳の領域が異なることを示唆するものであった。

　プライミングとは，ある刺激を受けることによって，その後に提示される刺激の処理が促進されることを指す。最初に提示される刺激をプライム刺激，後続の刺激をターゲット刺激と呼ぶ。たとえば，プライム刺激として mother という単語を提示しておくと，ターゲット刺激 _th_r の空欄を埋める時間が短縮される。これを直接プライミングと呼ぶ。また，プライム刺激とターゲット刺激が異なる場合でも，意味的に類似している場合に処理が促進される。たとえば，プライム刺激が doctor でターゲット刺激が butter の場合に比べて，プライム刺激が bread でターゲット刺激が butter の場合に，ターゲット刺激の認知が素早くなる。これは間接プライミングと呼ばれる。

(3) 忘　却

　エビングハウス（Ebbinghaus, H.）は，アルファベット 3 文字からなる無意味な綴り（VEC や TIS など）を自分自身で完全に学習した後，一定期間後にどの程度再生できるかを調べた。直後の再生率は 100% であったが，急速に忘却が進み，1 時間程度で 50% 以下になり，6 日後には 25% 以下になった。しかし，それ以降は 1 ヶ月たっても，20% 程度の記憶は保持された（Ebbinghaus, 1885）。この経過をグラフ化したものが忘却曲線である（図 6-3）。

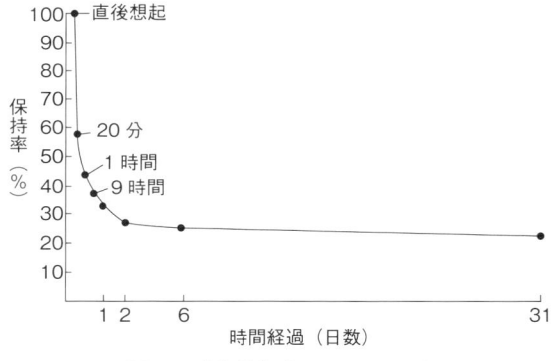

図 6-3　忘却曲線（Ebbinghaus, 1885）

　なぜ忘却が生じるのか？　上に説明したエビングハウスの実験では，時間経過とともに再生率が悪くなるという結果であった。ジェンキンスとダレンバック（Jenkins & Dallenbach, 1924）は，大学生に 10 個の無意味綴りを完全に学習させ，学習後に一定時間睡眠をとった場合と起きていた場合の再生率を比較した。その結果，睡眠をとった方が，忘却が起きにくいという結果が得られた。この結果から，ジェンキンスとダレンバックは，記憶は時間経過にしたがって減衰するのではなく，他の事柄が記憶を妨害して忘却が生じるという干渉説を主張した。干渉には 2 通りある。ある事柄の記憶が，それ以前の記憶によって妨げられる順向抑制と新しい記憶によって古い記憶が妨げられる逆向抑制である。日本史を暗記した後に世界史を暗記しようとしても，世界史を記憶できないというのが順向抑制である。引っ越してしばらくすると，昔の住まいの住所を忘れてしまうというのが逆向抑制である。

（4）記憶の変容

　バートレット（Bartlett, F. C.）は，日常的な材料を用いて記憶実験を行うべきであると考え，物語や絵画などを記憶させる実験を行った。特に「幽霊たちの戦い」という物語を記憶させた後，一定時間の遅延を挟み，何度か再生させる実験（Bartlett, 1932）が有名である。この実験により，記憶の再生量が遅延時間とともに少なくなるだけでなく，記憶内容の質的な変化が起こることが明らかになった。バートレットはこの質的な変化について以下の 6 つの特徴を挙げた。①細部や馴染みのない事柄は省略される，②情報を加えて合理的な説明がなされる，③ある部分が強調される，④馴染みのない事柄が馴染みある言葉で言い換えられる，⑤出来事の順序が変化する，⑥実験参加者の態度や情動が再生に影響する。バートレットは，このような質的な変化が生じるのは，その人がもつ認知的枠組み（スキーマ）の働きによると解釈した。記銘段階において，新しい事柄は既存の知識やイメージと照合される。新しい事柄がスキーマと矛盾する場合には，スキーマに適合するように事実が歪曲され，スキーマとの整合性が保たれるように記憶の変容が生じるのである。

2.　感　　情

(1) 感情の定義

　喜んだり，悲しんだり，笑ったり，怒ったり，怖さを感じたり，なんとなく浮かれたり落ち込んだりといった，感情の変化を私たちは日々経験している。こうした感情の変化は，こころのはたらきとしてとても身近に感じられるものであるから，心理学のテーマの中心に位置すると思われるかもしれない。ところが，心理学において感情の研究が本格的に進められてきたのはこの40年ほどである。感情は主観的経験であるため，科学的つまり客観的に取り扱う対象としては不向きであったことがその原因の1つと言える。

　心理学では，感情に類する語として情動や気分，情緒といった用語がある。そのなかでも，どちらかといえば急激に生じ短時間で終わる，強い感情状態を情動という。怒り，恐れ，喜びなどがそれにあたる。また，情動は生理的変化を伴う観点において用いられることが多い語である。一方で，比較的長時間で持続的に生じる弱い感情状態を気分と呼ぶ。なんとなく気分が晴れない，などの状態である。情動と気分は感情に含まれる。つまり感情は，外的・内的事象によって喚起された，喜怒哀楽や愛憎，快・不快などといった主観的経験の総称と言える。

(2) 感情理論

1) 末梢起源説（ジェームズ＝ランゲ説）

　ジェームズ（James, 1884）は感情の生起を，「悲しいから泣くのではなく，泣くから悲しいのだ」という言葉で表現した。たとえば，林の中を歩いているときに近くの木立が揺れて，がさがさっと音がしたならば，私たちは反射的に体をすくめる。このように体に生じた反応（体がすくむ）が脳にフィードバックされることで，恐怖という感情が生じると説明した。ジェームズとほぼ同時期に，ランゲ（Lange, 1885）も同じように身体反応の重要性を主張しており，このような考えを「末梢起源説」と呼ぶ。

2）中枢起源説（キャノン＝バード説）

　キャノン（Cannon, 1927）は，生起した身体反応が同じでも主観的に経験する感情が異なることや，身体反応がなくても感情を経験することから，ジェームズ＝ランゲ説に異を唱えた。キャノンは，脳の視床という領域が感情の経験に重要な役割を果たすと主張した。外界からのさまざまな刺激が感覚器官に受容され，その情報が感覚神経によって脳に送られる。そして，大脳皮質のはたらきによって，感覚・知覚が生じ，視床下部のはたらきによって内臓反応や自律神経反応が引き起こされる。これらの情報が統合されたものが感情として生起すると考えた。バード（Bard, P.）もまた，脳のはたらきが感情生起に重要であると論じた。キャノンとバートが唱えたこの理論は「中枢起源説」と呼ばれている。

3）二要因説

　シャクターとシンガー（Schachter & Singer, 1962）は，認知的要素を重視する新たな説を出した。彼らによると，ある種の感情の生起において，内臓やその他の身体反応は不可欠であると同時に，状況に対する認知が必要である。この考えを「二要因説」という。二要因説によると，感情体験と生理的・身体的反応のどちらが先かは周囲の状況による。身体反応は漠然とした覚醒をもたらし，その状況をどのように認知するかが，特定の感情の生起に重要であるとした。シャクターらの二要因説は，状況に対する認知的解釈を重視している点で「認知的評価理論」（Arnold, 1960）と一致している。「認知的評価理論」は，その後ラザルス（Lazarus, 1991）によって体系化され，主要な感情理論として発展した。

（3）感情の適応的機能

　感情は古来，西欧の思想においては非合理な考え方や行動を導くものという色づけが濃いものであった。感情があるから，人は憎しみ合い，傷つけ合う。しかし，感情があるからこそ，人は助け合い，喜び合うこともできる。このように，古くから感情有害説と感情有用説が論じられてきた（大平，2010）。トムキンス（Tomkins, 1962）によると，感情は動機づけシステムであり，動物

に生得的にプログラムされている。不快な状態を解消するための生理的な動機づけ（欲求）とそのときに生起する感情は，身体の恒常性を保つために必須である。さらに不安や恐怖といった感情も，捕食者（もしくは脅威となる他者）からの逃避や回避を促進するなど，個体の防衛にとって重要な役割を果たしている。アーノルドやトムキンスの感情理論は，感情が人間の生存と集団の維持にとって不可欠であるとする感情有用説の基盤となっている（Keltner & Gross, 1999）。他の動物と比べて人間の感情は複雑であるように思われる。感情が私たちにとって有利な影響をもたらすものだと考えてみると，感情はヒトの進化とともに，その複雑さを深めてきたのではないだろうか。感情の複雑さと行動に対する影響力は，あらゆる状況に対応するための対処能力の多様さを示していると考えられる。

（4）感情の表出と測定方法

　恐れや喜び，悲しみといった感情を客観的に測定する方法は難しい。しかし，感情が生起するとき，言葉によってその感情状態を説明することができる。また，生起した感情は顔の表情や身振り，手振り，姿勢などの行動に表れる。さらに，血圧や心拍，脳の活動など身体の内部のさまざまな生理反応にも変化が生じる。このように表出された感情を測定する方法は大きく3つに分類される。

1）言語による測定

　質問紙や心理尺度を用い，言語報告によって感情状態を測定する。さまざまな感情状態を比較的簡便に測定できることが長所であるが，隠蔽や社会的望ましさなどによって回答に歪みが入る可能性がある。また，言語的解釈に個人差が生じやすい点にも注意が必要となる。日本語で感情を測定する心理尺度として，多面的感情尺度（寺崎ら，1992），日本語版 PANAS（Positive and Negative Affect Schedule; 佐藤・安田，2001）などがある。

2）行動による測定

　行動による感情状態の表出には，表情，姿勢，態度，しぐさ，空間行動など

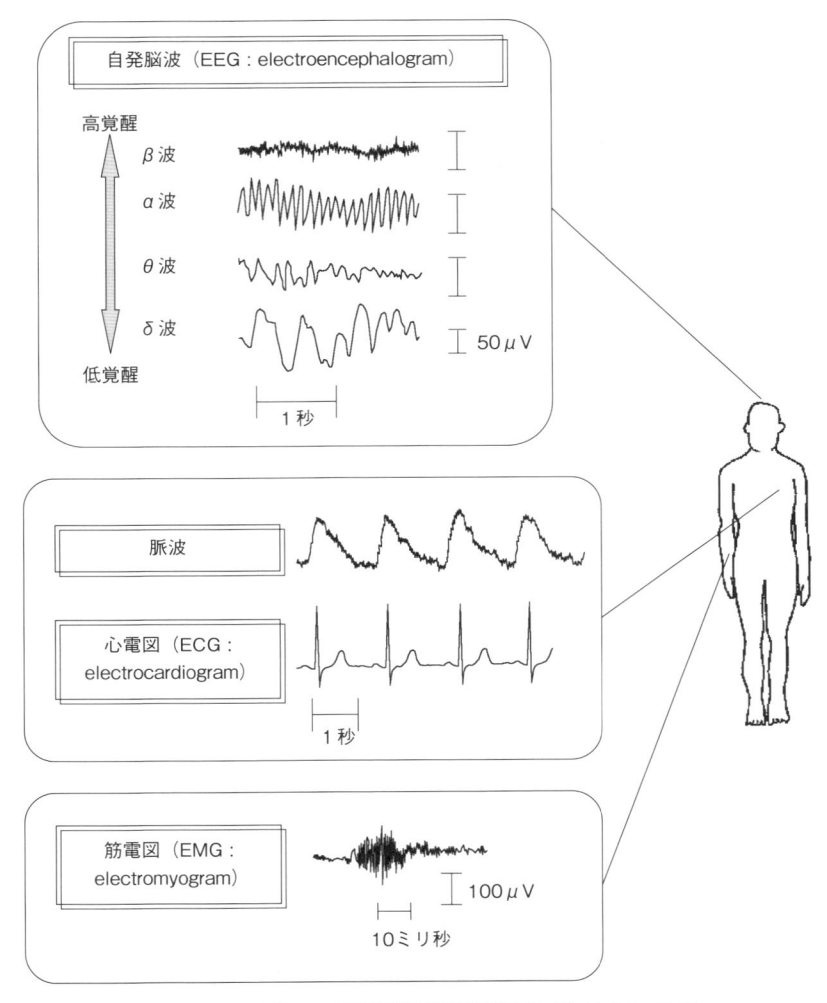

図6-4　心理生理反応の記録波形の例 (山内ら, 2006)

がある。「目はこころの窓」と言われるように，顔の表情は非言語的な感情の表出においてもっとも重要な役割を担うと言ってよい。たとえば，頬骨筋は笑顔と関連して動くため，ポジティブ感情の指標となる。目の瞬きは，驚きを測定する指標として信頼性が高い（北村・木村, 2006）。エクマンらは（Ekman & Friesen, 1971），人間には，喜び，悲しみ，驚き，嫌悪，恐怖，怒りの6種

類の基本感情があり，それらの感情に対応した表情があるとする基本情動仮説を唱えた。さらに彼らは，感情が生起したときに生じる顔面筋肉の反応がすばやく脳へフィードバックされ，その感情に影響を与えるとする表情フィードバック仮説を提唱した（Ekman et al., 1972）。

3）生理反応の測定

　ある種の感情が生起するとき，身体内の生理反応が変化する（図6-4）。血圧，血流量，心拍数，皮膚電位反応，皮膚温度は不随意的で自律神経系の活動に基づく反応である。それに対して，筋肉の動きや呼吸は比較的随意的な調整が可能な骨格筋の反応である。非侵襲的な脳活動の記録は従来，脳波が主流であったが，近年は，陽電子放出断層撮影法（PET）や機能的磁気共鳴画像法（fMRI）も使用されている。心理学の実験では，実験参加者が作業をしている状態でも脳活動の測定が可能な近赤外分光法（NIRS）が用いられることが多い（Matsuda & Hiraki, 2006）。

（5）感情の生物学的基盤
1）感情の中枢

　側頭葉の内側に位置する扁桃体は，動物の感情の生起に重要な役割を果たしている。扁桃体を含む両側の側頭葉を切除したサルは，ヘビを恐れず，どんな物でも口に入れ，異なる種の動物と交尾をしようとする。このように，感情が異常になった動物の症状をクリューバ・ビューシー症候群と呼ぶ。人間においても，恐怖を感じている顔や喜んでいる顔を見ると，扁桃体の活動が高まる（Breiter et al., 1996）。扁桃体から情報を受ける視床下部や脳幹といった領域は，自律神経系や内分泌系のはたらきを制御しており，攻撃行動や性行動，摂食行動など感情と関連の深い行動の生起に関わっている（第2章参照）。

2）感情の抑制

　人間は感情が生起してもそれを抑制する場合がある。この感情の制御には，前頭葉の前部にある前頭前野が関与している。最近の研究において，意識的な感情の抑制にも（Ohira et al., 2006），無意識的な感情の抑制にも（Nomura et al., 2004)，前頭前野が関与することが示されている。これらの知見は，工事現場で作業中に鉄棒が左の頬から頭の前部にかけて貫通するという事故に見舞われたフィニアス・ゲージ（Phineas Gage）の症状と矛盾しない。前頭葉を大きく損傷したゲージは，事故以前と比べ怒りっぽく，他人に不遜な態度をとるようになり，感情の制御ができなくなったと言われている。

3）新しい感情理論

　感情に関わる神経回路の解明が進むと，いくつかの新しい感情理論が提唱されるようになった。ルドゥー（LeDoux, J.）は感情の二経路説において，感覚器官から視床を経由して扁桃体へ入力される低次の経路と，大脳皮質を経由して扁桃体へ入力される高次の経路とで異なる感情処理が行われると主張した（LeDoux, 2002）。低次の経路は刺激に対して瞬時に感情が生起するような反応を，高次の経路はゆっくりであるが詳細な感情の統合を担っている。ダマシオ（Damasio, A. R.）は，感情とは脳と身体反応の相互作用によって生起するものであり，体性感覚野や島皮質でモニターされると考えた（Damasio, 1994）。この考えは現代の末梢起源説とも呼ばれている。ダマシオによると，感情は身体からの信号をもとに前頭前野にはたらきかけて，意思決定にも影響を与えている（Bechara et al., 1999）。このようなダマシオの考え方をソマティック・マーカー仮説と言う。

(6) 感情と記憶

　私たちは辛かった経験や悲しい思いをしたときのことをよく覚えている。また，とても楽しかったときやうれしかったときのこともよく覚えている。感情経験は記憶に残りやすく，感情は記憶に大きな影響を及ぼす。

1）フラッシュバルブ記憶

　大災害や大事件を体験したときには，長い時を経てもそのときに何をしていたのかよく覚えている。カメラのフラッシュが点灯するように，重大な出来事が記憶に刻まれることをフラッシュバルブ記憶と呼ぶ。

2) 気分一致効果

　気分とは比較的弱いが長く続く感情状態のことを言う。この気分もまた記憶に影響する。たとえば，悲しい経験をしたときに，これまでに経験した悲しい出来事を思い出し，さらに悲しくなってしまうことがある。このように，特定の気分が生起したときに，その気分と同じ感情に関連する事象を思い出しやすくなる現象を気分一致効果と呼ぶ。

3) 気分状態依存効果

　気分が記憶に影響する現象として，気分状態依存効果という現象もある。これは物事を記憶するときと，それを思い出すときの気分が同じであると，思い出しやすいという現象である。気分状態依存効果は，思い出す事柄が感情喚起とは関係しない点が気分一致効果とは異なる。たとえば，英単語や地名は感情を喚起する刺激ではないが，友達と楽しく勉強したときに覚えると，友達と一緒にいて楽しい気分になったときに，それらを思い出しやすい。

■　章末問題

1. 以下の文章の空欄に適切な語句を入れよ。

(1) 記憶は保持できる長さによって，短いものから（　①　）（　②　）（　③　）に分類される。

(2) 系列リストの最初の方の再生率が高くなることを（　④　），と終わりの方の再生率が高くなることを（　⑤　）と言う。

(3) 新しい電話番号に変えたとき，以前の電話番号を思い出せなくなることを（　⑥　）と言う。

(4) 基本感情には，（　⑦　），（　⑧　），（　⑨　），（　⑩　），（　⑪　），（　⑫　）の6種類がある。

(5) 二要因説によると，感情の生起は身体反応とともに（　⑬　）によってなされる。

(6) 情動が生起する脳部位は（　⑭　）であり，情動を抑制する脳部位は（　⑮　）である。

(7) 悲しいときに記憶した事柄を，悲しい場面で思い出しやすいという現象を（　⑯　）と言う。

2. 以下の問に答えよ。

(1) 感情の身体反応を測定する上でその指標となるものを 2 つ挙げて説明せよ。

(2) どのように忘却は起こるのか。また，忘却はなぜ起こるのか説明せよ。

引用文献

Arnold, M. B. (1960). *Emotion and personality*, Vol. 1, New York: Columbia University Press.

Atkinson, R. C., & Shiffrin, R. M. (1968). Human memory: A proposed system and its control processes. In K. W. Spence. & J. T. Spence (Eds.). *The psychology of learning and motivation: Advances in research and theory*. (Vol. 2, pp. 89-195). New York: Academic Press.

Bartlett, F. C. (1932). *Remembering: A study in experimental and social psychology*. Cambridge, UK: Cambridge University Press.

Bechara, A., Damasio, H., Damasio, A. R., & Lee, G. P. (1999). Different contributions of the human amygdala and ventromedial prefrontal cortex to decision-making. *The Journal of Neuroscience*, **19**, 5473-5481.

Breiter, H. C., Etcoff, N. L., Whalen, P. J., Kennedy, W. A., Rauch, S. L., Buckner, R. L., Strauss, M. M., Hyman, S. E., & Rosen, B. R. (1996). Response and habituation of the human amygdala during visual processing of facial expression. *Neuron*, **17**, 875-887.

Cannon, W. B. (1927). The James-Lange theory of emotions: A critical examination and an alternative theory. *American Journal of Psychology*, **39**, 106-124.

Damasio, A. R. (1994). *Descartes' error*. New York: Putnam.

Ebbinghaus, H. (1885). *Über das Gedächtnis: Untersuchungen zur experimentellen Psychologie*. Leipzig: Duncker & Humblot.

Ekman, P., & Friesen, W. V. (1971). Constants across cultures in the face and emotion. *Journal of Personality and Social Psychology*, **17**, 124-129.

Ekman, P., Friesen, W. V., & Ellsworth, P. (1972). *Emotion in the human face*. New York: Pergamon Press.

Glanzer, M., & Cunitz, A. R. (1966). Two storage mechanisms in free recall. *Journal of Verbal Learning and Verbal Behavior*, **5**(4), 351-360.

James, W. (1884). What is an emotion? *Mind*, **9**, 188-205.

Jenkins, J. G., & Dallenbach, K. M. (1924). Obliviscence during sleep and waking. *American Journal of Psychology*, **35**, 605-612.

Keltner, D., & Gross, J. J. (1999). Functional accounts of emotion. *Cognition and Emotion*, **13**, 467-480.

北村英哉・木村　晴（編）(2006). 感情研究の新展開　ナカニシヤ出版

Lange, C. G. (1885). *The emotion*. (Reprinted in C. G. Lange & W. James (Eds.) (1967). *The Emotions*. New York: Hafner Publishing Company.)

Lazarus, R. S. (1991). *Emotion and adaptation*. Oxford: Oxford University Press.

LeDoux, J. E. (2002). *The synapic self*. London: Macmillan.

Matsuda, G., & Hiraki, K. (2006). Sustained decrease in Oxygenated hemoglobin during video games in the dorsal prefrontal cortex: A NIRS study of children. *Neuroimage*, **29**, 706-711.

Miller, G. A. (1956). The magical number seven, plus or minus two: Some limits on our capacity for processing information by George A. *The Psychological Review*, **63**, 81-97.

Milner, B.（1965）. Memory disturbance after bilateral hippocampal lesions. In P. M. Milner & S. E. Glickman,（Eds.）, *Cognitive processes and the brain*. Princeton, NJ: Van Nostrand.

Nomura, M., Ohira, H., Haneda, K., Iidaka, T., Sadato, N., Okada, T., & Yonekura, Y.（2004）Functional association of the amygdala and ventral prefrontal cortex during cognitive evaluation of facial expressions primed by masked angry faces: An event-related fMRI study. *Neuroimage*, **21**, 352-363.

大平英樹（編）（2010）. 感情心理学・入門　有斐閣

Ohira, H., Nomura, M., Ichikawa, N., Isowa, T., Iidaka, T., Sato, A., Fukuyama, S., Nakajima, T., & Yamada, J.（2006）. Association of neural and physiological responses during voluntary emotion suppression. *Neuroimage*, **29**, 721-733.

Peterson, L. R., & Peterson, M. J.（1959）. Short-term retention of individual verbal items. *Journal of Experimental Psychology*, **58**, 193-198.

佐藤　徳・安田朝子（2001）. 日本語版 PANAS の作成　性格心理学研究, **9**, 138-139.

Schachter, S., & Singer, J.（1962）. Cognitive, social and physiological determinants of emotional state. *Psychological Review*, **69**, 379-399.

Squire, L. R., & Zola, S. M.（1996）. Structure and function of declarative and nondeclarative memory systems *Proceedings of the National Academy of Sciences of the USA*, **93**, 13515-13522

寺崎正治・岸本陽一・古賀愛人（1992）. 多面的感情尺度の作成　心理学研究, **62**, 350-356.

Tomkins, S. S（1962）. *Affect, imagery, consciousness*. Vol.1: *The positive affects*. Oxford, England: Springer.

Tulving, E.（1983）. *Elements of episodic memory*. Oxford: Oxford University Press.（太田信夫（訳）.（1985）タルヴィングの記憶理論—エピソード記憶の要素　教育出版）

山内弘継・橋本　宰（監修）　岡市廣成・鈴木直人（編）（2006）. 心理学概論　ナカニシヤ出版

参考文献

Cornelius, R. R.（1996）. *The science of emotion: Research and traditon in the psychology of emotion*. Upper Saddle River, NJ: Prentice-Hall.（齊藤　勇（訳）（1999）. 感情の科学—心理学は感情をどこまで理解できたか　誠信書房）

藤田和生（編）（2007）. 感情科学　京都大学出版会

濱　治世・鈴木直人・濱　保久（2001）. 新心理学ライブラリ 17　感情心理学への招待—感情・情緒へのアプローチ—　サイエンス社

海保博之（監修）（2007）. 朝倉心理学講座 10　感情心理学　朝倉書店

海保博之・松原　望（監修）（2010）. 感情と思考の科学事典　朝倉書店

Myers, D. G.（2011）. Psychology（10th ed.）. New York: Worth Publishers.（村上郁也（訳）（2015）. マイヤーズ心理学 西村書店

7

言語と思考

1. 言　　語

　私たちが何かを考えるとき，それは言語を用いずになされることはほとんどないと言えるだろう。言語は音声言語（話しことば）と文字言語（書きことば）とに分けられ，そのどちらにせよ私たちはかなりのスピードでその意味を知ることができ，コミュニケーションを成立させもする。そのためには「単語」の意味を辞書的に理解するだけでなく，単語と単語の関係を含めた文章の理解が必要である。

(1) 単語と文章の認知

　単語の認知はどのようになされるのか。ロゴジェンモデル（Morton, 1969）は，私たちの頭の中に，あたかも辞書のように単語に関する情報がまとめられていることを仮定する。その心的辞書のようなものをロゴジェンと呼ぶ。私たちは単語を見たり聞いたりしたとき，その形や音によってロゴジェンが活性化し，候補となる単語が絞り込まれる。さらに形や音による情報が加わり，それらの情報と一致する単語が特定されることが，単語が認知されるというプロセスだと考えられる。

　文章は，単語と単語が規則性をもって結びつくことによって構成される。その規則性を統語と言い，私たちが文章を理解するということは，統語構造を理解するということでもある。統語構造を理解することを統語解析と言い，私たちはそれをほぼ無意識的に行うことができる。しかし，統語解析がうまくいかないような文章，つまり読みにくい文章や意味のわかりにくい文章を読むときに，統語解析の過程を意識することができる。

(2) 言語相対性仮説

　言語は思考に影響を与えていると考えられる。たとえば日本語話者と英語話者とでは考え方が違う，ということが俗に言われる。このような考えを「言語相対性仮説」と呼ぶ。言語相対性仮説は主に言語学者のウォーフ（Whorf, B. L.）によって提唱され，後の研究者によってさまざまな解釈と実証的検討が加えられた。言語によって思考の形式が決められるという強い説は，現在ではほとんど支持されていない。ただし，言語によって表現しやすいことと表現しにくいことがあるという点で，言語と思考との関連は存在すると考えられる。

2. 概　　念

(1) カテゴリーと概念

　私たちは物事を把握する際に，分類ということをしばしば利用している。たとえば大学の授業科目名をざっと見て，心理学関連の科目とそれ以外の科目という分類ができる。あるいは，イヌ，ネコ，トリといったそれぞれの分類に含まれる動物を思い浮かべることができる。これらのような分類を「カテゴリー」と呼び，分類することをカテゴリー化と言う。

　そしてそのカテゴリーに関する知識の集まりを「概念」と言い，概念には特定の語（名，称号）が結び付けられる。たとえば私たちは道ばたでネコを見るとき，見たことのないネコであってもそれがネコであるかどうか，いちいちとまどわない。このとき，個別のネコをすべて含む枠組みとしてカテゴリーがあり，そのカテゴリーに付けられた名が「ネコ」である。個別の対象（一匹一匹のネコ）は，カテゴリーに対して「事例」と呼ばれる。「ネコ」と名付けられるカテゴリーには，ネコに関する知識が結びつけられており，その全体がネコに関する概念となっている。ネコという概念を獲得することにより，これから遭遇する無数のネコもカテゴリー化することができる。もし私たちに概念を獲得する能力が無ければ，環境を把握するために膨大な認知的エネルギーを必要としてしまい，適切な判断ができなくなってしまうだろう。

(2) 概念の構造

　私たちはどのようにして概念をつくっているのか。概念を獲得する仕組み
に関する理論はいくつかある中で，ここではプロトタイプ理論（Rosch, 1975）
を取り上げる。前節で例を挙げたように，私たちが概念を持つとき，そこには
多数の事例が含まれている。そしてその各事例に対して私たちは，カテゴリー
の事例としてのふさわしさの程度に差を感じる。果物の例で考えてみよう。果
物というカテゴリーの事例として，リンゴ，モモ，ナシ，ブドウ，イチゴ，ミ
カンなどは果物らしさを高く感じられる。つまり果物の典型的な事例として挙
げられやすい。一方で，ザクロ，アボカド，ウメは果物らしさが低く，果物の
典型的な事例ではないということになる。このような，典型的な事例をカテゴ
リーにおける「プロトタイプ」という。あるカテゴリーとその事例の関係は，
プロトタイプを中心にして中心から遠ざかるほどそのカテゴリーとしての「ら
しさ」が低い事例が配置される，という構造として想定される。このような考
えがプロトタイプ理論である。

　果物の事例として挙げられたリンゴやモモなども，それぞれが概念である。
リンゴには数多くの品種や個体があり，それらをまとめる語として「リンゴ」
と名付けられた概念であり，モモやナシも同様である。このように，「リンゴ」
や「モモ」等と「果物」という概念同士の関係は，「リンゴ」や「モモ」等が
「下位概念」であり「果物」は「上位概念」である，というように階層構造と
して理解できる。

3. 思　　考

　知識に基づき，概念を作ったり，判断や問題解決，推論をしたりすることを
思考と言う。言い換えれば，個別複数の知識を利用したり組み合わせたりする
ことで，新しい知識を生み出すはたらきのことである。

(1) 批判的思考

　批判的思考力は，大学生が身につけるべき能力として論理的思考力などとな
らんで挙げられることが多い。批判的思考とは，論理的であり，かつ反省的

で，多様な視点を取り入れようとする態度に基づく思考である。批判的思考は，自他の思考について，明瞭さ，的確さ，正確さ，妥当性，深さ，幅，論理性，重要性，公正さの基準で評価する思考と定義されることもある。大学生に対して教員が「常識を疑おう」というメッセージを示すことが多いのは，それが批判的思考の入り口になるからである。ただし，懐疑的であることは批判的思考という概念の一部分でしかない。また，日常語としての「批判」とはニュアンスが異なり，単純に他者を非難する態度ではない。

(2) 創造的思考

　新しいものやアイデアを生み出すことを創造と言う。私たちは日常の問題解決のために視点を変えたり制約を取り払ったりして，創造的思考を促そうとすることがよくある。創造的思考は，①準備期，②孵化期，③啓示期（ひらめき），④検証期，の4段階を経るものと考えられる。準備期は，問題に対してあらゆる角度からの思考を重ねる時期であり，その過程には批判的思考も含まれる。そこで解決されず，いったん問題への取り組みをやめる時期が孵化期である。休息や気分転換を図りながら無意識的に問題を見つめることを経て，突然のひらめき，すなわち啓示期をむかえることがある。

　創造的思考を促すための代表的な手法として「ブレインストーミング」がある。この手法は，ある問題についてとにかく数多くのアイデアを出すことを目的とする。そのために，アイデアを出している時間は批判や評価をしないことがルールとされる。そうして自由で大胆なアイデアを多く出し，またそれらを結びつけるなどして創造性を高めようとする。

(3) 問題解決の思考

　出かける前にその日の服装を決める。昼休みにお腹が空き，どこで何を食べようかと考える。一週間の予定を確認し，授業の予習と課題の進め方を計画する。このように私たちは日々の生活の中で，実に数多くの問題を解決しなければならない。問題解決とは，到達すべき目標があり，現在の状態からその目標まで，まだ明らかではないプロセスによって状態を変化させていくことである。このような一般的な問題解決のための能力が「知能」と呼ばれる。

　問題解決のために私たちが用いる方法はさまざまにある。「試行錯誤」は，問題解決の方法が不明である場合に，いろいろなやり方を試す方法である。たとえば，「□に当てはまる文字を答えよ」というようなパズルに対して，思いつく文字をどんどん入れてみよう，というやり方である。

　ある手順にしたがって解いていけば必ず答えにたどり着くことができる，というような方法をアルゴリズムという。ここでの手順とは直接的あるいは機械的に適用できるものを指す。つまり問題を解決するための方法が明らかにされており，その通りにやれば解決できるという方法である。たとえば学校教育で教えられる四則演算の仕方はアルゴリズムにあたる。公式のように，適用のためにさらに思考を必要とするものはアルゴリズムとは異なる。

(4) 思考の簡略化―ヒューリスティック

　私たちは日々の生活におけるさまざまな判断や意思決定のすべてに十分な時間をかけることはできないし，そのための能力や情報が足りなかったり，それほど重要な問題でなかったりもする。そこで簡略化された推論や判断の方略がとられる。それらを総称してヒューリスティックと呼ぶ。

　ヒューリスティックは簡便な思考方略であるため，エラーやバイアスといった非合理的な推論や判断になることが少なくない。ただし，時間や認知能力を倹約できるという点で，適応的な意義を持つ。その上，ヒューリスティックに従った方が結果的に正解につながりやすい場合もある。特徴の異なるいろいろなヒューリスティックが研究されている（Tversky & Kahneman, 1983）中で，ここでは2種類を紹介する。

　利用可能性ヒューリスティックは，ある事象の生起頻度や確率を判断する際に具体的事例の思い出しやすさやイメージのしやすさから判断する思考方略である。たとえば，rで始まる英単語とrが3番目にある英単語とでは，どちらの数が多いだろうか。この推測をさせると，多くの人は前者の英単語の方が多いと答える。実際は後者の方がはるかに多いのだが，それらは思いつきにくく，前者の単語は思いつきやすいことに基づいて，頻度の推定がなされている。一般的には，事例を数多く知っているということはその事例が実際に多いことにつながりやすく，その場合は利用可能性ヒューリスティックが正解につ

ながることになる。

　代表性ヒューリスティックは，ある現象の全体の確率を判断する際に，限られた事例を手がかりにすることである。また，示されている出来事が詳細であればあるほど感覚的な判断が論理的な確率に基づく判断から離れていく，という特徴もある。たとえば，次の問題を見てみよう。

> **代表性ヒューリスティックの例（Tversky & Kahneman, 1983）**
> リンダは 31 歳，独身で，意見を率直に言い，また非常に聡明です。彼女は哲学を専攻していました。学生時代，彼女は差別や社会正義の問題に深く関心を持ち，反核デモにも参加していました。次の選択肢のうち，どちらの可能性がより高いと思いますか？
>
> 　A．リンダは銀行の出納係である。
> 　B．リンダは銀行の出納係であり，フェミニスト運動の活動家である。

　多くの人はBを選ぶ。しかし，BはAよりもさらに限定された条件となっており，したがって確率は低いのである。

（5）推　　論

　すでに得られた情報から結論を導く思考プロセスを推論と言う。たとえば，「どんよりとした雲が広がってきたから雨が降るだろう」とか，「お昼休みに学食の席を確保するのは難しそう」といった思考は，現在の状況や過去の経験などから将来のことを推定している。私たちが行う推論の形式は，さまざまに説明されている。

1）演繹的推論と帰納的推論

演繹的推論

　一般に当てはまる情報（前提）を，ある個別の対象に当てはめて結論を導く推論を演繹的推論と言う。一般から特殊に向かう推論と言うこともできる。たとえば，「動物はいつか死ぬ」（一般）という前提から「人間はいつか死ぬ」（個別・特殊）という結論を導くものである。演繹的推論の結論は，真か偽かのどちらかになる。演繹的推論の代表的な形式として三段論法がある。三段論法は，大前提，小前提，結論，という3つの命題から構成される。たとえば次

のようなものである。

> A 学部では全学生が留学をする。［大前提］
> X さんは A 学部生である。［小前提］
> したがって X さんは留学する。［結論］

　この例では，結論は「真」であることがわかる。

帰納的推論

　個別の具体的な事例に基づいて，一般に当てはまる結論（仮説）を導く推論を帰納的推論と言う。その結論は不確かさを含むものであり，あくまで仮説である。たとえば「我が家のトラネコも，隣家のミケネコも，どちらもにゃあと鳴く」から「すべてのネコは，にゃあと鳴く」という，仮説としての結論を導くような推論である。このように帰納的推論は，未知の事柄の予測を可能にしたり，知識を増やしたりする思考パターンである。私たちの日常の思考パターンは，その多くが帰納的推論であり，概念やカテゴリーの獲得も帰納的推論によってなされると言える。

2) 確率的推論

　今日は雨が降りそうだとか，締め切りに間に合う確率は五分五分だとか，私たちは日常生活の中でさまざまなことに確率的な判断をしている。そしてその確率の判断は，客観的な確率とずれてしまうことがしばしばある。たとえば，コインをはじいて表が出る確率と裏が出る確率は，どちらも 2 分の 1 である。いま，何も細工のない本物のコインで，6 回連続で表が出ているとしよう。次に表が出る確率はどの程度だと感じられるだろうか。なんとなく，「さすがに次は表は出ないだろう」という推測をしてしまうのではないだろうか。このような確率推定の誤りは「賭博者の錯誤」と呼ばれる。一回ごとの表裏の出る確率は 2 分の 1 ずつであり，前の回と次の回の確率は独立しているにもかかわらず，私たちの主観では前の回が次の回の確率に影響を及ぼすように感じられてしまうというエラーである。

次の4枚のカードには，いずれも片面にアルファベット文字，もう片面に数字が書かれています。この4枚について，「片面が母音であるならば，もう片面は偶数である」という規則があります。その規則が成り立っていることを調べるためには，少なくともどのカードを裏返して確かめる必要があるでしょうか。

図7-1　Wason（1966）の4枚カード問題（長谷川・東条・大島・丹野・廣中，2008）

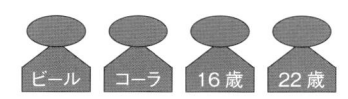

4人の若者が何かを飲んでいます。1人はビールを飲んでいて，1人はコーラを飲んでいます。他の1人は22歳であることがわかっていて，あと1人は16歳であることがわかっています。「アルコール飲料を飲んでいる人は20歳以上でなければならない」という規則が守られているかどうかを調べるためには，どの人の年齢，または飲んでいるものを調べる必要があるでしょうか。

図7-2　飲酒年齢版ウェイソン選択課題
（Griggs & Cox，1982；長谷川・東条・大島・丹野・廣中，2008）

3）推論のエラー

　私たちが行う推論が，必ずしも論理的ではないことをよく示す具体例として，「4枚カード問題」と呼ばれる課題がある。図7-1の問題を考えてみよう。

　この問題の正答率はとても低いことが知られている（正解は「E」と「7」）。ウェイソン（Wason, 1966）が行った実験では，大学生での正答率が18％であった。「4」を裏返した場合，その結果は母音である可能性と子音である可能性の2通りがある。どちらの結果だとしても，規則には反していないため，規則の正しさを確かめることができない。「7」を裏返したならば，その結果は母音である場合に，規則に反する結果であることが明らかになる。この問題の正答率の低さは，私たちが反証（ルールに反する証拠）を探すことによって論理の正しさを確かめることを苦手としている，ということを示している。言い換えると，私たちは仮説に合う証拠を探そうとする傾向がある，ということでもある。こうした思考の傾向は，私たちは確証を欲しがる，という意味で「確証バイアス」と呼ばれる。

　その一方で，この4枚カード問題が具体的な問題になると正答率は上がる。図7-2の問題を考えてみよう。「アルコール飲料を飲んでいる人は20歳以上でなければならない」という規則が成立していることを確かめるためにはどうすればよいか。

　この問題は図7-1と同じ形式の推論を求めるものであるが，多くの人が正答をすんなり選ぶことができる（正解はビールを飲んでいる人と16歳の人）。この例から，論理的に考えることが難しい問題でも，その問題（飲酒）に関する規則や経験といった知識を使うことによって理解しやすくなる，ということが言える。

4. 認知の認知

(1) メタ認知の定義と機能

　私たちは，自分が何を知っているか，何を感じているか，どのように考えているかといったことを知ることができる。たとえば「私は京都の道はよく知っているけれど大阪の道はあまり知らない」とか「今，授業についていけなくなっている」「私のほうがA君よりも心理学の知識がある」とかいったことである。このような自己の認知活動に対する認知を「メタ認知」という。メタとは，「一段上の」といった意味を持つ接頭辞である。すなわち，自分自身の知識や記憶，考え，理解度などに対して気づいたり考えたりするという，認知に対する認知がメタ認知である。

　メタ認知は知識成分と活動成分とに分類することができる（Flavell, 1979）。それぞれの成分はさらに表7-1に示すように整理できる。知識成分は人間特性，課題，方略といった種々の認知に対するメタ知識である。人間特性に対する認知とは，自分が何を知っていて何を知らないか，あるいは何ができて何ができないかという自分自身の特性や，個人と個人とを比較した上での特性

表7-1　メタ認知の成分と例 （三宮，2017）

メタ認知的知識
人間の特性についての知識
課題についての知識
方略についての知識
メタ認知的活動
メタ認知的モニタリング
・認知についての気づき，予想，点検，評価など
メタ認知的コントロール
・認知についての目標設定，計画，修正など

（例：AさんよりBさんのほうが冷静だ），人間一般にあてはまる特性（例：人は新しく覚えたことの約半分を一時間で忘れる）である。課題に対する認知は，たとえば「レポート課題では話しことばを使ってはいけない」といったものである。方略に対する認知は，たとえば「迷路は片側の壁をたどれば必ずゴールにたどり着く」といったものである。活動成分は認知のプロセスや状態に対して監視，コントロール，調整を行うことである。

　メタ認知は思考において重要な役割を果たす。意思決定，推論，文章の理解，作文，会話の遂行などの際には，メタ認知が活発に機能している（三宮，1996）。スワンソン（Swanson, 1990）は小学4・5年生を対象とした実験で，一般的な認知能力とメタ認知能力とが別の能力であり，それらが互いに問題解決において補い合う関係になりうることを示している。

(2) メタ認知の発達

　メタ認知は高次の認知能力であり，生まれたばかりの赤ちゃんにはできないと考えられてきた。メタ認知ができるようになるには一定の発達段階を経る必要がある。幼い子どもは自分に見えているものは他の人にも見えており，自分が見えないものは他の人にも見えていないというような考え方をする。これは他者の視点を取り入れること（視点取得）ができていないのであり，また自分自身を客観的な対象にできていないということである。他者の視点を自分の視点と区別して理解することは4歳から7歳ごろにできるようになる。他者と自己の視点の区別は，こころの仕組みやはたらきに対する理解である「心の理論」の基礎的な形成の段階であり，この段階からメタ認知が可能になる。ただしそのメタ認知能力は初期のものであり，さらに自分の思考過程を意識化できるようになる9－10歳ごろがメタ認知の発達の節目と考えられる（三宮，2008）。

　メタ認知を促進することは，学習支援に高い効果を持つと期待される。勉強に苦手意識を持つ学生の学習意欲を高めるためには苦手意識の原因を自覚し，その原因を解消するための方法を見いだして実行するというプロセスがもとめられる。苦手意識の原因や解消方法を見いだすことはメタ認知の知識成分であり，実行することは活動成分にあたる。

　メタ認知は自己を対象化する認知であるから，その発達を促すためには他者とのやりとりが有効と考えられる。自分が何を知っており何を知っていないかということは，他者とのやり取りの中で気づくことができる。たとえば授業で聞いた内容がわかりやすく，自分は理解できたと感じたとしても，その内容を他者に説明しようとしてみるとうまくできなかったり，他者から質問されることで自分が見落としていたことに気づいたりもする。

(3) メタ認知の神経科学的基盤

　脳の損傷や精神障害（注意障害），発達障害によってメタ認知能力が損なわれることが知られている。メタ認知においてもっとも重要な役割をつかさどる脳領域は前頭前野である。たとえば事故で前頭前野を損傷した症例として有名なフィニアス＝ゲージは，事故後は感情の制御や計画的な行動ができなくなった。この症例はメタ認知能力の消失を示している（渡邊，2008）。また前頭前野外側部の損傷は，運動反応の抑制を困難にする。その部位を損傷した患者は，してはいけないということをしてしまうようになる。さらに，前頭前野の損傷はワーキングメモリ（作業記憶）のはたらきを著しく低下させる（渡邊，2008）。ワーキングメモリとメタ認知は関連が深く，このことからも前頭前野の重要性が示唆されている。これらの例のような，かつては脳の損傷患者に対する観察と治療のプロセスから得られた知見が，近年では fMRI（機能的磁気共鳴法）や PET（ポジトロン断層映像法）といった測定法によって検証できるようになっている。

　ヒトの前頭前野の容量が大脳に占める割合は動物の中でも群を抜いて大きい（渡邊，2008）。メタ認知は高次の認知機能であるから，動物の中でもヒトに特有の能力と考えられてきた。その中で近年ではアカゲザルにおけるメタ認知能力が確認され，動物におけるメタ認知能力の研究にも関心が高まっている。

■ 章末問題

1. 以下の文章の空欄に適切な語句を入れよ。

(1) 一般に当てはまる情報を，ある個別の対象に当てはめて結論を導く推論を（　①　）的推論と言い，個別の具体的な事例に基づいて一般に当てはまる結論（仮説）を導く推論を（　②　）的推論と言う。

(2) 実際には独立した出来事の確率に対して，前の出来事が次の出来事の確率に影響を与えるように感じてしまう推論の誤りを（　③　）と言う。

(3) 論理的かつ反省的で，多様な視点を取り入れようとする態度に基づく思考を（　④　）と言う。

(4) 創造的思考は，準備期，（　⑤　），啓示期，検証期の四段階を経る。

(5) メタ認知は（　⑥　）成分と（　⑦　）成分とに分類できる。

(6) ある事象の生起頻度や確率を判断する際に具体的事例の思い出しやすさやイメージのしやすさから判断する思考方略を（　⑧　）と言う。

(7) メタ認知に重要な役割をつかさどる脳の部位は（　⑨　）である。

(8) 文章において単語と単語とを結びつける規則性をもった構造を理解する認知システムを（　⑩　）と言う。

2. 以下の問に答えよ。

(1) 心理学の専門用語の中から，上位概念と下位概念の関係になっているものを例として挙げてみよう。

(2) メタ認知の発達について，視点取得，心の理論といった用語を用いて説明しよう。

引用文献

Flavell, L. H. (1979). Metacognition and cognitive monitaring: A new area of cognitive developmental lnquiry. *Ametican Psychologist, 34,* 906-911.

Griggs, R. A., & Cox, J. R. (1982). The elusive thematic-materials effect in Wason's selection task. *British Journal of Psychology, 73*(3), 407-420.

Mayer, R. E. (1992). *Thinking,problem solcing, cognition* (2nd ed.). New York: W. H. Freeman.

Morton, J. (1969). Interaction of information in word recognition. *Psychological Review, 76,* 165-178.

Rosch, E. (1975). Cognitive representations of semantic categories. *Journal of Experimental Psychology: General, 104,* 192-233.

Swanson, H. L. (1990). Influence of metacognitive knowledge and aptitude on problem solving. *Joutnal of Educational Psychology, 82,* 306-314.

三宮真智子（1996）．思考におけるメタ認知と注意　市川伸一（編）　認知心理学4　思考　東京大学出版会

三宮真智子（編著）（2008）．メタ認知―学習力を高める高次認知機能　北大路書房

三宮真智子　（2017）．誤解の心理学―コミュニケーションのメタ認知　ナカニシヤ出版

Tversky, A., & Kahneman, D. (1973). Availability: A heuristic for judging frequency and probability. *Cognitive Psychology*, **5**, 207-232.

Tversky, A., & Kahneman, D. (1983). Extensional versus intuitive reasoning: The conjunction fallacy in probability judgment. *Psychological Review*, **91**, 293-315.

Wason, P. C. (1966). Reasoning. In B. M. Foss (Ed.), *New horizons in psychology* (pp.135-151). Harmondsworth, UK: Penguin.

渡邊正孝（2008）．メタ認知の神経科学的基礎　三宮真智子（編著）　メタ認知―学習力を高める高次認知機能　北大路書房

参考文献

長谷川寿一・東條正城・大島尚・丹野義彦・廣中直行　（2008）．はじめて出会う心理学　改訂版　有斐閣

池上まさみ　（2012）．認知心理学演習 言語と思考―基礎・理論編Ⅱ―　オーム社

海保博之・松原　望（監修）（2010）．感情と思考の科学事典　朝倉書店

楠見　孝（編）（2010）．現代の認知心理学3　思考と言語　北大路書房

森　敏昭・井上　毅・松井孝雄　（1995）．グラフィック認知心理学　サイエンス社

無藤　隆・森　敏昭・池上知子・福丸由佳（編）（2009）．よくわかる心理学　ミネルヴァ書房

日本認知心理学会（編）（2013）．認知心理学ハンドブック　有斐閣

大津由紀雄（編）（1995）．認知心理学3　言語　東京大学出版会

三宮真智子　（2010）．私たちは自分の心をどのように認知しているのか？―メタ認知による心の制御　仲真紀子（編著）　はじめに読む心理学の本4　認知心理学（pp. 188-205）　ミネルヴァ書房

8

社会心理学 1
個人と他者の関わり

1. 社会における人間行動

　人間の特徴を表すものとして「社会的動物（The Social Animal）」という用語がある。人間は動物の一つの種であることに変わりはないが，それ特有の性質として，強い社会性（人間同士の関係性）を持つということである。このような社会性は進化の過程で形成されてきた（環境に適応して種として存続するためには相互の支援・協力関係が必要であった）と考えられている。人間は自分の意思を伝え相手の意思を理解しながら，相互の関わり合いの中で生きる存在であると言える。

　社会心理学は人間相互の関係性や影響力に焦点をあてた研究分野である。その内容は学問的関心だけにとどまらず，私たちが生活の中で社会的関係を構築し維持するために必要とされる「客観的で中立的な自己理解と他者理解」を促進する上で必要な内容と言える。社会心理学という研究分野には全部で4つの視点があるとされている（表8-1）。

表8-1　社会心理学研究の4つの視点とそれぞれに含まれる具体的テーマ

視点	内容	含まれる研究テーマの例
個人内過程	対人関係や社会を個人の意識過程のなかで想定することによる影響の検討	自己スキーマ，セルフモニタリング，自己知覚，自己意識など
個人対他者	一対一の人間関係における認知，コミュニケーション，対人行動の規定要因と成立過程の検討	対人認知，印象形成，印象管理，帰属過程，対人魅力，ステレオタイプなど
集団内の個人	個人または他者が所属する集団との相互的影響過程の検討	同調行動，援助行動，集団規範，集団間相互作用，社会的促進・抑制など
社会内の個人	個人と不特定多数を想定した社会との相互的影響過程の検討	流行現象，流言，パニックなどの集合行動，マスコミによる影響過程など

　まず「個人内過程」という視点である。人間は対人関係や社会を想定した上で，自身の判断や行動を決定する傾向がある。他者，集団，社会を想定した上で，個人の内的な意識過程の中で自分自身をどのように理解し捉えているのか？ということが行動を強く規定する場合が多い。これに関連する多数の理論や概念があり，「自己スキーマ（自分が自分自身を捉える枠組み）」や，セルフ・モニタリング（社会的場面において自分の行動を監視するということ），自己知覚（自分自身をどのように捉えているか）などが挙げられる。

　2つ目の視点は「個人対他者」という視点である。人間同士の行動を「私」と「他者」という1対1の関係を前提としてそのプロセスを解明していくのがこの捉え方である。初対面の人間同士，友人間，夫婦間，恋人同士といった関係の中でどのような仕組みで相手を理解し，行動が成り立つのかを見る視点であり，対人認知研究，対人魅力研究や対人行動研究が該当する。

　3つ目の視点は「集団内の個人」という視点である。人間の行動は家族，学校，職場などの所属集団の影響を受けている。人間は周りの人間の行動や意見に従おうとする傾向（同調傾向）が少なからずあり，また一方で自身の意見や行動が集団全体の動きに影響を及ぼすこともある。個人を集団の構成単位として捉え，集団と個人との相互の影響のプロセス（あるいは集団対集団の影響のプロセス）を明らかにするのがこの視点である。

　4番目の視点は「社会内の個人」である。人間の行動は集団をこえて，不特定多数の人間から構成される社会全体の影響を受けている。社会を支配している考え方や雰囲気，文化や規範は個人の意見や行動に強い影響力を持っている。古くから流行現象や流言（うわさ）の研究などが行われ，今日的なテーマとしてクチコミやマスコミの影響過程などのテーマが取り扱われている。このように社会と個人との関係の中で人間の行動を捉える視点である。

　第8章（社会心理学1）では上記のうち特に「個人対他者」という視点から，対人認知や対人魅力，原因帰属といったテーマについて述べる。また次の第9章（社会心理学2）では集団行動や集合行動について述べる。

2. 対人認知

(1) 対人認知とは？

　私たちは周りにいる他者がどのような人柄を持つ人なのか，どのような考え方を持つのか，どのような気分でいるのか，といったことを常に考える。他者に関するさまざまな情報を手がかりにして，性格，能力，感情，意図，態度など，他者の内面に潜む特性や心理過程を推論するはたらきのことを「対人認知」と言う。対人認知は社会的環境への適応において重要な機能を果たしている。人間は，各自が構成する主観的な世界の中で生きており，人が他者に対してとる行動は相手に対する個人の認知に規定されるからである。

　対人認知は物理的事物を捉える認知とは異なり，推論が中心になることが指摘される。外面的特徴の把握のみにとどまらず，性格や態度，能力などの内面的特徴にまで及ぶので，推論的な情報処理がかなりの部分を含む。また認知内容は個人がとった過去の行動や，別の場所でとった行動に影響されるという点で大きな広がりを持ち，認知が一方的に成立するのではなく，相手とのやり取り（社会的相互作用）の中で展開されることも特徴である。

(2) 印象形成過程

　ここでは初対面での対人認知の仕組みについて考えてみよう。ある人物と初対面で出会ったときには，自分と相手とのかかわりあい（相互作用）の中で，その人を意識的，無意識的に観察してさまざまな情報（服，顔つき，体型，声，仕草など）を入手する。それらを統合して人格の全体像を形成していく。このような過程は「印象形成過程（Impression Formation Process）」と呼ばれる。

　印象形成過程の特徴として，いくつかの点が指摘されている。まず他者に関する情報（印象形成の手がかり）が断片的で欠損している部分があっても，全体的な人格の印象をうまくつくりあげる能力を人間は持っていることである。

　つぎに印象形成に用いる手がかりの中には，印象を強く規定する特性とそうでないものがあるということが挙げられる。前者を「中心特性」，また後者を「周辺特性」と言う。たとえば「あたたかい人物である」という情報が加

わるか否かでその人物の印象はガラリと変わることが指摘されている（Asch, 1946）。この場合の「あたたかい」という特性は典型的な「中心特性」であると言える。

　さらに情報の提示順序が印象に影響をおよぼすことがある（手がかりの順序効果がある）。はじめに提示された情報が全体の印象を強く規定する場合（これを初頭効果と言う）と，最後に提示された情報が規定する場合（これを新近性効果と言う）とがある。

　この点を明らかにするためにアッシュはある人物の性格特性を表すリストを提示して，その人物の印象を評定させるという心理学実験を行った。アッシュの実験では，2つの実験参加者グループに6個の形容詞項目を異なる順序で伝え，人物の印象を比較した。その結果，ポジティブな項目（「知的な」など）を先に提示して，その後にネガティブな項目（「嫉妬深い」など）を提示したグループの方が，当該人物を「幸福で，社交性に富み，機知にあふれ，自制心のある人」とよりポジティブに評定した。この結果から初頭効果が現れていることになる。一般的に初対面の場面では「初頭効果」が影響することが多いが，時間的に近い時点で取得された情報の方がよく記憶されるために新近性効果が認められることもある。

(3) 暗黙の人格観

　アッシュの実験から，他者についての印象は断片的な情報を寄せ集めてつくられるのではなく，人間が各自に持っている「認知判断の枠組み」の中で情報が統合されていることが仮定できる。それは私たちがだれもが過去経験を通じて持っている信念体系（考え方）に基づいていると言える。

　ブルーナーとタギウリ（Bruner & Tagiuri, 1954）は，人間が各自に持っているこのような信念体系を「暗黙の人格観（Implicit Personality Theory）」と呼んだ。暗黙の人格観のある部分は個人間で共通しており，一般化が可能なものであると考えられている。この構造について林（1978）は次の3つの性格認知次元を挙げて説明している。

1）個人的親しみやすさ

　社会性や対人行動のあり方についての評価次元であり，あたたかさ，温厚性，やさしさ，といった下位次元が含まれる。

2）社会的望ましさ

　知的能力や課題解決に関連した能力の評価次元であり，誠実性，道徳性，信頼性といった下位次元が含まれる。

3）活　動　性

　精神面，行動面での活動性についての評価次元であり，社交性，積極性，自信の強さといった下位次元が含まれる。

（4）印象形成におけるバイアス（歪み）

　人間が身の周りの環境を捉える場合には，思いこみによって客観的事実が主観的内容に置き換えられ歪んでしまうことがよくある。特に対人認知過程の中ではそのようなことが生じやすい。前述のアッシュの実験で示されたように，一般的には初頭効果により印象が規定されることが多い。これはいったん自分が正しいと思ったことは正しいと思い続けたいという「認知的一貫性」を維持しようとするためとされる。

　また他者に関して，ポジティブな特性とネガティブな特性とが示された場合に，ネガティブな特性の方に重みがかかった印象を形成する傾向がある。これを「ネガティビティ・バイアス」という。さらに対人認知を歪める仕組みとして「ハロー効果（光背効果）」というものがある。ある特性において優れている人を見ると，その人はそれ以外の面でも好ましい特性を持っていると考える傾向がある。これについても認知的一貫性を維持しようとする傾向を私たちが持っているからであると言われている。

3.　対人魅力

(1) 対人魅力の規定要因

　人は人が持つさまざまな特性（外見や性格）に魅力を感じることがある。人気のタレントには人を惹きつける特性が備わっていることは言うまでもないが，自分の身近にいる人々（上司，同僚，友人，恩師など）に強い魅力を感じることがある。対人魅力は社会心理学における重要な研究テーマである。人は人のどのようなところに惹きつけられるのか，という疑問を解明するために多くの研究が行われてきた。

　対人魅力の規定要因には，物理的近接性，外見的魅力，内面的要因（パーソナリティや態度，価値観）などさまざまなものが実証研究により指摘されている。

　「物理的近接性」は両者の物理的距離が近いことであり，フェスティンガーら（Festinger et al., 1950）は，ある団地における友人関係を調べた結果，住宅間の距離が近いほど関係性が親密であることを見いだした。たとえば仲がよいご近所同士や，出席番号が近い学生と仲良くなるといった事例はこれに該当する。物理的に近い場所にいる人とは時間的にも労力の面でも容易に交友関係を持つことができるので，相対的な満足度が高くなるという説明が可能である。

　またこれに関連して，ザイアンス（Zajonc, 1968）が示した証拠がある。ザイアンスは12枚の未知の人の顔写真を，最大25回まで繰り返して提示し，それを見る度にその顔を好きかどうかの評定を行った。その結果，回数が多くなればなるほど好意度が上昇することが明らかになった。何度も接することで好意度が高くなるということで，ザイアンスはこれを「単純接触効果」と呼んだ。これが正しいとすれば，身近にいて接触する機会が多いほど好意を持ち人間関係が形成されるといった説明が成り立つであろう。

(2) 外見が対人魅力に及ぼす影響

　以上のような物理的要因が魅力に影響するという知見は興味深いが，その人自身が持つ特性が人に向けての魅力を形成することは間違いない。特に異性間においては外見的魅力が強く影響すると思われる。

　ウォルスターら（Walster et al., 1966）が行った有名な研究として「コンピューター・デート実験」がある。大学に入学した新入生男女への新入生歓迎行事の一環として，コンピュータによって理想的な相手を見つけるとの名目でペアを作り（376 組）ダンスパーティーを行った。実際にはランダムな組み合わせでこれを行った。

　パーティーに参加した男女が，パーティーのチケットを買うときに性格検査などを含むアンケートに答え，その間に 4 人のスタッフが新入生の外見の美しさ（身体的魅力）を得点化した。またパーティーの終了後に相手への好意度や，相手とデートとしたいかどうかを尋ね，4 ヶ月から 6 ヶ月後にデートをしているかどうかなども調べた。

　結果として，相手の外見的魅力が高いほど，これらの指標は高く，つまり外見的に魅力がある人は相手から好意を持たれて恋愛関係に入りやすく，その傾向は本人が持つ身体的魅力とはかかわらず一貫していることが明らかとなった（表 8-2）。

（3）内面的特性と対人魅力

　ウォルスターの研究は外見が対人魅力に強く影響することを示したことになるが「人間はやはり中身（性格）が肝心」であることは多くの人の実感であり，社会規範としても外見ではなく中身で評価するという考え方が正しいと考えられる。それでは一体どのような性格の人が好まれるのであろうか？　これについては 3 つの考え方がある。

　1 つは「類似説」である。これは「人は自分と同じ性格の人を好きになる」という考え方である。2 つ目は「相補説」で「人は自分にない性格（自分の性

表 8-2　デートをしたいと答えた学生の割合 (Walster et al., 1966)

	相手の容貌		
	魅力度低	魅力度中	魅力度高
男性（魅力度低）	41％	53％	80％
男性（魅力度中）	30％	50％	78％
男性（魅力度高）	4％	37％	58％
女性（魅力度低）	53％	56％	92％
女性（魅力度中）	35％	69％	71％
女性（魅力度高）	27％	27％	68％

格を相補うような性格）を持った人を好きになる」という考え方である。3つ目は「一般的好ましさ説」で，誰にでも好かれる「望ましい性格特性」が存在するという考え方である。

　これらの考え方は矛盾した内容であるが，それぞれについて妥当性を示す研究結果が存在している。これらの研究結果の矛盾を解消する理論がマースタイン（Murnstein, 1977）により提唱されている SVR 理論である。これは対人魅力の規定要因は人間同士の関係性によって異なるという考え方である。

　関係性の初期の段階（出会い）においては，刺激（Stimulus）が規定要因となる。人は外見（容姿や地位など）を重視してその後の進展を決めるので，この段階では「一般的好ましさ」が影響することになる。次の段階（進展）では価値（Value）が影響する。趣味や好み，意見の一致などの共通点が見いだされると心が惹かれてもっと親しくなりたいと願うようになるので，この段階では「類似性」が影響する。さらに関係性が発展した段階（深化）では役割（Role）が規定要因となる。共同作業や共同行動の場での2人の「役割関係」が重要になり，お互いがお互いを補い合う必要性があるので「相補性」が影響する。

4. 原因帰属過程

(1) 原因帰属過程とは

　私たちは他者の行動を見て「なぜこの人が罪を犯したのか？」とか「なぜ彼女は悲しんでいたのだろうか？」と，その原因や動機について考えることが多い。生じた出来事の原因を推測することを原因帰属と言い，そのことで個々の人物や事物が持つ特性や意図を理解し，それらが関わる社会事象の成り立ちや仕組みを理解するプロセスを原因帰属過程と言う。

　ハイダー（Heider, 1944）は，個人がとった行動の原因は，個人そのもの（気質や能力など）か，その個人をとりまく他者や状況のいずれかに求めると考え，前者を「内的帰属」，後者を「外的帰属」とした。このような原因帰属過程の仕組みを知ることは，人間が社会的事象をどのように認知し理解しているのかを知る上で重要と言える。原因帰属過程を説明するための代表的理論と

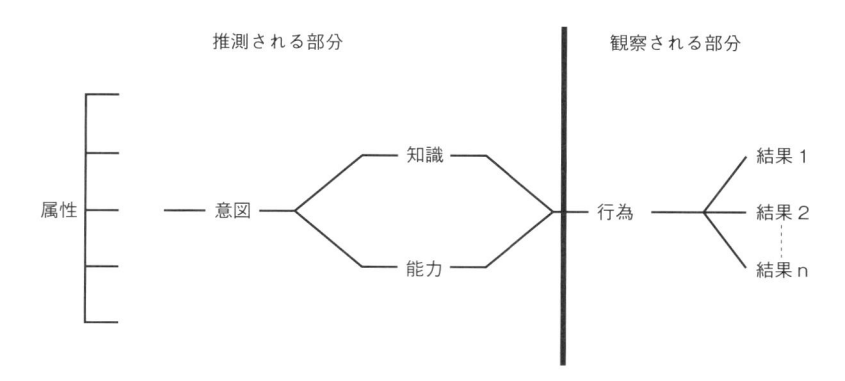

図 8-1　行為－属性の図式（Jones & Davis, 1965）

して「対応推論モデル」と「共変モデル」の２つがある。

(2) 対応推論モデル

　ジョーンズとデイビス（Jones & Davis, 1965）は，帰属過程を説明するために図 8-1 に示す図式を仮定している。観察者はまず行為とその結果（1 ～ n）を観察した上で，それらが何かを意図したものであるのかを推察する。そして最終的に行為者の属性に関する推測を行う。ある結果と意図との間に結びつきがあると判断する（内的帰属が行われる）ためには，その行為の結果について行為者が知識を持っているという仮定が必要であり，それを実行する能力を持っていることも必要である。このような知識と能力を持っていると判断された場合にその行為者が原因であると推測される。

　またジョーンズらは，行為と個人的属性との関連性の強さをあらわすものとして「対応」という概念を用いた。たとえば「電車の中でお年寄りに席をゆずった」場合に「座席をゆずる」という行為からその人の性格特性が推測される場合には「対応が強い」ということになる。

　このような対応の強さは何によって決まるのであろうか？　ジョーンズらは行為の「社会的望ましさ」という要因を挙げ，その行為が社会的に望ましいものほど対応は弱くなる傾向があるとした。お年寄りに席をゆずる行為は，社会的に望ましく社会規範に従った当然の行為なので，それが性格特性（思いやり

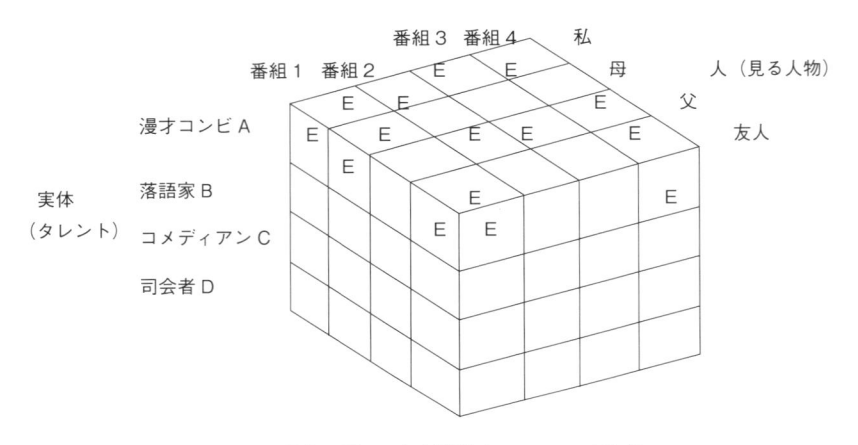

図 8-2　**共変モデルによる説明**（Kelley, -1967 を改変）

があること）に起因するとは認識されにくい。それとは逆に「席をゆずらず優先座席に座ったままであった」といった「社会的に望ましくない」行為は「思いやりのない人物」という個人の資質に帰属されるであろう。

(3) 共変モデル

　原因帰属の仕組みについて包括的に説明しようとしたものがケリー（Kelley, 1967）による「共変モデル」である。たとえばAという漫才コンビの演技をテレビで見て面白いと思ったとき，原因をどこに帰属するだろうか？Aが才能豊かで面白かったかもしれないが，番組の構成が良かったとか，たまたま自分の気持ちが高揚しているときに見たからそう感じたのかもしれない。

　ケリーの理論によると，この判断には①実体（対象になる漫才コンビ），②人（その演技を見る他の人々），③時（いつその演技を見るのか），④様態（その演技をどのような場所で見るのか），という4つの要因が関わっていると考え，それらの要因と結果（面白く感じるか感じないか）が共変するかどうかを観察者が検証することで，帰属の対象が決まると考えている。

　これについてケリーは，時と様態を1つの次元にまとめ，図8-2に示すよう

な３次元の立方体を作成して説明をしている。立方体でEがついた箇所は，事象が生じた（面白いと思った）ことを示している。

　ここで「Aの演技そのものが面白い」と判断されるためには，①一貫性，②合意性，③弁別性という３つの基準を用いて検証がされる。「面白い」ことが時や状況を越えて一貫している（一貫性），他者の反応も「面白い」というものである（合意性），そして他の漫才コンビには異なる反応（面白くないと感じる）をする（弁別性），というすべての条件を満たす場合にその推測がなされる。図ではどの番組で誰が見ても「面白い」と感じられ，またそれは他のタレントとは異なる反応なので「Aが面白い」という推測が成り立つ。

(4) 原因帰属のエラー

　原因帰属過程は個人内における心理的・主観的過程であるので，推論や判断の結果は事実と異なって誤り（エラー）を生じる可能性がある。一般的に個人がとった行為の原因は，その個人が置かれている状況による要因（外的要因）よりは，個人の性格や態度といった属性要因（内的要因）に帰属しやすい傾向があり「基本的帰属錯誤（Fundamental Attribution Error)」と呼ばれる（Ross, 1977）。深刻な犯罪事件のニュースを聞いたときには「こんなひどいことをする人は極悪非道の人間」と個人の特性のみに帰属するといった例が挙げられる。その後の捜査で犯罪に至った経緯が明らかになり，個人特性だけではなく，状況や過程の影響もあることが示されるかもしれない。このような原因帰属のエラーをもたらすその他の要因について，安藤（1995）は過去の研究を整理して以下のようにまとめている。

1) 行為者と観察者の帰属のズレ

　観察者が行為の原因を行為者の内的属性に求めようとするのに対して，行為者は自分の行為の原因を外部に求める傾向。

2) 利己的な帰属のバイアス

　自分が成功をおさめた場合には原因が自分の内部（能力の高さや努力の量）にあると考えるのに対し，失敗した場合にはその原因を外部（課題の困難さ，

運の悪さ）に求める傾向。

3）合意性過大視バイアス

自分の態度や行動を典型的なものと考え，同じ状況に入れば他者も自分と同じ選択や行動をするだろうと推測する傾向。

4）統制の過大評価

偶然に左右される事象であっても，しばしば自分の統制力を過大に見積もり，統制できるかのように振る舞うこと。

5）錯誤帰属

何らかの刺激によって生じた生理的喚起や，それに伴う行動の原因を，別の刺激が原因であると誤って帰属すること（Dutton et al., 1974 など）。

■ 章末問題

1. 以下の文章の空欄に適切な語句を入れよ。

(1) 原因帰属のエラーのうち「偶然に左右される出来事であっても自分の統制力を過大に見積もること」を（　①　）と言う。

(2) 印象形成過程において，印象に強く影響する手がかりを（　②　），あまり影響しない手がかりを（　③　）と言う。

(3) 印象形成の手がかりは一般に時間的に（　④　）ものほど影響力が強いとされる。

(4) SVR 理論においては，対人関係に関連する「外見的な特性」は SVR のうち（　⑤　）が該当する。

(5) 対人魅力形成において「人物を繰り返して見ることが魅力を増大する」ことを（　⑥　）と言う。

(6) いわゆる「コンピュータ・デート実験」を行った心理学者は（　⑦　）である。

(7) 暗黙の人格観において「人間味のある暖かさ」に該当する次元は（　⑧　）である。

(8) 人間が持つ特有の性質が「社会性」であることを最も端的に表す言葉は（　⑨　）である。

(9) 犯罪が起こった原因を犯罪者自身が持つ特性に起因すると考えることを（　⑩　）帰属と言う。

2. 以下の問に答えよ。

(1)「ケリーの共変モデル」について，テキストの説明で用いた漫才コンビＡの事例とは別の事例を用いてわかりやすく説明しなさい。

(2) 自分自身が他者に与える印象をより良くするためにはどのようなことに気をつけなければならないか？　テキストの内容を踏まえてそのポイントを述べなさい。

引用文献

安藤清志　(1995)．社会的認知　安藤清志・大坊郁夫・池田謙一（編）　社会心理学（pp.15-35）岩波書店

Asch, S. E. (1946). Forming impression of personality. *Journal of Abnormal and Social Psychology*, **41**, 258-290.

Bruner, J. S., & Tagiuri, R. (1954). The perception of people. In G. Lindzey (Ed.), *Handbook of social psychology* (Vol. 2, pp. 634-654). Reading, MA: Addison-Wesley.

Dutton, D. G., & Aron, A. P. (1974). Some evidence for heightened sexual attraction under conditions of high anxiety. *Journal of Personality and Social Psychology*, **30**, 510-517.

Festinger, L., Schachter, S. & Back, K. (1950). *Social pressures in informal groups: A study of a housing commmunity*. New York: Harper.

林　文俊　(1978)．対人認知構造の基本次元についての一考察　名古屋大学教育学部紀要（教育心理学科），**25**, 233-247.

Heider, F. (1944). Social perception and phenomenal causality. *Psychological Review*, **51**, 358-374.

Johns, E. E., & Davis, K. E. (1965). From acts to disposition: The attribution process in person perception. In L. Berkowitz (Ed.), *Advances in experimental social psychology* (Vol.2 pp.219-266). New York: Academic Press.

Kelley, H. H. (1967). Attribution theory in social psychology. In D. Levine (Ed.) , *Nebraska symposium on motivation*, (Vol.15, pp.192-238). Lincoln, NE: University of Nebraska Press.

Murnstein, B. J. (1977). The stimulus values role (SVR) theory of dyadic relation. In S. Duck (Ed.), *Theory and practice in interpersonal attracyion* (pp. 105-127). London: Academic Press.

Ross, L. (1977). The intuitive psychologist and his shortcomings: Distortions in the attribution process. In L. Berkowitz (Ed.), A*dvances in experimental social psychology* (Vol. 10, pp. 173-220). New York: Academic Press.

Walster, E., Aronson, V., Abrahams, D., & Rottmann, L. (1966). Importance of physical attractiveness in dating behavior. *Journal of Personality and Social Psychology*, **4**, 508-516.

Zajonc, R. B. (1968). Attitudinal effects of mere exposure. *Journal of Personality and Social Psychology, Monograph Supplement*, **9**, 1-27.

9

社会心理学 2
集団・社会の中の個人

1. 集団の生産性

(1) 社会的促進と社会的抑制

　1人で作業した場合と，大勢で作業した場合で，パフォーマンスが異なる場合がある。他者の存在が個人の行動にどのような影響を及ぼすかは，心理学が誕生してすぐからの検討課題であった。トリプレット（Triplett, 1898）は，自転車競技において，単独走行に比べて伴走者がいる場合の方が記録がよいという現象をヒントにして，実際に共行動者の存在がパフォーマンスを高めることを実験によって検証している。このように，他者の存在によって生産性が高まる現象を，社会的促進と言う。しかし，いつでも社会的促進が表れるわけではない。場合によれば，他者がいることで気が散ったり，評価を気にしてあがってしまい，成績の低下を招くこともある。このような現象を社会的抑制と言う。

　他者の存在によって社会的促進となるか，社会的抑制となるかは，課題の難易度が大きく関わる。シュミットら（Schmitt et al., 1986）は，自分の名前を打ち込むという単純課題，あるいは，名前の文字順を逆にしてかつ文字間に数字を挿入する複雑課題を実験参加者に行わせ，そのタイムを比較検討している。その結果，単純課題では，社会的促進が生じたのに対し，複雑課題では，評価者はもちろん，単に目隠ししてヘッドホンをつけて座っている単なる他者であったとしても社会的抑制が生じることが示された（図9-1）。

　なぜ社会的促進・抑制が生じるのかに関しては，これまでにもさまざまな説が提案されている。ザイアンス（Zajonc, 1965）は動因説を主張している。これは，共行動者であれ，評価者であれ，そこに居合わせた単なる他者であれ，他者が存在するだけで生理的な覚醒水準が高まり，その状態のもとでは，個人

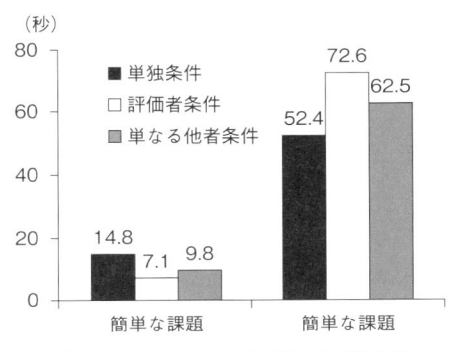

図 9-1　Schmitt et al.（1986）の実験結果

にとって優勢な反応（十分学習され，習得された反応）が活性化しやすいというものである。ここでの優勢な反応とは，たとえば顔を触ることが癖の人は，人前に出て緊張する場面でより一層癖が出やすくなるということに近い。すなわち，習熟した課題や簡単な課題では，うまく遂行することが優勢な反応であるために社会的促進が，一方困難な課題では社会的抑制が生じやすくなるというものである。

(2) 社会的手抜きと社会的補償

　個人が単独で作業を行った場合より，集団で作業する場合に，1人当たりの努力量（動機づけ）が低下する現象を，社会的手抜きと言う。社会的手抜きの検討として，ラタネら（Latané et al., 1979）は，実験参加者に目隠しとヘッドホンをつけてもらい，その上でできるだけ大声を出してもらう実験を行っている。この実験では，参加者が1人で発声する単独条件と，他者が一緒になって声を出していると思わせる疑似集団条件（目隠しとヘッドホンによって，他者の行動が実験参加者にわからない）での音圧を比較している。その結果，集団の人数が増えるにしたがって1人当たりの仕事量（音圧）が明らかに減少することが示された（図9-2）。ラタネらは，この他にも拍手をさせるという別の課題で実験を行い，同様の知見を得ている。大声を出す，あるいは拍手をするという作業は，一般的に難しいものではない。つまり疑似集団条件で，かつ集団サイズが大きいほどパフォーマンスが低下したのは，個人の努力量が低下

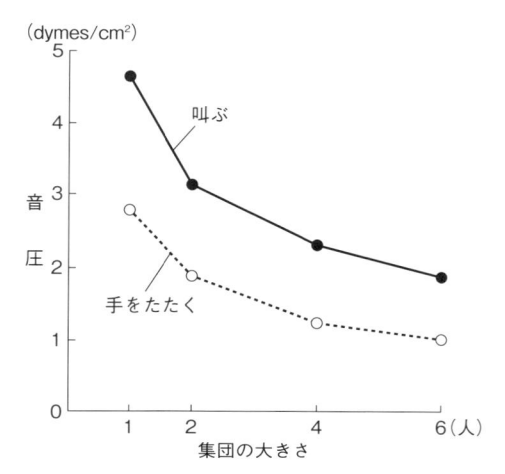

図9-2　社会的手抜きの実験結果 (Latané et al., 1979)

したことが原因であると考えられる。

　社会的手抜きが起こる原因には，個々人の成果が見えないことによる動機づけの低下や，責任の分散（次節も参照）など，いくつかの説明がなされている。ところで，現代社会では多数の人が集団や組織に属して仕事をしている。そうした労働場面でも，いかに社会的手抜きを抑制するかは重要な課題と言えよう。たとえば，個人の貢献を可視化して責任の分散を弱めることや，課題への自我関与を高めること（たとえば課題へ興味をもたせる等）は，社会的手抜きの抑制に有効であることが検証されている。

　その一方，集団の成果が個人にとって重要な意味を持ち，他者が信頼できない場合には，不足分を補うためにかえって努力量が増大することも起こりうる。これを，社会的補償と言う。ウィリアムスとカラウ（Williams & Karau, 1991）は，2人1組でナイフの用途をできるだけ多く挙げさせる課題（知能と密接に関係すると教示し，課題の重要性を高めた）を実験参加者に行わせた。ただし，このうち1人はサクラで，真の実験参加者は各組1名である。個々人の成果が評価される条件（個別条件）と，ペアでの共同の成果が評価される条件（集団条件）で，実験参加者の生産性（アイディア数）に差があるのか検討した。実験の結果，サクラの能力は高いと教示され，貢献が十分に期待できる

条件では，集団条件の方が個別条件と比べて生産性が低く，すなわち手抜きが
生じた。しかしながら，パートナーの能力は低いと貢献が期待できない教示を
されたときには，集団条件の方がより高い生産性をあげた。

2. 援助行動と傍観者効果

　1964年3月13日早朝，ニューヨークで，キティ・ジェノヴィーズという若
い女性が，仕事からの帰宅途中，暴漢にナイフで切りつけられた。付近のア
パートに住む38人もの住民が悲鳴を聞きつけ，窓から顔を出した者もいた。
しかし彼女を助けようと駆けつけた人は1人もいなかった。加害者が彼女を殺
害するまで30分もあったというのに警察に通報した者すら誰1人いなかった。
　なぜ誰も助けなかったのだろうか？　もしかすると，誰かがもっと早く行動
を起こしていれば，彼女は助かったかもしれない。この事件に対して，助けな
かった人は「冷たい心の持ち主」という議論や，都市化が進んだことによっ
て人への関心が低下したなども主張された。確かに，社会的責任性や共感性と
いったパーソナリティ（個人要因）も援助行動の規定因の1つである。しか
し，援助行動の抑制は，状況によって誰にでも起こりうることがラタネとダー
リ（Latané & Darley, 1970）の実験によって明らかにされている。
　この実験は，小部屋に入った実験参加者が，ヘッドホンを通して別の部屋に
いる実験参加者と討論をするという設定で行われている。そして，別室の実
験参加者（実はサクラ）1名に（嘘の）発作が起こり，苦しそうなうめき声が
聞こえてくる。このとき，実験参加者が発作を起こしたサクラを助けようとす
るまでに，どの程度の時間がかかったのかが，援助行動の指標として測定さ
れ，2人条件（参加者とサクラのみ），3人条件，6人条件によって差があるの
かを検討した。その結果，討論に参加している人数が多いほど，援助への初動
が遅くなった。また，2人条件では少なくとも6分以内に100%が援助してい
るのに対し，6人条件では6割程度であった（図9-3）。まさにキティ・ジェノ
ヴィーズ事件と同様に，自分以外にも援助者になりうる他者が多いほど，援助
行動が抑制されていることを示している。この現象を傍観者効果と言う。
　傍観者効果が起こるのは，いくつかの原因がある。1つは「責任の分散」で

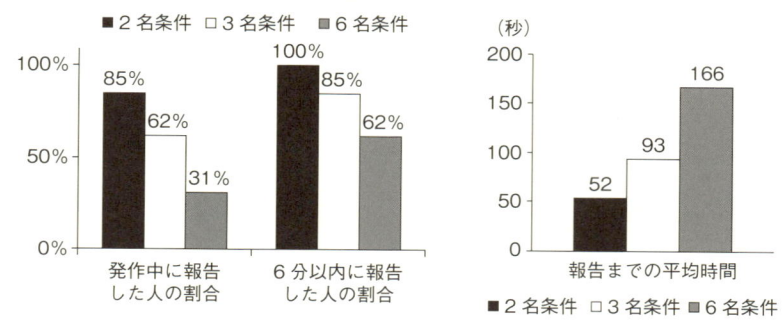

図9-3 傍観者効果の実験結果 (Latané & Darley, 1970)

ある。これは，他に助けることができる人がいるから自分が助けなくてもよいといった考えである。2つ目の「多元的無知」とは，他者も助けようとしていないから大丈夫だろうと思い込むということである。最後に挙げる「評価懸念」とは，自身が援助をする姿を人からどう思われるかを心配することである。

3. 集団内の影響過程

(1) 集団規範と同調

　同じ集団に所属している人は，外見や考え方など，さまざまな点で似通ってくることが多い。これは，どのような行動が適切で，どのような行動が不適切であるかという集団規範が集団内で共有され，集団の秩序を保つためにこれに従わせるような圧力（斉一化の圧力）がかかるためである。他者や集団が示す標準や期待，規範に沿って行動選択することを同調と言う。

　集団規範の形成と影響過程に関する検討は，シェリフ（Sherif, 1935）の実験が有名である。この実験では，暗室で静止した光点を見ると動いて見える錯覚の「自動運動現象」を利用している。実験参加者ははじめに1人で暗室に入り，何インチ動いて見えるか推定させられた（個人条件）。これは錯覚であるため，どの程度動いて見えるか個人差が大きい。その後，3人1組で判断させると（集団条件），報告値が似通ったものとなった。

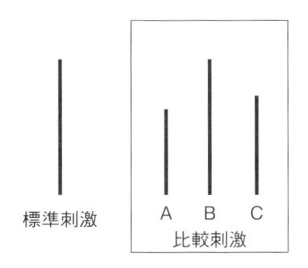

標準刺激　　　A　B　C
比較刺激

図 9-4　Asch（1951）の実験における刺激

　なぜこのような結果になったのだろうか。私たちはそもそも，自己の判断，意見，態度などに対して，正しくありたいという基本的な欲求がある。正解のわからない曖昧な課題に対して，他者（集団）の反応が，確からしさを保証する手がかりとなり，回答が近似していったと考えられる。これを，情報的影響による同調と言う。さらに，集団条件の後に，再度個人条件で測定を行ったときでも，集団条件と近似する値が報告された。このことは，集団条件で生じた基準に，実験参加者が心から同意して同調したことを示している。

　しかしながら，ときに私たちは，自分自身の信念や考え方を曲げてまで多数派に同調することもある。そのことを例証したのが，有名なアッシュ（Asch, 1951）の実験である。この実験では，図9-4の左にある「標準刺激」と同じ長さの線分を，右にある「比較刺激」の3本の線の中から選択させるという課題を，8名1組の集団で行わせた。ただし，8名のうち7名はサクラであり，真の実験参加者は1名である。この課題は，1人で行わせた場合，約99%が正解するというきわめて簡単なものである。しかし，サクラが一致して誤答（たとえば図9-4でCと回答）をしていったとき，最後から2番目に回答を求められる実験参加者が誤答に同調するのだろうか。12試行行った実験の結果，実験参加者の74%が少なくとも1回は誤りに同調することが示された（表9-1）。この結果は，他者から好かれたい（嫌われたくない）という欲求が背景にある

表 9-1　Asch（1951）の実験における実験群と統制群の誤答人数

	12試行中誤った解答をした数												
	0回	1回	2回	3回	4回	5回	6回	7回	8回	9回	10回	11回	12回
実験群（50名）	13人	4人	5人	6人	3人	4人	1人	2人	5人	3人	3人	1人	0人
統制群（37名）	35人	1人	1人										

ために生じる。すなわち，集団の規範を逸脱して多数派から拒絶されることを避けようとするために，たとえ誤りだとわかっていたとしても同調が生じていると考えられる。このような同調を，規範的影響と言う。

　さらに，集団サイズや条件を変えて同様の実験を行った結果，サクラの数が多いほど同調率は高まるが，4人集団でピークとなり，それ以上は人数を増やしても頭打ちとなった。一方，1人でも正解を答えるサクラがいる場合，同調率は激減した。このことは，「多数」であることよりも「斉一性」の影響が強いことを示している。

(2) 権威への服従

　同調の特殊な形として，服従行動がある。このテーマは，ナチス・ドイツでユダヤ人大量虐殺の指揮をとったアドルフ・アイヒマンが，戦後の裁判で「指示されただけ」と無罪を主張したことから関心が高まった。本当に指示されただけで，歴史上類を見ない惨劇を引き起こせるのだろうか。こうした残虐な行為は，ある特殊なパーソナリティに起因すると思われるかもしれない。しかしミルグラム（Milgram, 1965）は，いわゆる「普通の人」であったとしても，特殊な状況におかれると，残虐な指示に服従することを，通称「アイヒマン実験」によって実証している。

　「記憶における罰の効果」という名目のもと，20代から50代の「普通の」実験参加者が集められた。実験は2人1組で行われ，くじ引きで「教師役」と「生徒役」に分けるが，実はうち1人はサクラであり，真の実験参加者は教師役になるように仕込まれていた。実験課題は，教師役が出した記憶課題に対して，隣室にいる生徒役がスピーカーを通して答えていき，誤答するたびに教師役の実験参加者は，生徒役に電気ショックを与えるというものである。また，この電気ショックの電圧は，15Vから最大450Vまで30段階あり，生徒役が間違えるごとに1段階ずつ上げていくように実験者から教示された。実際には電気ショックは与えられていないが，サクラはあたかも電気ショックが与えられているかのように苦痛のうめき声や悲鳴，さらには壁をたたいて懇願するといった演技をしている。そして330Vに達すると，無反応となり，記憶課題にも答えなくなる。当然，教師役の実験参加者は心配し，電気ショックを与える

ことに躊躇するが，実験者から続けるように命令をくだされる。このような状況で，どのレベルまで電気ショックを与えたのであろうか。

　ミルグラムはいくつかの条件を操作して実験を行っているが，上記の条件のもとでは，40名中25名（62.5%）が最大ショックまで電気ショックを与え続けた。もし本当に電流が流れていたならば死に至らしめるレベルの電気ショックであったとしても，科学の権威のもとに服従したことが示された。

(3) 少数者の影響

　上記のように，同調への圧力はきわめて強力である。しかしながら，私たちの社会は，常に多数派に取り込まれるだけではなく，ときには少数派が集団全体に影響を及ぼし，革新に至ることも起こりうる。こうした少数者の影響に関して，モスコビッチら（Moscovici et al., 1969）が検討を行っている。この実験は，6人1組で，スライドの色を順に答えていってもらうものである。ただし，このうち2名はサクラであり，青のスライドを一貫して緑と答えさせた。すると，真の実験参加者である多数派にも影響を及ぼし，約32%が青のスライドを緑と答えることが示された。

　少数者が影響力を発揮するためには，いくつか条件がある。その1つが，主張の一貫性である。前述の実験の中でも，「一貫して緑」と主張する条件と異なり，「ときどき緑」と主張する場合では，少数者の影響が生じなくなることも明らかにされている。

4. 集団での意思決定

　一般には，「3人寄れば文殊の知恵」のことわざのように，集団で話し合えば優れた結論にたどりつくと考えられている。しかしこれまでの研究において，集団での意思決定はいくつかの問題点を内包していることが指摘されている。

　その1つは，集団での意思決定は，結論が極端になることである。ワラックら（Wallach et al., 1962）は，リスク・テイキング課題（たとえば，重い心臓病患者が，成功すれば完治するが，失敗すれば命を失うかもしれない手術に対

して，成功確率が何％であれば受けるか）を用いて検討している。その結果，討議前の個人での意思決定と比べ，集団で討議すると，魅力的ではあるが成功確率の低いリスキーな方向に偏ることが示された。これをリスキー・シフトと呼ぶ。しかし，その後の研究では，必ずしもリスキー・シフトばかりが起こるのではなく，集団の性質や議論する内容によれば，逆に安定志向に傾くことも示されている（コーシャス・シフト）。このように，集団で討議をすると，意見が極端な方向にシフトする現象を，集団極性化（group polarization）という。

　また，「3人寄れば文殊の知恵」となるのは，異なる意見や情報を持つ人が集まることによって，互いの不足認識を補うことができるからである。しかしながら，ステイサーら（Stasser et al., 1989）は，情報サンプリングモデルを提案し，すべての情報が均等に言及されるのではなく，ある一部の情報を中心に議論されやすいことを明らかにしている。特に，討議前に参加者が既に共有している情報（共有情報）は，非共有情報よりも取り上げられやすい。これを，共有情報バイアスという。こうして共有情報ばかりが取り上げられていると，「文殊の知恵」には至りにくくなり，非共有情報を吟味するには，議論を進めるリーダーシップ（10章参照）がきわめて重要となる。

5. 社会現象

(1) 流言（うわさ）

　流言（うわさ）とは「社会的に広がりをもった人間関係のネットワークの中を次々と流れていく確実な知識を土台にもたないあいまいな情報」を指す（木下，1977）。一般にいわゆる「うわさ話」とは，信じるに値しない嘘の情報と認識されやすいが，この定義の中で重要な点は，内容の正誤は関係ないということである。

　オールポートとポストマン（Allport & Postman, 1947）は，流言の広がり（R）を，重要性（i）×曖昧さ（a）と定式化している。「重要性」とは，危機的，緊迫的状況など，社会全体にとって重要な話題であるかどうかを指す。一方「曖昧さ」とは，情報不足や，内容の複雑さによって高まるものである。災

害時の風評被害は，重要性・曖昧さともに高い状況であるため，拡大しやすいと言えよう。ただし，その後の実証研究において，曖昧さに関しては一貫して支持されている一方，重要性に関しては必ずしも支持されていない。ロスノウ（Rosnow, 1988）は，流言の伝達可能性は，「曖昧さ」に加えて「不安」が重要な役割を果たすとしている。

　また，オールポートら（Allport & Postman, 1947）は，伝言ゲームに模した実験において，流言の内容は，短く要約されたり平易化されたりする「平準化」，関心のある要素が誇張される「強調化」，態度や価値観によって情報が歪められる「同化」によって変容していくとしている。ただし，オールポートらは，そもそも流言は嘘の情報（デマ）という立場から検討を重ねており，信じてはいけないという情報教育の一環としてこのような知見を見いだしている。

　シブタニ（Shibutani, 1966）は，流言を集団行動としての曖昧な状況の解釈のプロセスと位置づけている。周囲に曖昧な出来事が起こったとき，その出来事に納得のいく説明を集団で考える中で流言が発生し，あるいは変容していくというものである。シブタニの観点は，「流言はニュースである」と主張するように，情報交換としての道具的なコミュニケーションとして流言をとらえている。さらに，カプフェレ（Kapferer, 1990）は，流言を話す動機として，①ニュースとして話す，②知るために話す，③説得するために話す，といった道具的なものに加え，④楽しむために話す，⑤話すために話す，という対人関係の維持・促進を目的とした社会的な機能も挙げている。ゴシップや都市伝説のようなうわさ（流言）は，社会的な機能がより強いと考えられる。

(2) 流 行

　何らかの新奇性を含んだ特定の行動・思考様式が社会の中で受容され，急速に普及し，やがて消滅していく現象を流行という。ファッションなどの業界では，たとえば流行色のように，企業が意図的に作り出すものもあるが，非意図的なものも含め，毎年のように新たな流行が広がり，消滅していっている。

　では，流行はどのように広まっていくのだろうか。ここでは，ロジャーズ（Rogers, 1971）の普及過程モデルを取り上げる。このモデルは，流行（イノベーション）を採用する時期に基づいて，採用者をカテゴリー化したものであ

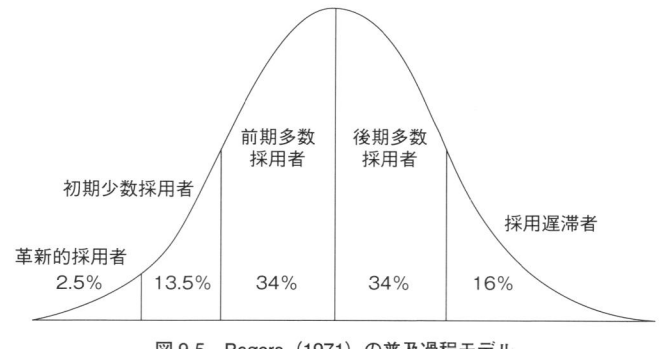

図 9-5　Rogers（1971）の普及過程モデル

る。

　もっとも早い段階での採用者は，革新的採用者（イノベーター）という。冒険的だが，せっかちで変わり者と周囲から思われやすい特徴を有している。次なるカテゴリーが，初期少数採用者である。このカテゴリーが，オピニオン・リーダーとして影響力を持っているため，普及が促進されていくと考えられている。オピニオン・リーダーとは，ある特定分野について深い知識を持ち，他者に対して強い影響を及ぼす人のことを指す。初期少数採用者に追随する形で採用するのが前期多数採用者である。革新性はあるが，オピニオン・リーダーのフォロワーでもあるため，慎重であるとも言える。その後，周囲から遅れないように追随する後期多数採用者と続き，それでもまだ採用していない人は採用遅滞者（ラガード）に分類される（図 9-5）。

　採用者カテゴリー別に見た流行の採用動機を検討した川本（1981）では，革新的採用者では「個性を表現したい」という動機が高い反面，初期少数採用者と前期多数採用者は「自分をいろいろ変えて楽しむ」という変化への欲求がもっとも強い。一方，後期多数採用者では，「周りの人と同じようにしたいから」という同調欲求が他のカテゴリーより高くなっている。

■ 章末問題

1. 以下の文章の空欄に適切な語句を入れよ。

(1) 他者の存在によって生産性が高まる現象を，（　①　）と言う。逆に，他者の存在が成績の低下を招く現象を（　②　）と言う。

(2) 他者（集団）の反応を情報として利用する同調を，（　③　）による同調と言う。一方，アッシュの実験のように，集団の規範を逸脱して多数派から拒絶されることを避けようとする同調を，（　④　）による同調と言う。

(3) 周りに人が多いほど，援助行動は抑制される傾向にある。これを（　⑤　）と言う。

(4) 集団討議による決定が，個人で行った決定よりもリスクが高い方向へ偏る現象を（　⑥　）と言う。しかし逆に，リスクが低い方向へ偏るという知見もある。このように，集団討議をすることで意見が極端になりやすい現象は，（　⑦　）と呼ばれている。

(5) 集団討議前に，すでにメンバー間で共有している情報は，非共有情報よりも取り上げられやすい現象を，（　⑧　）と言う。

(6) 普及過程モデルから流行を考えると，革新的採用者の次に採用する（　⑨　）が，（　⑩　）としての影響力をもっているために，普及が促進していく。

2. 以下の問に答えよ。

(1) 社会的手抜きを抑制するために，どのような対策が考えられるか，可能な限り具体的に述べなさい。

　　（キーワード：責任の分散，課題への動機づけ）

(2) 悪質なデマを抑止するために，どのような対策が可能か提案しなさい。

　　（流言の流布量・伝達可能性，曖昧さ，重要性，不安）

引用文献

Allport, G. W., & Postman, L. (1947). *The psychology of rumor.* New York: Henry Holt. (南　博 (訳)(1952). デマの心理学　岩波書店)

Asch, S. E. (1951). Effects of group pressure upon the modification and distortion of judgments. In H. Guetzkow (Ed.), *Groups, leadership, and men* (pp. 177-190). Pittsburgh, PA: Carnegie Press.

Kapferer, J. N. (1990). *Rumors: Uses, interpretations, and images.* New Brunswick, NJ: Transaction Publishers.

川本　勝 (1981). 流行の社会心理　勁草書房

木下冨雄 (1977). 流言　池内　一 (編)　講座社会心理学3 集合行動 (pp. 11-86)　東京大学出版会

Latané, B., Williams, K., & Harkins, S. (1979). Many hands make light the work: The causes and consequences of social loafing. *Journal of Personality and Social Psychology, 37,* 822-832.

Latené, B., & Darley, J. M. (1970). *The unresponsive bystander: Why doesn't he help?* New

York: Appleton-Century-Crofts.（竹村研一・杉崎和子（訳）（1977）．冷淡な傍観者—思いやりの社会心理学　ブレーン出版）

Milgram, S. (1965). Some conditions of obedience and disobedience to authority. *Human Relations*, **18**, 57-76.

Moscovici, S., Lage, E., & Naffrechoux, M. (1969). Influence of a consistent minority on the responses of a majority in a color perception task. *Sociometry*, **32**, 365-379.

Rogers, E. M. (1971). *Diffusion of innovations*. New York: Free Press.

Rosnow, R. L. (1988). Rumor as communication: A contextualist approach. *Journal of Communication*, **38**, 12-28.

Schmitt, B. H., Gilovich, T., Goore, N., & Joseph, L. (1986). Mere presence and social facilitation: One more time. *Journal of Experimental Social Psychology*, **22**(3), 242-248.

Sherif, M. (1935). A study of some social factors in perception. *Archives of Psychology*, **187**, 1-60.

Shibutani, T. (1966). *Improvised news: A sociological study of rumor*. Indianapolis, IN: Bobbs-Merrill.

Stasser, G., Taylor, L. A., & Hanna, C. (1989). Information sampling in structured and unstructured discussions of three-and six-person groups. *Journal of Personality and Social Psychology*, **57**(1), 67-78.

Triplett, N. (1898). The dynamogenic factors in pacemaking and competition. *The American Journal of Psychology*, **9**, 507-533.

Wallach, M. A., Kogan, N., & Bem, D. J. (1962). Group influence on individual risk taking. *Journal of Abnormal and Social Psychology*, **65**, 75-86.

Williams, K. D., & Karau, S. J. (1991). Social loafing and social compensation: The effects of expectations of co-worker performance. *Journal of Personality and Social Psychology*, **61**, 570-581.

Zajonc, R. B. (1965). Social facilitation. *Science*, **149**, 269-274.

10 産業心理学

1. 事故と安全

　組織では無駄を省いて仕事の効率をあげ，生産性を高めることが重要である。しかし，効率を重視しすぎると注意不足になり，安全への配慮をおこたる。その結果，失敗や事故が発生しやすくなる。

　事故や失敗を未然に防ぐため，組織ではさまざまな安全対策を講じる。スイスチーズ・モデル（図 10-1）によると，そうした安全対策が危険に対する防護壁として機能し，事故を防ぐ。しかし，偶然が重なり，危険が防護壁の穴をくぐり抜けたとき，事故が発生する。

　もちろん，事故は常に偶然起きるとは限らない。ハインリッヒの法則（Heinrich, 1931）によると，重大事故が起きた背景では軽度な事故がすでに数十件と起きており，危うく事故になりかけてヒヤリとし，ハッとしたニアミス（ヒヤリハット）は数百件，不安全行動は数え切れないほど起きているとされている。つまり，重大事故の前には予兆があると言える。こうした予兆を大事故につなげないためには安全対策だけでは不十分であり，習慣になっている

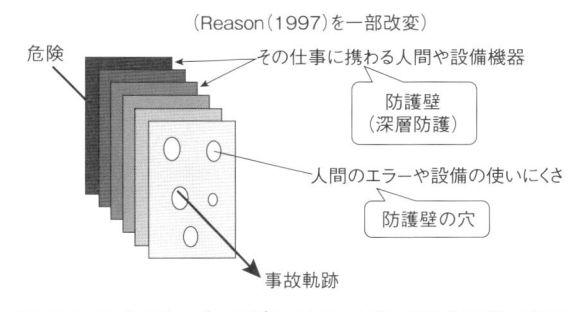

図 10-1　スイスチーズ・モデル（山内・山内，2000 を修正して作成）

※斜面のでこぼこは，スタッフ間のコミュニケーションの困難さを表現

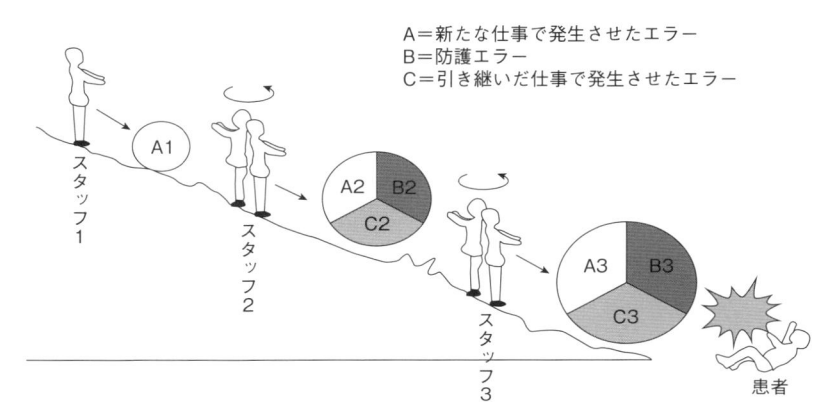

図 10-2　スノーボール・モデル （山内・山内，2000）

不安全行動やルール違反を各自が問題として意識し，改善する努力が必要となる。

　しかし，組織の安全対策や個人の意識改革が進んでも，安全を軽視する風潮があると事故は起きやすい。そのため，組織内に安全文化を浸透させる必要がある。

　安全文化は「報告の文化」「正義の文化」「学習の文化」「柔軟な文化」の4つで構成される（Reason, 1997）。報告の文化では，エラーやミスを隠さずに報告する雰囲気をつくる。正義の文化では，ルール違反や不安全行動をきちんと罰し，安全な取り組みを賞賛するようにする。柔軟な文化では，多様な問題に柔軟に対応できるようにする。学習の文化では，過去の失敗から学び，必要に応じて組織を変えられる力と意思を育てる。これらの文化を組織に根づかせるには，とりわけ報告の文化の定着が肝要である。

　ただ，人は上司から嫌われないために，失敗などの情報の報告を控えがちになる。これをマム効果（MUM effect）と呼ぶ（Rosen & Tesser, 1970）。しかし，情報の隠ぺいが発覚すれば，かえって上司からの信頼を損ねる。そうならないためにも，コミュニケーションしやすい職場環境づくりが必要である。

　また，コミュニケーション不足が事故を招く過程に関して，山内・山内

（2000）のスノーボール・モデルがある（図10-2）。これは，雪玉が雪の斜面を転がり落ちる過程で大きくなるように，各スタッフの失敗も早期に発見して対処できないと事故の危険が増すことを示す。こうした危険を減らすため，スタッフ間の頻繁なコミュニケーションが欠かせない。

2. リーダーシップ

作業上の安全配慮は不可欠である。しかし，経営者は組織の成長のために効率を上げ，生産性を高めたいと思うものである。こうした生産性の向上のため，リーダーがどのように集団の指揮をとり，メンバーに影響を及ぼすかが重要となる。

(1) 特 性 論

集団において，どのような人がリーダーとして望まれるのか。優れたリーダーが備える資質（特性）について，ストグディル（Stogdill, 1948）は能力や責任感の高さなどを挙げている。つまり，無責任で無能な人よりも，テキパキ仕事をこなす責任感の強い人の方がリーダーとして望まれると言える。

(2) 行 動 論

資質に恵まれたリーダーが，いつもリーダーシップを発揮できるとは限らない。たとえば，プロ野球において，優れた監督が就任すればチームが優勝するというわけではない。成果を出すには，リーダーがとる具体的な行動が重要となる。

リーダーのとるべき行動について，三隅（1966）はPM理論を提唱している。PMのPはPerformance，MはMaintenanceの頭文字である。P型リーダーは集団における目標の達成や課題の解決を志向し，M型リーダーは集団の維持や強化を志向する。たとえば，P型リーダーは成果を上げるなどの行動を重視し，M型リーダーは集団内の人間関係の調整などの行動を重視する。これらの両方の機能を果たすPM型リーダーのもとでは，メンバーの仕事への意欲や満足度，生産性などの多くの要因でポジティブな効果が見られる。逆

に，PとMの両方の機能を果たせない pm 型リーダーのもとでは，多くの要因についてネガティブな効果が見られる。こうした行動パターンから，リーダーシップを考えることができる。

(3) 状 況 論

リーダーの資質や行動が優れていても，常に優れた成果を出せるとは限らない。なぜなら，状況によって求められるリーダーの資質や行動が異なるからである。

フィードラー（Fiedler, 1967）はコンティンジェンシー・モデル（contingency model）で，リーダーの特性に加え，「状況の有利さ」を考慮し，高い業績をあげる有効なリーダーについて言及している（図 10-3）。その際，リーダーの特性として，「LPC（Least Preferred Coworker）得点」を用いている。この LPC 得点は，一緒に仕事をする上でもっとも苦手な仲間を反映した得点である。高 LPC リーダーは人間関係を優先し，低 LPC リーダーは課題遂行を優先することを示す。一方，状況の有利さとして，「リーダー・メンバー関係」「課題の構造」「リーダーの地位勢力」の 3 要因を組み合わせた 8 つの状況について検討している。この 3 要因はリーダーの集団統制（コントロール）のしやすさに影響し，その影響力は「リーダー・メンバー関係」「課題の構造」「リーダーの地位勢力」の順に大きいとされている。そのため，図 10-3 の状況は，状況 I に近いほどリーダーが集団統制しやすい有利な状況であり，状況Ⅷに近いほど集団統制しにくい不利な状況であることを示す。

研究の結果，有利な状況と不利な状況では，低 LPC リーダーが有効であった。たとえば，上司と部下の仲が良く，仕事の手順が明確な状況では，課題の遂行を効率良く推し進められる有能なリーダーが有効と言える。一方，やや有利な状況では高 LPC リーダーが有効であった。たとえば，上司と部下の仲が悪く，仕事の手順も不明確な状況では，コミュニケーションしやすい環境を整え，チームワークを良くする仲間想いのリーダーが有効と言える。

さらに，このモデルを踏まえ，ハウス（House, 1971）はパス＝ゴール理論を提唱している。この理論では，リーダーの行動が目標（ゴール）を達成し，報酬を得る道筋（パス）を整える上で有効かどうかが重要とされている。その

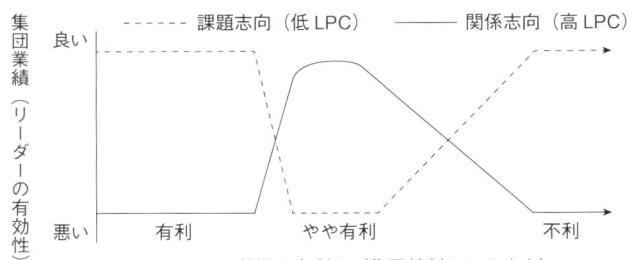

図 10-3　8 つの状況ごとの LPC 得点と集団業績の関係
(Chemers, 1997 白樫訳編, 1999 を改変)

変　数　　状　況	I	II	III	IV	V	VI	VII	VIII
リーダー・メンバー関係	+	+	+	+	−	−	−	−
課題の構造	+	+	−	−	+	+	−	−
リーダーの地位勢力	+	−	+	−	+	−	+	−

際, 部下や仕事内容などの状況要因により, リーダーの行動の有効性が異なるとしている。

(4) 認 知 論

　優れたリーダーや恵まれた環境がそろっていても, リーダーシップが発揮されず, 期待したほどの成果があがらないことがある。こうした原因の一つとして, リーダーに従うメンバー (フォロワー) の認知の問題がある。たとえば, メンバーがリーダーを高く評価していなければ, リーダーシップは発揮されにくい。

　メンバーは「リーダーはこうあるべき」というリーダー像をそれぞれに持ち, それを基準にリーダーを評価しがちである。こうしたリーダー像をリーダー・プロトタイプと呼ぶ。リーダーがリーダー・プロトタイプにそぐわない特性や行動を示すと, メンバーは期待はずれと感じ, リーダーを低く評価する。

　こうした問題は, 組織の業績不振の原因を考える際にも見られる。たとえば, 会社の経営不振の原因について, 不景気や外資系の大企業の参入などの組織外の影響があるにもかかわらず, 経営者の責任を過度に追及し, やり玉にあげることがある。これをリーダーシップ幻想 (romance of leadership) と呼ぶ (Meindl, 1990)。

　このように，リーダーシップが発揮されるかどうかは，リーダーの視点だけでなく，メンバーの視点を考慮することも重要である。

(5) 交流型と変革型

　多くの組織が業績アップを目指している。しかし，短期的な高い業績では，組織の存続は危うい。そのため，業績をいかにしてあげ続けるかが重要となる。

　長期的に業績をあげるための重要な要因の一つは，人間関係の良好さである。とりわけ，生産性の高い集団におけるリーダーとメンバーの関係の良好さが重要である。こうしたリーダーとメンバーの関係を重視したリーダーシップとして，交流型リーダーシップ（transactional leadership）の研究が多く行われている。

　この交流型リーダーシップの代表的な理論として，LMX（leader-member exchange）理論がある。LMX では，リーダーとメンバーがコミュニケーションを通し，さまざまな資源を交換する。ここでの資源は情報や仕事の配分，裁量度，業績，能力などを含む。この資源交換が円滑であると，リーダーとメンバーが互いを信頼し，尊敬する成熟した関係へ発展し，その過程で業績や職務満足の向上などの効果的なリーダーシップが生まれる（Graen & Uhl-bien, 1995）。このように，交流型リーダーシップはリーダーとメンバーの双方向の影響過程に言及している。

　しかし，リーダーとメンバーが良好な関係を築けても，集団はいずれ衰退し，業績が頭打ちになる。そのため，業績をあげ続けるためには，集団の生産性が低下し始めた際に組織の変革（innovation）を行い，生産性を高められる集団へと作り変える必要がある。とりわけ，経営危機に陥った組織では，過去の栄光にすがるのではなく，新たなことにチャレンジし，現状を打開すべきである。その際，変革型リーダーシップ（transformational leadership）が求められる。

　変革型リーダーの存在は職場内に変革を必要とする雰囲気を生み出し，それが各メンバーの意識に浸透し，変革へのレディネス（準備状態）が整う（池田ら，2003）。こうした準備が十分に整っていない状態で急激な変革を行うと，メンバーからの反発を招き，かえって組織内が混乱し，最悪の場合，組織の崩

壊につながる。変革を適切に進めるためには，リーダーが交流型リーダーシップを発揮し，メンバーと信頼関係を確立していることが望ましい。

　加えて，変革を通して組織をうまく管理するには，モラルを重視した倫理的リーダーシップ（ethical leadership）やオーセンティック・リーダーシップ（authentic leadership）などを発揮できるリーダーの存在も重要となる。

(6) 開 発 論

　特性論では，優秀なリーダーの資質を備えた人材を見いだすことに主眼が置かれている。しかし，従来のリーダーシップ論で示されてきたように，リーダーシップが発揮されるかどうかは状況やリーダーとメンバーの関係，各々の認知などによって大きく左右される。そのため，優秀なリーダーを見いだすよりも，各組織の職場環境に合った最適なリーダーを育てていく方が理に適っている。

　リーダーが成長するためには，他者からの期待に応えるなどし，リーダーとしての自信をつけることが重要とされている（池田・古川，2006）。

3.　消　　費

　ここまで，事故と安全やリーダーシップといった組織内の心理や行動について紹介してきた。これらとは別に，産業心理学では消費の研究が盛んである。

　消費者に製品やサービスの良さを理解してもらい，購入してもらうためには情報の伝達・共有が重要である。売り手は製品やサービスの正確な情報，魅力，便利さなどを買い手に伝えるため，広告やCM（Commercial Message）などを工夫する。一方，買い手は店頭の販売員に相談したり，アンケートに回答したりして，どんな商品を求めているかを売り手に伝える。このように需要と供給をマッチさせ，買い手と売り手の交渉を成立させる。そのために，売り手は適度な価格はいくらで，どのようなプロモーション活動を行えばいいかといったことを計画し，実行する。この一連のプロセスをマーケティングと言う。

　こうしたマーケティングに関して，企業などの売り手と消費者などの買い手の間でさまざまな行動やそれに伴う心理的変化のやりとりがなされている。

図10-4　マーケティング・マネジメント・プロセス
(Kotler, 1999. 木村訳, 2000, p. 46 を修正して作成：青木ら, 2012)

(1) マーケティング

　コトラー（Kotler, 1999）によると，マーケティングで重要なことは，人が求めるもの（ニーズ）をリサーチし，ニーズを満たすために戦略や戦術を駆使し，その結果の評価をもとに改善し，次に活かすことである（図10-4）。

　しかし，人のニーズは多様であり，すべてのニーズは満たせない。そこで，まず消費者やニーズを類似した層に分ける（セグメンテーション）。次に，分類した各層のニーズを把握し，どの層をねらうかを考える（ターゲティング）。そして，自社と他社の違いを明確にし，自社やその製品にはターゲットが欲しいと思う価値や魅力があると示し，市場における位置づけをさせる（ポジショニング）。この3つを踏まえたマーケティング戦略をSTP戦略と言う。

　さらに，STP戦略を踏まえ，マーケティング効果を高める手段を組み合わせるMM（Marketing Mix）戦術を計画すると効果的である。たとえば，MM戦術の一つである4Pでは，製品（Product），価格（Price），プロモーション（Promotion），プレイス（Place）の4つの手段を組み合わせる。製品は品質やパッケージなどを含む。価格は表示価格や割引などを含む。プロモーションは広告や販売促進などを含む。プレイスは流通経路や販売店舗などを含む。

(2) 広　　告

　商品を売るにあたり，広告の活用は不可欠である。では，広告はどのように効果を発揮するのか。AIDMA モデルによると，広告の受け手が広告に気づいて注目し（Attention），その内容に興味（Interest）を持ち，広告の商品を欲

しいと思い（Desire），広告内容を記憶（Memory）することで購入につながる（Action）。

　他にも，AIDMA の Memory の代わりに Conviction（確信）を加えた AIDCA モデルや，Satisfaction（満足）を加えた AIDAS モデルなどがある。AIDCA は欲しい製品が便利だと確信し，購入に納得できることを重視する。一方，AIDAS は顧客との長期的な関係づくりをねらい，購入後の満足度を重視する。

　また，広告は社会の変化とともに多様化し，とりわけインターネットや SNS（Social Networking Service）の普及の影響は大きい。従来のテレビ CM 型の広告では，商品やブランドの情報を消費者の記憶に残すことが重要である。しかし，インターネット広告では，消費者が自発的に情報を探す必要があり，記憶の重要性は低い。このことは AIDMA から Memory を外し，Search（情報探索）を加えた AISDA モデルで表現されている。さらに，AISAS モデル（電通が 2005 年 6 月に商標として登録。商標登録番号第 4874525 号）は AISDA の Desire の代わりに Share（共有）を加えたモデルで，クチコミなどの集団共有の広告効果を重視している。このように，広告は多様な形で効果を発揮する。

　では，広告効果はどうやって判断するのか。コーリー（Colley, 1961）の DAGMAR（Defining Advertising Goals for Measured Advertising Results）では，認知（awareness），理解（comprehension），確信（conviction），行動（action）の段階に分けて広告効果を管理する。具体的には，広告目標を決め，広告効果の指標が一定期間内に目標達成するかを管理する。たとえば，広告を用いた 1 ヶ月間で新商品の認知度が目標を超えれば，認知段階の広告効果があったと言える。最終的に，消費者が商品を買う行動に至るような広告展開が必要である。

（3）価格判断

　商品を買うにあたり，多くの消費者が気にするのは価格であろう。では，消費者が商品の価格を安いと判断する際，どのような心のはたらきが起きているのか。

　人はさまざまな価値基準を持ち，それらは商品を購入する状況や価格などの違いで価格判断に異なる影響を及ぼす。この影響過程は，心に複数の心理的財布があると仮定し，各財布の価値基準が異なると考えれば説明できる。もし心理的財布と商品の価値が一致していれば購入に満足するが，それらが一致していなければ購入に心理的苦痛を感じ，もったいないと思う。

　また，収入や所持金なども価格判断に影響する。たとえば，経済的財布が増大すると心理的財布も拡大する（小嶋ら，1983）。つまり，ふところが潤っているときは，財布のヒモがゆるむということである。他にも，価格の端数の表示も価格判断に影響する。たとえば，野菜を98円などの価格にするのは，100円だと3桁の表示価格になるが，98円だと2桁の表示価格にとどまり，安く感じるからである（小嶋，1986）。

(4) 消費者行動

　消費者行動は消費行動，購買行動，買物行動，使用行動に分類できる（青木ら，2012）。消費者心理の中心である購買行動に関して，ブラックウェルとミニアード，エンゲル（Blackwell et al., 2006）は消費者意思決定モデル（BMEモデル）を提案している（図10-5）。

　このモデルでは，複雑な購買意思決定の過程を説明している。まず，購買前の活動として，消費者はニーズが満たされぬ現状に問題を感じ（段階1），ニーズを満たす商品を求めて過去の購買経験や記憶といった内的情報を探る（段階2）。次に，購買活動として，消費者はいろいろな店舗やブランド，商品などを評価し（段階3），買うかどうかを決める（段階4）。最後に，購買後の活動として，消費者は買った商品を使用し（段階5），満足したかを評価し（段階6），保管するか処分するかを決め，処分する場合，廃棄，リサイクル，または売却する（段階7）。消費後評価が不満足な場合，消費者はマーケターによる広告やマーケター以外の家族・友人などのクチコミといった外的情報を探し，商品やブランドの知識を記憶に蓄積する。

　さらに，同じブランドや商品が繰り返し購入されると，意思決定が単純化される。具体的には，広範問題解決（Extensive Problem Solving）から限定問題解決（Limited Problem Solving），習慣反応行動（Routinized Response

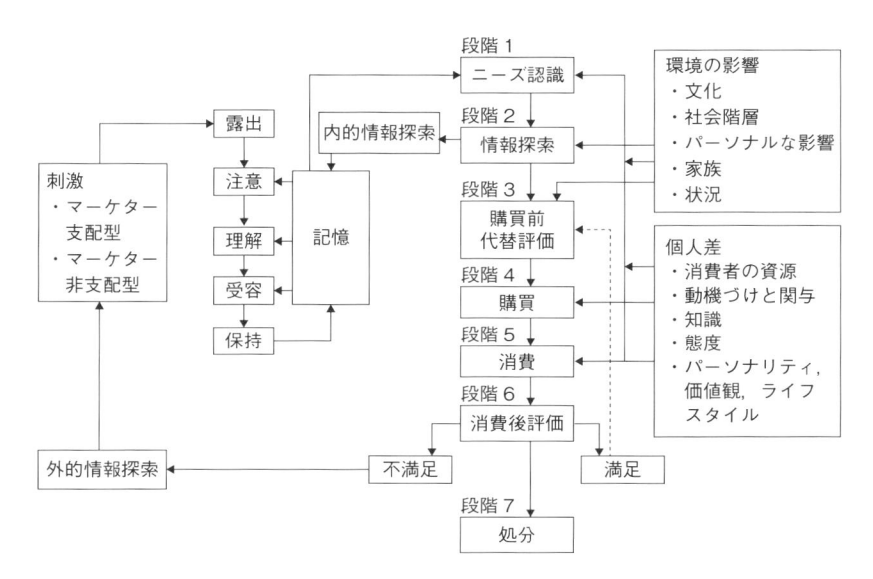

図 10-5　ブラックウェル・ミニアード・エンゲル・モデル
（Blackwell et al., 2006 を改変）

問題解決の段階	広範問題解決	限定問題解決	習慣反応行動
ブランドの知識	あいまい		明確
ブランドに対する態度	未形成		形成
選択基準	構造化されていない		構造化されている
情報探索や処理の量	多い		少ない
決定に要する時間	長い	⟷	短い
製品の価格	高額		低額
購入頻度	低い		高い
消費者の関与とリスク	高い		低い

広範問題解決の例	限定問題解決の例	習慣反応行動の例
マイホームは一生もの。しっかり考えて買おう。	お気に入りのブランド靴を買おう。でも，デザインはどれにしようか。	いつものください。

図 10-6　意思決定段階の特徴（杉本，2012 を改変）

Behavior）へ変化する（図 10-6）。
　一方，消費者の購買心理を幅広く捉えた BME モデルとは別に，商品やブラ

$$A_j = \sum_{i=1}^{n} a_i b_{ij}$$

A_j：対象 j に対する全体的な態度

a_i：各属性 i の評価（重要度）

b_{ij}：対象 j が各属性 i を有する確信度

n：属性の総数

例：重視する属性が異なる消費者が
　　それぞれどの缶コーヒーを買うか

属性	コーヒーA	コーヒーB
風味（フレーバー）	+	+++
苦味	+++	+
コク	++	+
甘味（スイートネス）	+	+++

ここでは，各属性の＋の数を確信度の点数
とし，重要度の高い属性は 2 倍で計算する。

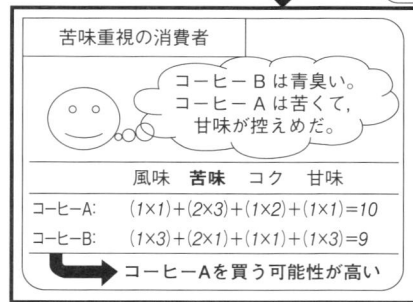

苦味重視の消費者

コーヒー B は青臭い。
コーヒー A は苦くて，
甘味が控えめだ。

	風味	**苦味**	コク	甘味
コーヒーA:	$(1×1)+(2×3)+(1×2)+(1×1)=10$
コーヒーB:	$(1×3)+(2×1)+(1×1)+(1×3)=9$

➡ コーヒーAを買う可能性が高い

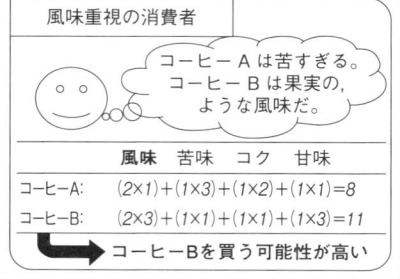

風味重視の消費者

コーヒー A は苦すぎる。
コーヒー B は果実の，
ような風味だ。

	風味	苦味	コク	甘味
コーヒーA:	$(2×1)+(1×3)+(1×2)+(1×1)=8$
コーヒーB:	$(2×3)+(1×1)+(1×1)+(1×3)=11$

➡ コーヒーBを買う可能性が高い

図10-7　フィッシュバインの定式とそれに基づく購買予測の例（筆者作成）

ンドに対する消費者の態度に焦点を絞った多属性態度モデルがある。その例の
フィッシュバイン・モデルでは，ある対象がある属性を有する確信度とその属
性の重要度から，その対象に対する態度を予測している（図10-7）。

　また，人の情報処理量には限界があるため，商品が多いと絞り込む必要があ
る。その際，消費者は選択ヒューリスティックス（choice heuristics）を用い，
商品の属性の評価をもとに一定のルールに従って意思決定する（図10-8）。

　他方，店頭で購買意思決定をする買物行動は，店内の状況の影響を受けやす
い。買物行動には，どの店舗で買うかに関わる店舗間買物行動と，特定の店舗
内で買物をする店舗内買物行動があり，その店舗内買物行動には購入予定の
商品を買う計画購買と，予定外の商品を買う非計画購買がある（田島・青木，
1989）。この非計画購買は，商品の並べ方やPOP（point of purchase）広告，
フロアレイアウトなどの状況要因に左右されやすい。そのため，買物客の店舗

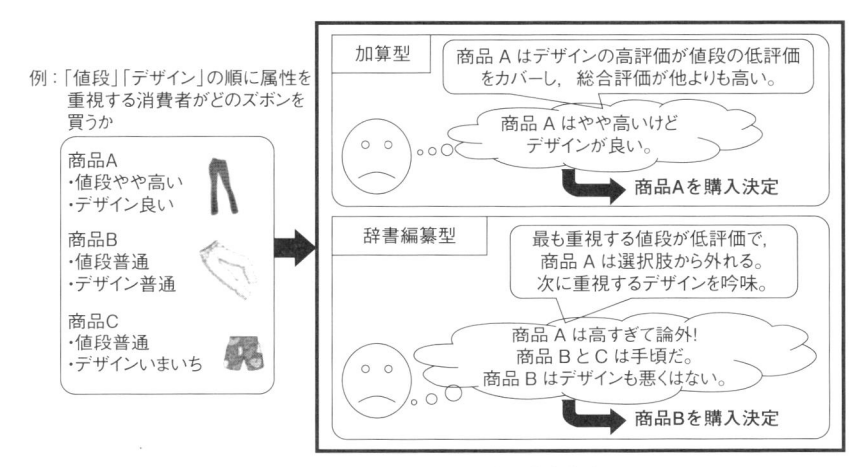

図 10-8　選択ヒューリスティックスによる意思決定方略の例（筆者作成）

内の移動距離（動線長）や移動軌跡（客動線）を分析し，買物客が足を止めやすい売り場を見つけ，ついで買い商品をそこに陳列するなどの工夫をすると，非計画購買の増加につながる。

■ 章末問題

1. 以下の文章の空欄に適切な語句を入れよ。

(1) スノーボール・モデルは，スタッフ間の（　①　）不足で事故が発生する過程をモデル化している。

(2) コンティンジェンシー・モデルは，リーダー特性として（　②　）得点を，状況の有利さとして（　③　）と課題の構造，リーダーの地位勢力を考慮し，状況によって有効なリーダーが異なることを示している。

(3) STP 戦略はセグメンテーション，ターゲティング，（　④　）を考慮したマーケティング戦略のことである。

(4) 4P は製品，価格，プロモーション，（　⑤　）のことである。

(5) DAGMAR は（　⑥　）の効果を測定・管理する上で有用である。

(6) 人の心の中には価値基準の異なる複数の（　⑦　）があり，その価値と一致しない商品などを購入する場合，心理的苦痛を感じる。

(7) ブラックウェルらの消費者（　⑧　）モデルは，記憶などの（　⑨　）と広告やク

チコミなどの（　⑩　）の探索を通し，商品やブランドの知識を蓄積する過程を含めた包括的なモデルである。

2. 以下の問に答えよ。

（1）キーワードを踏まえ，組織内に安全文化を根づかせる具体的な方法を提案せよ。

　　　〔キーワード：報告の文化，正義の文化，学習の文化，柔軟な文化〕

（2）キーワードを踏まえ，お菓子市場への進出のために，どんな商品を，どの層に，どう販売促進すればいいかを提案せよ。

　　　〔キーワード：STP 戦略，4P〕

引用文献

青木幸弘・新倉貴士・佐々木壮太郎・松下光司（2012）．消費者行動論―マーケティングとブランド構築への応用　有斐閣

Blackwell, R. D., Miniard, P. W., & Engel, J. F.（2006）．*Consumer behavior*（10th ed.）. Mason, OH: Thomson South-Western.

Chemers, M. M.（1997）．*An integrative theory of leadership*. Mahwah, NJ: Lawrence Erlbaum Associates.（白樫三四郎（訳編）（1999）．リーダーシップの統合理論　北大路書房）

Colley, R. H.（1961）．*Defining advertising goals for measured advertising results*. Association of National Advertisers（ANA）.（八巻俊雄（訳）（1966）．目標による広告管理　ダイヤモンド社）

Fiedler, F. E.（1967）．*A theory of leadership effectiveness*. McGraw-Hill.（山田雄一（監訳）（1970）．新しい管理者像の探求　産業能率短期大学出版部）

Graen, G., & Uhl-bien, M.（1995）．Relationship-based approach to leadership: Development of leader-member-exchange（LMX）theory of leadership over 25 years: Applying a multi-level multi-domain perspective. *Leadership Quarterly*, 6, 219-247.

Heinrich, H. W.（1931）．*Industrial accident prevention: A scientific approach*. New York: McGraw-Hill.

House, R. J.（1971）．A path-goal theory of leader effectiveness. *Administrative Science Leadership Review*, 16, 321-339.

池田　浩・古川久敬（2006）．組織におけるリーダーの自信の源泉　心理学研究，77, 62-68.

池田　浩・山口裕幸・古川久敬（2003）．組織成員の変革へのレディネスと管理者の変革型および交流型リーダーシップとの関係　産業・組織心理学研究，17, 15-23.

小嶋外弘（1986）．価格の心理―消費者は何を購入決定の"モノサシ"にするのか　ダイヤモンド社

小嶋外弘・赤松　潤・濱　保久（1983）．消費者行動解明のための新しいカギ―心理的財布その理論と実証　DIAMOND ハーバードビジネス，8, 19-28.

Kotler, P.（1999）．*Kotler on marketing*. Free Press.（木村達也（訳）（2000）．コトラーの戦略的マーケティング　ダイヤモンド社）

Meindl, J. R.（1990）．On leadership: An alternative to the conventional wisdom. *Research in Organizational Behavior*, 12, 159-203.

三隅二不二（1966）．新しいリーダーシップ―集団指導の行動科学　ダイヤモンド社

Reason, J. T.（1997）. *Managing the risks of organizational accidents.* Aldershot, England: Ashgate.（塩見　弘（監訳）（1999）. 組織事故―起こるべくして起こる事故からの脱出　日科技連出版社）

Rosen, S., & Tesser, A.（1970）. On reluctance to communicate undesirable information: The MUM Effect. *Sociometry, 33*, 253-263.

Stogdill, R. M.（1948）. Personal factors associated with leadership: A survey of the literature, *Journal of Psychology, 25*, 35-71.

杉本徹雄（編著）（2012）. 新・消費者理解のための心理学　福村出版

田島義博・青木幸弘（1989）. 店頭研究と消費者行動分析　誠文堂新光社

山内桂子・山内隆久（2000）. 医療事故―なぜ起こるのか，どうすれば防げるのか　朝日新聞社

11

人の発達の諸相

"発達（development）"という言葉を聞いてどういうイメージを思い浮かべるだろうか。身体が大きくなっていくというイメージを抱く人が多いだろう。だが，こういった身長や体重など，個体の量的側面が不可逆的に増大していくことのみを指す場合は，主に"成長（growth）"という語が使われる。発達とは，産まれてから死ぬまでの秩序と一貫性のある変化過程のことを指し，身体的・生理的な量的変化だけでなく，精神的・社会的な質的変化であったり，減衰といった変化も含む。たとえば，幼児は善悪の判断をあまりうまくできないが，青年になれば適切にできるようになる。これは，加齢により，諸々の能力を獲得していく中で精神的な変化を果たしたことを意味している。また，高齢者の計算能力は，脳神経の働きの衰えにより若いときよりも劣ることになる。発達には，身体的な変化に加え，これらの精神的，減衰的な変化といった，加齢に伴うあらゆる変化が含まれるのである。

1. 発達概論

(1) 遺伝と環境

音楽家のバッハの系系は音楽家が多い。これは音楽的才能が遺伝的に受け継がれた可能性を示している（Galton, 1869）。だが，同時に，バッハが音楽家になったのは，その家庭が音楽家をつくるのに有利に働く環境だったためとも考えられる。このように，人の発達には遺伝と環境の2つが影響している。

遺伝と環境のうち，遺伝的な要因の方が強く発達に影響を及ぼすという考えを成熟優位説と言う。この説が支持されることを示す実験としてゲゼルら（Gesell & Thompson, 1929）の双生児に対する階段登りの訓練が挙げられる。ゲゼルらは，一卵性双生児のTとCという遺伝情報が同じ幼児に対し，それ

ぞれ期間を変えて階段登りの訓練を行っている。T に対しては生後 46 週目から 52 週目までの 6 週間の訓練を行い，C には成熟的に階段登りが期待される 53 週目から 55 週目までの 2 週間の訓練を行ったのである。その結果，T は，52 週目時点で 26 秒で階段を登り，C は，55 週目時点で 10 秒で階段を登れるようになった。つまり，訓練期間は T の方が長かったにもかかわらず，結果的に，C の方が速く階段を登れるようになったのである。このことは，時期が来て運動機能などが成熟しなければいくら早くから訓練を始めても無駄である，というように発達には遺伝的要因が重要であることを示している。こういったことから，成熟優位説においては，学習を可能，または効果的にするための神経系の成熟といったレディネスが重視される。レディネスがない状態で環境を整えたとしても効果的には学習されないとしているのである。

　次に，発達には環境的要因が重要だという考えであるが，こちらは学習優位説と言われる。この立場の代表であるワトソン（Watson, 1924）は，発達は，生後の環境のあり方によって支配され，先天的に決定されるものではないとしている。ワトソンは，パブロフの犬に対する条件づけの実験（Pavlov, 1927）で示される古典的条件づけによる学習を人間の学習にも適用し，発達的な行動の変化は，人が学習によって獲得した刺激と反応の結びつきの数量的な違いによってもたらされるとしているのである。

　上記の考えは，遺伝的要因，環境的要因のそれぞれが独立して発達に影響を及ぼすという考えだが，遺伝的要因，環境的要因の双方が発達に影響を及ぼしているという考えもあり，今ではこちらの考えの方が支持されている。現代では，発達には遺伝的要因と環境的要因が相互に影響しあっており，発達においてどちらか一方が優位に立つことはないと考えられているのである。こういった考えは複数要因説と言われ，さまざまな考えがあるが，そのうちの一つにシュテルン（Stern, W.）の輻輳説がある。人の性質や特徴といった人が持つさまざまな資質の発達には遺伝的要因と環境的要因が加算的に作用しているという考えである。同様に，ルクセンブルガー（Luxenburger, H.）は，図 11-1 に示したように，人の持つさまざまな資質は遺伝的要因と環境的要因の両方が関与することで発達する，また，各要因の相対的な割合は個々の資質によって異なる，という両極説を提唱している（高木，1950）。

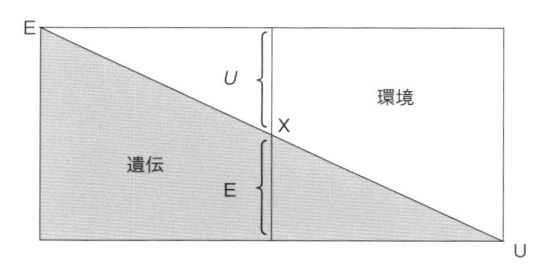

E点寄りの形質ほど遺伝の規定を強く受け，U点寄りの形
質ほど環境の規定を強く受ける。E点，U点は極限点であっ
て，遺伝または環境の規定だけを受ける形質は存在しない
と考える。

図11-1　ルクセンブルガーの図式（新井，2000）

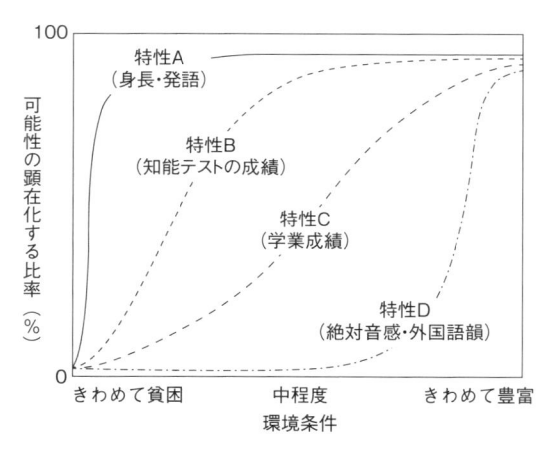

**図11-2　遺伝可能性が顕在化する程度と
環境の質との関係**（Jensen, 1968）

　さらに，遺伝的要因と環境的要因が加算的に影響しあうのではなく，相互作
用的に影響しあっているという考えもあり，ジェンセン（Jensen, 1968）が環
境閾値説を提唱している。この説では，人間の資質の発現は環境の影響を受
けるが，環境の影響をどの程度受けるのかは特性によって異なるとされてい
る。つまり，遺伝的に持っている資質が顕在化するためには，それに応じたあ
る一定の環境条件が整っていることが必要と考えているのである。たとえば，
図11-2に示したように，身長などは，環境条件が悪くとも遺伝的素質は顕在

化しやすい。170cm になるという遺伝的素質を持っていたならば，食事があまり与えられないように環境が悪くとも，その遺伝的素質に従って最終的には170cm ほどの身長になる。だが，絶対音感などは，環境条件が悪い場合，その素質は顕在化しにくい。絶対音感の遺伝的素質を顕在化させるためには幼少のころから音楽に触れさせたりしておくことが必要となる。

(2) 発達の原理

　先述したように，発達の結果は，人の持つ遺伝や環境の程度に従い，さまざまなものとなる。しかしながら，そこには，個人を超えて共通して見られる一般的傾向が存在する。発達にはさまざまな原理があるのである。

　発達の原理の一つとして発達の連続性が挙げられる。発達的変化には休止や飛躍というものはなく，連続して起こるというものである。たとえば，人は，10 歳ごろからホルモンバランスが変化し，性的成熟が促され，大人らしい体つきに変化していく。しかしながら，こういった身体の質的変化も 10 歳以前から身体の中で準備が進められているのであり，子どもから大人へと急に変化するわけではない。

　さらに，発達は一定の順序によって起こるという発達の順序性もある。歩行の発達を例にとれば，首がすわる，寝返りをうつ，座位や立位の姿勢をとる，つかまり立ちする，ハイハイする，一人で立つ，一人で歩く，というような順序がある。こういった発達の順序に乱れがある場合は，発達上，何らかの問題があることが考えられる。たとえば，ハイハイせずに座ったままおしりでズリズリと移動する乳児（シャフリングベイビー）の中には脳性麻痺などの病気を患っている者がいたりする。

　また，発達には個人差があり，発達は個人によってその速度に違いが見られる（発達の個人差）。他の人より先んじて身体変化が始まる者を “早熟者”，他の人より遅れて身体変化が始まる者を “晩熟者” というが，早熟者と晩熟者とでは，同学年・同年齢でも，体格や性的成熟度は大きく異なってくる。こういった個人ごとに異なる発達の速度は年齢を重ねるに従って縮まっていくものの，人の心理に多大な影響を及ぼすことになる。

(3) 発達段階と発達課題

　発達は，発達の原理で示したように連続的に起こる。そのため，人の発達過程は，本来，乳児期，幼児期，児童期，といったように区分できるようなものではない。だが，人間の一生涯の発達過程において，相互に異質で非連続的な変化が見られる時期がある。このような，ある時期のある特定の機能の特徴が前後の時期のそれと異なる場合，その時期を一つの段階として区分することは可能であり，こういった観点から人の発達過程を区分して示したものを"発達段階"と言う。これまで，図11-3に示したように，さまざまな立場から，それぞれの発達段階が示されてきている。なお，最近は，発達段階という領域一般的なものはなく，個々の領域によってそれぞれ発達の道筋は異なっているという考え方が主流になってきている。

　上記のように，発達段階という考えは主流でなくなってきているものの，連続的に起こる発達を発達段階として細かく区分していくことは教育上の利点をもたらすことになる。まず，発達段階を設けることで，ある時期における子どもの全体的な特徴を直観的に捉えられるようになる。それゆえ，ある心身の機能がどのように変化していくのかの過程を理解できるようになる。たとえば，乳児期の子どもはしゃべることもままならないが，幼児期前半の子どもは多少しゃべることができ，幼児期後半の子どもは充分しゃべることができる。また，その過程は，喃語から始まり，一語文，二語文というような段階をたどるといった具合である。さらに，こういった変化の過程を理解することは，各段階の特徴からそれぞれの段階でなすべき課題や発達の目安を知ることにもつながる。

　このそれぞれの段階でなすべき課題とは，言い換えれば，発達課題である。発達課題とは，個人が社会的に期待されている健全な発達を遂げるために，乳幼児期から高齢期までの各時期に達成しておく必要がある課題を指す。ハヴィガースト（Havighurst, 1953）は，アメリカの中流階級の立場に基づき，表11-1に示したような発達課題を示している。また，彼は，ある段階の発達課題が達成されるとその後の段階への移行が順調に進み，逆に課題達成に失敗するとその後の課題の達成も困難になると述べている。たとえば，幼児期の子どもにとってはしゃべるということが発達課題となり，この課題をクリアしてお

基準	人名	年齢 0	1	2	3	4	5	6	7	8	9	10	11	12	13	14	15	16	17	18	19	20	21	22
社会的	（学校制度）							幼稚園		小 学 校					中学校		高 校			大 学				
	（一般的）	乳児期		幼 児 期					児 童（学童）期						青 年 期									
身体的	シュトラッツ			第一充実期		第一伸長期		男	第 二 充 実 期					第 二 伸 長 期			第三充実期		成 熟 期					
								女	第二充実期			第 二 伸 長 期			第三充実期			成 熟 期						
精神機能	ビューラー	客 観		客 観→主観			主観→客観			客 観→主 観				主 観→客 観										
	牛 島	身 辺 生 活 時 代				空 想 生 活 時 代				知 識 生 活 時 代				精 神 生 活 時 代										
精神構造	ピアジェ	感覚運動期		前 操 作 期					具体的操作期				形 式 的 操 作 期											
	ブルーナー	行動的（動作的）表 象					映像的表象			象 徴 的 表 象														
精神分析	フロイト	口唇期		肛門期		男 根 期			潜 伏 期				性 器 期											
	エリクソン	信頼対不信		自発性対疑惑		積極性対罪悪感			勤勉性 対 劣等感					同一性 対 同一性の拡散								親密さ対孤立			＊
活 動	ヴィゴッキー（他）	直観的情緒的接触的	対象操作活動期			遊戯活動期			学習活動期				社会的コミュニケーション活動期			職業的学習活動期								

＊壮年期（生殖性 対 沈滞），老年期（統合性 対 絶望）と続く（図12-2参照）。

図 11-3　種々な基準による発達段階の区分（山内．1998）

表 11-1　ハヴィガーストの発達課題（Havighurst, 1972 を参考にして作成：永江, 2013）

時期	発達課題
幼児期	・歩行の学習　・固形物を食べる学習　・話すことの学習　・排尿と排便の学習　・性別と性差および性的な慎みを学ぶ　・簡単な抽象概念の形成　・記号や文学を読む準備をする　・善悪の区別を学び良心を発達させ始める
児童期	・遊びに必要な身体的技能の学習　・身体を大切にして清潔と安全に留意する習慣を身につける　・同年代の仲間と協力することを学ぶ　・男女それぞれの性役割を学ぶ　・基本的な読み書きと計算の技能を発達させる　・日常生活に必要な社会的概念を発達させる　・良心や道徳心，基本的な価値観を発達させる　・個人としての自立を達成する　・民主的な社会的態度を発達させる
青年期	・同年代の他者と成熟した関係を築く　・大人の男性や女性としての社会的役割を身につける　・身体的変化を受け入れ効率的に身体を使う　・親や他の大人から情緒面で自立する　・結婚や子どもを持つことに対する積極的態度を身につける　・職業につく準備をする　・行動の基準となる価値観や論理体系を身につける　・社会的に責任ある行動への努力と実行
成人初期	・配偶者の選択　・配偶者との生活を学ぶ　・第 1 子を出産し家庭をつくる　・育児をする　・家の管理をする　・就職する　・市民としての責任を引き受ける　・気の合う社交集団を見つける
成人中期	・十代の子どもの成長を援助する　・成人としての社会的責任を果たす　・職業生活で満足のいく地位を築き維持する　・余暇を充実させる　・配偶者と 1 人の人間としての関係を持つ　・身体面の生理的変化の受容と適応　・老いていく親への適切な対応
老年期	・体力と健康の衰退への適応　・退職と収入減少への適応　・配偶者の死に対する適応　・同年代との親しい関係を確立する　・社会的役割への柔軟な適応　・快適で便利な住宅の確保

かないと，次の児童期の段階に入った際に，他児と協力して何かをしたりすることができなくなってしまう。発達課題とは，正常な発達のために各発達段階でマスターしておくことが必要となる課題なのである。

2.　ピアジェの知的発達

　先述したように，さまざまな研究者が独自の観点から発達段階を設けているが，ここではピアジェの発達段階（Piaget, 1936; Piaget & Inhelder, 1969）を紹介する。彼は，発達段階を，感覚運動期・前操作期・具体的操作期・形式的操作期の 4 段階に分けている。また，子どもが周囲の環境に自ら働きかけることを通して能動的に知を構成していく過程を人の知的能力の発達と捉えている。その中で，子どもは，"シェマ"と呼ばれる，外界をどう捉えるかに関す

る，個体が持っている一般的な認知の枠組み，あるいは行動様式を作り出すこととなる。さらに，同化，調節を行いながら，より高次なものへとシェマを作り替えていく。同化とは，既存のシェマを用いて外界の情報を自身の中に取り入れることを意味し，調節とは，既存のシェマではうまく取り入れられない場合に，シェマを修正して外界に適応することを意味する。たとえば，自分の家で飼っている犬しか動物を見たことがない子どもの動物のシェマは，単純には，"四つ足でワンワン鳴く"となる。そして，その子どもが家の外で別の種類の犬を見たとき，その犬は，自分の家にいる犬とは多少違うが，四つ足でワンワン鳴いている。そのため，それらの犬を既存の動物シェマの中に取り入れる（同化）ことができ，動物シェマの内容を豊かにできる。だが，外で猫を見たとき，猫はワンワン鳴かないので，既存の動物シェマの中に取り入れることはできない。「四つ足でワンワン鳴く」を犬とし，「四つ足でニャーニャー鳴く」を猫とする，というように，もともと持っていたシェマを変えていく（調整）ことが必要になってくる。このように，新たな情報をシェマの中に取り入れたり，シェマの構造を変えていくことで，人は，徐々に外界に適応的になっていく。なお，同化と調節を行いながら，より高次のものへとシェマを作り替えていく中で，ある認識を次の段階のさらに安定したものへと発達させていくプロセスを均衡化と言う。

(1) 感覚運動期

　感覚運動期は誕生からおよそ2歳ごろまでの時期であり，その名の通り，自己の運動を通して外界の情報を取り入れていく段階である。自己の運動を通して外界を知るため，思考の対象は身体的に働きかけられるもの，目の前にあるものに限られる。それまでは反射でしか外界に関われなかった乳児は，1ヶ月を過ぎるころから，徐々に自分の興味を引くような行動を繰り返し行ったりするようになる。こういった行動を循環反応と言う。たとえば，腕の曲げ伸ばしによって事物を動かすという行為を繰り返し行ったりする。それが，8ヶ月を過ぎたころから，手段と目的の協応が可能となる。欲しいものを手に入れるという目的のために，これまでは主に事物を動かすという行為に使用していた腕の曲げ伸ばしを意図的に妨害物をどかすという手段として使用する，といった

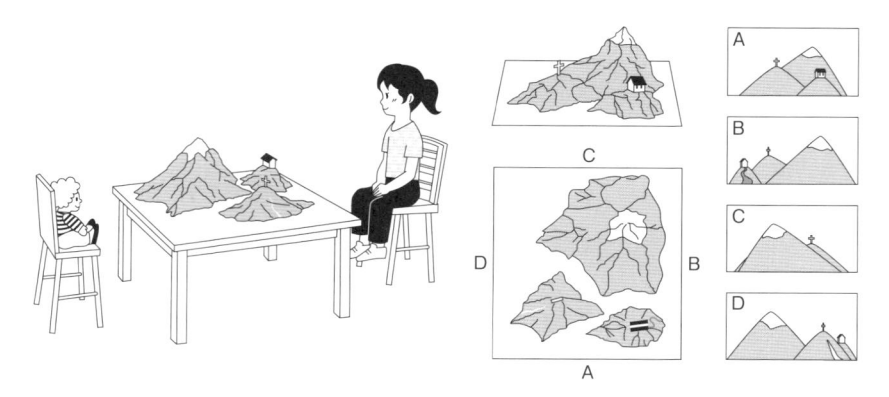

図11-4　3つ山課題（Piaget & Inhelder, 1948をもとに作成）

ことが見られるようになるのである。また，このくらいの年齢で，何かに隠されて対象が見えなくなったとしても，それは消失したわけではなく，存在しているという認識（対象の永続性）を持てるようになる。このことは，徐々に表象（心的イメージ）を用いられるようになってきていることを意味し，これ以降，現実世界とは異なる思考の世界が成立し始めるようになる。

(2) 前操作期

　2歳を過ぎたころから，前操作期（この期は，細かく言えば，前概念的思考段階，直観的思考段階の2つの段階に分かれる）に入り，思考の世界がより明確になり，子どもはイメージや言語を用いることで外界と関われるようになる。この時期の子どもは，感覚運動期の子どもとは異なり，表象を用いて外界の情報を取り入れるようになるのである。しかしながら，表象をまだうまく使うことはできないため，さまざまな制約が伴う。たとえば，外界の知覚的側面に注意を払いすぎるといった知覚依存性が見られる。そのため，この時期の子どもは液量や数などの保存課題を通過することはできない（Piaget & Szeminska, 1941）。この時期の子どもに2列に並んだ5個のおはじきを示し，どちらの数も同じであることを確認した後，1方のおはじきの列の幅を広げる。そうすると，この時期の子どもは，おはじきの列の長さに惑わされ，列の幅が広げられた方のおはじきの数が多いと言ってしまうのである。また，この

時期の子どもは，自分とは異なる視点に立って外界を捉えることができないという特徴も持っている。これを自己中心性と言い，三つ山課題によって示される（Piaget & Inhelder, 1956）。この課題では，図11-4に示したように，まず，子どもにさまざまな方向から山を見せ，見え方がそれぞれ異なることを理解させる。その後，自分とは違う場所に置いてある人形の位置から見える風景の絵を数枚の絵から選択させる。そうすると，この時期の子どもは，人形は自分とは異なる場所にいるにもかかわらず，自分のいる場所から見える風景を選択してしまう。自分とは異なった視点があることに気づくようになる（脱中心化）には，次の具体的操作期まで待たねばならない。

(3) 具体的操作期

　具体的操作期は，7，8歳ごろから始まる。この段階において，子どもは，対象の形を変化させても対象の質や量といった性質は変化しないことを理解（保存の概念の獲得）し，種々の保存課題に対して適切に回答できるようになる。これは思考の可逆性が獲得されたことも意味する。さらに，この段階の子どもは，表象をより適切に使えるようになる。その結果，操作（指を折って計算するなどの実際の動作的な行為が表象として内化されたもの）をより明確に行えるようになり，論理的思考も的確にできるようになる。しかしながら，それは，具体的操作期という言葉が指すように，具体的場面に限られる。たとえば，30本のチューリップと5本のバラを公園に植えたとき，チューリップと花のどちらが多いのかを尋ねる，といった全体と部分の関係性を尋ねる分類課題を子どもに与えたとする。具体的操作期の子どもは，この課題内容を図で示されると適切に回答できるが，そういった図などがない場合は適切に回答できない（Inhelder & Piaget, 1969）。

(4) 形式的操作期

　最後の形式的操作期（11，12歳以降）になると，子どもは，大人と同じように，抽象的な場面であっても思考することが可能になる。そのため，この段階の子どもは，仮説演繹的思考といったように，仮説を立て，それに依拠しながら推論していくことであったり，ある事象を生じさせる要因の組み合わせを

図 11-5　針金製母親と布製母親（Harlow, 1958 をもとに作成）

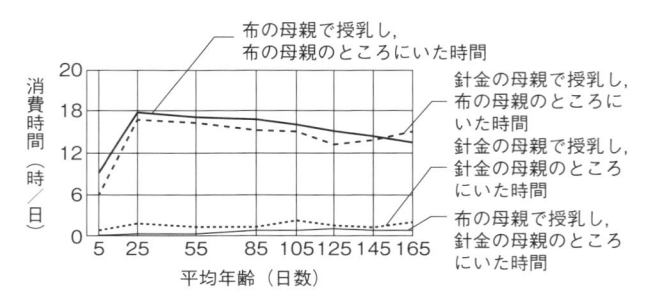

図 11-6　子ザルが布製母親と針金製母親に接触する時間
（Harlow, 1958）

系統的に調べていくといった組み合わせ思考もできるようになる（Inhelder & Piaget, 1958）。

3. 養育者との関わり

(1) 愛　　着

　人の発達のあり様は環境によって左右されるように，養育者の子どもへの関わり方が人の発達の様相に関係する。たとえば，ハーロウ（Harlow, 1958）は，養育者と子どもとの間の温かい接触が親子関係の健全な形成に重要であることを示している。ハーロウは，生後間もないアカゲザルの子どもに針金でできた人形を代理母として与えている。その際，図 11-5 のように，針金のままのもの，針金に布を巻き付けたものの 2 種類の人形を用意し，そのいずれかに

ほ乳瓶をセットした。その結果，図 11-6 に示したように，子ザルは，どちらの人形から授乳されようが，布を巻き付けた人形と長い間一緒にいたのである。このことは，栄養を与えてくれる存在よりも接触を通して慰めや安心感を与えてくれる存在のほうを子ザルは必要とした，というように親子の絆は温かい接触を通して作られることを示している。さらに言えば，養育者と子どもとの間に温かい心身のふれあいが欠如している（マターナルディプリベーション）場合，言語獲得が遅れるといったように，子どもの発達にさまざまな負の影響が現れてしまう（Bowlby, 1951）。

　上記のように，子どもは，スキンシップを通して養育者との間に情緒的な絆を作り出す。ボウルビィ（Bowlby, 1969）は，この情緒的絆を愛着と呼んでいる。養育者に愛着を示す行動である愛着行動は以下のような過程をたどって変化していく（Bowlby, 1969）。まず，生後 12 週ごろまでは，特定対象者以外にもほほえむといったように，人全般に対して愛着行動を示す。そこから，徐々に，数人の特定対象者（多くの場合は養育者）にのみ愛着行動を向けるようになり，それらの者との間で親密な相互交渉を行うようになる。さらに，運動機能の発達に伴い移動が可能になると，ハイハイで養育者の後を追いかけたり，養育者の姿が見えない場合はその姿を探す，といった行動を行うようになる。また，同時に，養育者を安全基地として周囲を探索するようにもなる。安全基地とは，探索活動の際に生じた不安や恐怖といった不快感情を，なだめたり励ましてくれることで低減してくれる，心の拠り所としての存在のことを指す。安全基地があることで，子どもは，安心して外の世界に関わっていくことができ，心身の発達が促されることとなる。そして，最終的には，認知能力の発達により，養育者の行動の意図や感情状態を洞察できるようになり，養育者の意図に合わせて自分の行動を柔軟に変えられるようになる。さらに，養育者の存在を心の中にイメージとして抱くことが可能となり，養育者の姿が見えなくても慌てなくなってくる。養育者は，必ず自分のそばに戻ってきてくれる，何かあったら助けてくれる，といったイメージに支えられるようになるのである。

(2) 愛着の個人差

　愛着行動は，一般的に，上記のような過程を経ながら変化していくが，そ

表11-2　ストレンジシチュエーション法の概略 (高橋, 1983：無藤ら, 1990)

エピソード	登場する人	時間	行　動　の　内　容
1	母(M)子(C) 実験者(E)	30秒	E は, M, C を実験室に案内し, C のスタートの位置を示して退室する。
2	M, C	3分	M, 自分の椅子にすわって本を見ている。C が要求したことには応じる。2分たっても遊ばなければ, 遊びにさそう。
3	M, C 見知らぬ女性 (S)	3分	S が入室し, 1分間は黙っている。つぎに, M と話し, 2分すぎたら C に近づいて, 玩具で「遊ぼう」とさそう。3分したら M が静かに退室する。
4	S, C	3分 (短縮)[a]	M との1回目の分離のエピソード。C が遊んでいれば, S は見守る。遊ばなければ, 遊びにさそい, 混乱したらなぐさめる。
5	M, C	3分 (延長)[b]	1回目の再会。C が遊びに戻れるように M は助ける。3分 (あるいはそれ以上) たっておちついたら「バイバイ」と去る。
6	C	3分 (短縮)[a]	M との2回目の分離のエピソード。
7	S, C	3分 (短縮)[a]	2回目の分離のつづきのエピソード。S が入室。C が遊べば見守る。C が混乱していたらなぐさめる。
8	M, C	3分	M との2回目の再会。入口で名を呼び, 「おいで」と呼びかけ, C の反応を見て入る。交代に S が退室。M は C をなぐさめ, 遊べれば遊ぶ。

(注)　a：子どもがひどく混乱したら, 短縮する。
　　　 b：子どもが遊びに熱中するまで延長する。

の様相には個人差があることも知られており, エインズワースら (Ainsworth et al., 1978) のストレンジシチュエーション法によって測定される。ストレンジシチュエーション法とは, 表11-2に示したように, 見知らぬ人との接触や母親との分離, 再会を含む一連の状況下で, 子どもがどのような愛着行動を示すのかといったことから子どもの愛着タイプを確かめていく方法である。その結果, 子どもの愛着タイプは, A, B, C の3タイプに分けられる。A タイプ (回避型) は, 母親が部屋を出て行くときも混乱したり抵抗するといった様子を示さず, 再開場面では母親を無視したり回避するといった行動を示すタイプである。B タイプ (安定型) は, 母親が部屋を出て行くと落ち着きを欠いたり泣き出しそうになるが, パニックに陥るほどではなく, 再会場面では積極的に母親に身体的接触を求めるといった行動を示すタイプである。また, C タイプ (アンビバレント型) は, 母親が部屋を出て行くときには激しく泣き, 母親と

離れることに抵抗し，再会場面では母親に接触を求めるが，母親にだっこされても落ちつくことはなく，母親をたたいたりするといった行動を示すタイプである。後に，これらのタイプに分けられない，顔を背けながら母親に近づくといった，母親に対する接近と回避を同時に示す D タイプ（無秩序型）の子どもの存在も明らかとなっている（Main & Solomon, 1990）。

　これらの愛着タイプに見られる行動の違いは，養育者がどのような養育行動をとっていたのかに由来する（Ainsworth et al., 1978）。たとえば，A タイプ（回避型）の子どもの養育者は，子どもからの働きかけには全体的に拒否的な対応をとり，子どもの愛着行動に対して適切に応答することは少ない。また，不安や恐怖のようなネガティブな情動表出，それによる接近・接触行動を嫌う傾向にある。こういった養育行動を行う養育者のもとでは，子どもの示した愛着行動は，養育者に適切に受け止められることは少ない。この場合，子どもは，愛着行動をあまり示さない方が，自分と養育者との距離を一定範囲内にとどめておける。つまり，愛着タイプの違いは，子どもが，自分が生きていく可能性を高めるため，親の養育スタイルなどの環境の諸条件に応じて戦略的にとった適応的ストラテジーの違いとして捉えることができる。なお，B タイプの子どもの養育者は，子どもの愛着行動に対する適切な対応を一貫的にし，C タイプの子どもの養育者は，子どもの愛着行動に対して一貫性のない対応をすることが多い，といった特徴を持っている。さらに，D タイプの子どもの養育者は，精神的に不安定で，子どもに対して虐待に近い対応をすることが多い（Zeanah et al., 1997）。D タイプ以外の子どもは，対人関係のあり方がそれぞれ異なるだけであるが，D タイプの子どもは，安全基地であるはずの養育者が自分に危害を加えることになるため，常に高い不安状態にさらされることとなり，後の発達におけるリスクが高くなってしまう（Main, 1996）。

　また，養育者との愛着形成に関するストラテジーは"内的ワーキングモデル"となり，養育者のみならず，人全般に対してどのようなコミュニケーションをとるのかの指針となる（Bowlby, 1969）。内的ワーキングモデルとは，養育者との相互的なやりとりを通して形成される，心の中の自分や他者に対するイメージであり，具体的には，自分は愛される価値があるのか，他者は自分を受け入れてくれるのか，といったことに関するイメージである。たとえ

ば，愛着タイプが A タイプである青年は，自分を他者が受け入れてくれるの
かに関して懐疑的であり，相手をあまり受け入れないといった恋愛をしやすい
(Hazan & Shaver, 1987)。

■ 章末問題

1. 以下の文章の空欄に適切な語句を入れよ。

(1) 遺伝的要因の方が発達に強く影響を及ぼすという成熟優位説では，学習を可能，または効果的にするための神経系の成熟といった（　①　）が重視される。

(2) 遺伝的要因，環境的要因の双方が発達に相互作用的に影響を及ぼしあっているという考えにおけるジェンセンの説は（　②　）と言われる。

(3) 発達には個人を超えて共通して見られる一般的傾向があり，そのうちの一つに，人の発達は一定の順序に従って起こるといった（　③　）がある。

(4) （　④　）とは，個人が社会的に期待されている健全な発達を遂げるために，乳幼児期から高齢期までの各時期に達成しておく必要がある課題を指す。

(5) ピアジェの発達理論では，個体が持っている一般的な認知の枠組み，あるいは行動様式である（　⑤　）の変化の観点から人の認知発達を捉えている。

(6) これまでは行為すること自体を楽しんでいた乳児は，8 ヶ月を過ぎたころから，（　⑥　）が可能となり，行為を意図的に手段として用いるようになる。

(7) 前操作期の幼児は，（　⑦　）という特徴を持っており，自分とは異なる視点に立って外界を捉えることがうまくできない。

(8) スキンシップを通して作り出された幼児と養育者との間の情緒的な絆のことを（　⑧　）と言う。

(9) 運動機能の発達に伴って移動が可能になると，幼児は，養育者を（　⑨　）として周囲を探索するようになる。

(10) 養育者との相互的なやりとりを通して形成される，心の中の自分や他者に対するイメージのことを（　⑩　）と言う。

2. 以下の問に答えよ。

(1) 発達の原理を踏まえ，発達段階を設ける意味を説明せよ。
　　（キーワード：発達の連続性，発達の順序性，発達課題）

(2) 養育者と乳児とが密接に関わり，愛着を形成していくことが，健全な発達においてなぜ重要なのかについて説明せよ。
　　（キーワード：マターナルディプリベーション，安全基地，内的ワーキングモデル）

引用文献

Ainsworth, M., Blehar, M., Waters, E., & Wall, S.（1978）. *Patterns of attachment*. Hillsdale, NJ: Lawrence Erlbaum and Associates.

新井邦二郎（編）（2000）. 図でわかる学習と発達の心理学　福村出版

Bowlby, J.（1951）. *Maternal care and mental health*. World Health Organization Monograph.

Bowlby, J.（1969）. *Attachment and loss*, Vol. 1: *Attachment*. New York: Basic Books.

Galton, F.（1869）. *Hereditary genius*. London: Macmillan and Co.

Gesell, A., & Thompson, H.（1929）. Learning and growth in identical infant twins: An experimental study by the method of co-twin control. *Genetic Psychology Monographs*, **6**, 1-124.

Harlow, H. F.（1958）. The nature of love. *American Psychologist*, **13**, 673-685.

Havighurst, R. J.（1953）. *Human development and education*. New York: Longmans.

Havighurst, R. J.（1972）. *Developmental tasks and education*. New York: Mckay Campaney.

Hazan, C., & Shaver, P.（1987）. Romantic love conceptualized as an attachment process. *Journal of Personality and Social Psychology*, **52**, 511-524.

Inhelder, B., & Piaget, J.（1958）. *The growth of logical thinking from childhood to adolescence*. New York: Basic Books.

Inhelder, B., & Piaget, J.（1969）. *The early growth of logic in the child*. New York: Norton.

Jensen, A. R.（1968）. Social class, race, and genetics: Implications for education. *American Educational Research Journal*, **5**, 1-42.

Main, M.（1996）. Introduction to the special section on attachment and psychopathology: 2. Overview of the field of attachment. *Journal of Consulting and Clinical Psychology*, **64**, 237-243.

Main, M., & Solomon, J.（1990）. Procedures for identifying disorganized/disoriented infants during the Ainsworth Strange Situation. In M. Greenberg, D. Cicchetti, & M. Cummings （Eds.）, *Attachment in the preschool years*, （pp. 121-160）. Chicago, IL: University of Chicago Press.

永江誠司（編）（2013）. キーワード教育心理学—学びと育ちの理解から教員採用試験対策まで　北大路書房

無藤　隆・高橋恵子・田島信元（編）（1990）. 発達心理学入門 I　乳児・幼児・児童　東京大学出版会

Pavlov, I.（1927）. *Conditioned reflexes: An investigation of the physiological activity of the cerebral cortex*. London: Oxford University Press.

Piaget, J.（1936）. *La naissance de l'intelligence chez l'enfant*. Paris: Delachaux et Niestlé.（谷村覚・浜田寿美男（訳）（1978）. 知能の誕生　ミネルヴァ書房）

Piaget, J., & Iuhelder. B.（1948）. *La représentation de l'espace chez i'nfant*. Paris: Presses Universitaires de France.

Piaget, J., & Inhelder, B.（1956）. *The child's conception of space*. London: Routledge & Kegan Paul.

Piaget, J., & Inhelder, B.（1966）. *La psychologie de l'enfant*. Paris: Presses Universitaires de France.（波多野完治・須賀哲夫・周郷　博（訳）（1969）. 新しい児童心理学　白水社）

Piaget, J., & Inhelder, B.（1969）. *The psychology of the child*. New York: Basic Books.

Piaget, J., & Szeminska, A.（1941）. *La genèse du nombre chez l'enfant*. Neuchâtel: Delachaux & Niestlé.（遠山　啓・銀林　浩・滝沢武久（訳）（1962）. 数の発達心理学　国土社）

高木正孝（1950）．遺伝と環境—心的遺伝の方法論的考察—，脳研究，8, 78-93.

高橋恵子（1983）．対人関係　三宅和夫・村井潤一・波多野誼余夫・高橋恵子（編）　波多野・依田児童心理学ハンドブック（pp.607-639）　金子書房

Watson, J. B.（1924）．*Behaviorism*. New York: People's Institute.

山内光哉（編）（1998）．発達心理学　上　［第2版］　ナカニシヤ出版

Zeanah, C. H., Boris, N. W., & Scheeringa, M. S.（1997）．Psychopathology in infancy. *Journal of Child and Adolescent Psychology*, 38, 81-99.

12 生涯発達とライフサイクル

1. 生涯発達とは

(1) 心理学の観点から見る生涯発達

　第11章では，主に幼児から学童期ごろまで人の心と体がどのように発達していくのかを見てきた。さらに，成長して死ぬまでの発達の捉え方について，やまだ（1995）は6つのモデルを提示している（図12-1）。生涯を通した発達について考える上では，人格の変化に影響を与えるものとして，生まれてから子ども時代を過ごし，成長して青年，成人となり，そして老化していくという身体的な変化，そして，そうした身体的な変化に伴って，親に育てられる子どもから，社会のルールを学んで成人となり，次の世代を生み育てていく，といった社会的な立場や役割の変化という側面があると考えられる。

　この図にまとめられているように，生涯を通した発達には「A 成長」や「B 熟達」のような一方向的な考え方もあれば，成長ではなく過程そのものを重要視する「E 過程」や，回帰していくものとして考える「F 円環」のような考え方もあるということがわかる。また，河合（1989）は，ギリシャやインド，中国など例を挙げて世界中のさまざまな時代や地域における人生観をまとめているが，文化のあり方や宗教的な考え方もまた人の生涯発達をどのように捉えるかに大きく影響を与えていると考えられる。その中で私たちは自分の人生をどう考え，どのように生きていったらよいのだろうか。

　現代の心理学的な研究の中で，生涯発達の考えの基礎を作ったのが「C 成熟」の例として挙げられているエリック・エリクソン（Erikson, E. H.）というアメリカの精神分析家の考えである。そこで，ここでも彼の唱えたライフサイクルという考え方を一つの軸として生涯発達について見ていきたいと思う。

モデル名	イメージ	価値	モデルの特徴	発達の ゴール	重要な 次元	おもな 理論家
A 成長	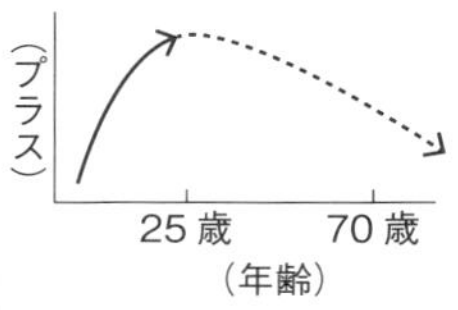 （プラス） 25歳　70歳 （年齢）	考える	子どもからおとなになるまでの獲得，成長を考える。成人発達の可塑性を考えない	おとな 均衡化 獲得	身体 知能 行動	ピアジェ フロイト ウェルナー ワロン
B 熟達	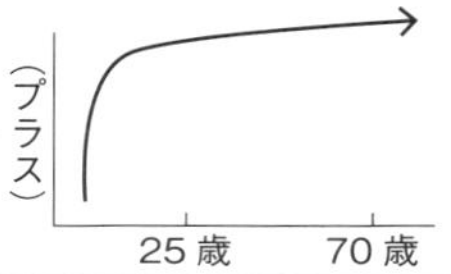 （プラス） 25歳　70歳	考える	以前の機能が基礎になり，生涯通して発達しつづける安定性と一貫性を重視する	熟達 安定	有能さ 力 内的作業 モデル	バルテス ボウルビィ
C 成熟	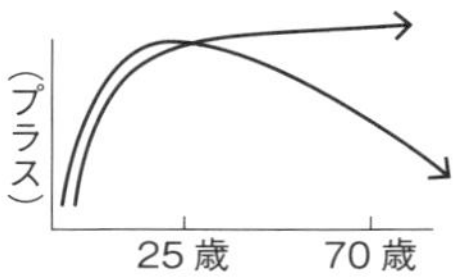 （プラス） 25歳　70歳	考える	複数の機能を同時に考える。ある機能を喪失し，別の機能が成熟すると考える	成熟 知恵 統合	有能さ 徳	バルテス エリクソン レヴィンソン
D 両行	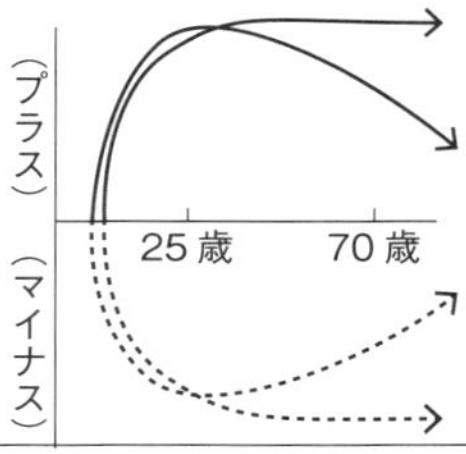 （プラス）（マイナス） 25歳　70歳	考える	複数の機能を同時に考える。ある観点からみるとプラスであり別の観点からみるとマイナスとみなす	特定できない ｛個性化 両性具有｝	両価値 変化プロセス 意味	（ユング）
E 過程	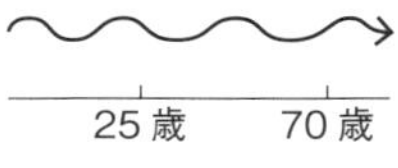 〜〜〜〜〜＞ 25歳　70歳	考えない	人生行路（コース）や役割や経歴（キャリア）の年齢や出来事による変化過程を考える	考えない	エイジング 社会的役割 人生イベント	ハヴィガースト エルダー
F 円環	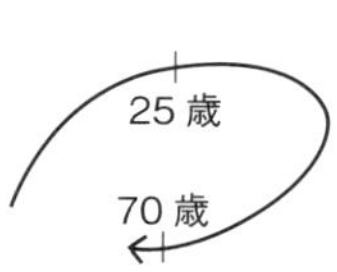 25歳 70歳	考えない	回帰や折り返しを考える。もとへもどる，帰還による完成	「無」にもどる 完成	意味 回帰	

図 12-1　生涯発達の 6 つのモデル（やまだ，1995）

	1	2	3	4	5	6	7	8
老年期 Ⅷ								統合 対 絶望，嫌悪
成人期 Ⅶ							生殖性 対 停滞	
前成人期 Ⅵ						親密性 対 孤立		
青年期 Ⅴ					アイデンティティ 対 アイデンティティ の拡散			
学童期 Ⅳ				勤勉性 対 劣等感				
遊戯期 Ⅲ			自主的 対 罪悪感					
幼児期初期 Ⅱ		自律性 対 恥，疑惑						
乳児期 Ⅰ	基本的信頼 対 基本的不信							

図 12-2　ライフサイクルの全体像（Erikson, 1997 を改変）

(2) ライフサイクルとエリクソン

　ライフサイクルという言葉を提唱したエリクソンは 1902 年にドイツでデンマーク系ドイツ人医師の子として生まれ，ウィーンでアンナ・フロイト（Freud, A.）などに精神分析を学んだ精神分析学者である。その後 1933 年にアメリカに渡り，非医師の精神分析家として臨床活動や後進の教育に務めた。

　エリクソンの考えるライフサイクルの特徴は，各世代における発達課題を考えたこと，そして他の発達段階との相互の影響について述べたことである。たとえば年齢的な成長としては 4 番目の学童期の発達段階にあっても，学童期の発達課題だけではなく，それまでの 1 ～ 3 の発達段階での発達課題がどうなっているかの影響があるほか，すでに次の青年期の発達課題の萌芽が出てきていると考えるということである。そこから幼少期のテーマが解決されずに残って

いる場合でも，後から修正していく可能性も生まれてくると考えられるだろう。

　また，エリクソンがライフサイクルという考え方の中で強調したのは，それが一人の人間の“成長”，“発達”だけではなく，“老い”や“死”を含んだものであるということ，さらに一個の個人の人生としてだけではなく，前の世代や次の世代との関係の中で，ある種の“サイクル（循環）”を描くものであるという点である。エリクソン（1959）は，子どもは社会の中で，さまざまなライフサイクルからなる共同体の中で暮らしており，その子がこれらの多数のライフサイクルに依存しているのと同じように，それぞれのライフサイクルはこの子どもに依存していると述べている。つまり，親によって子どもが育てられるのと同様に，親は子どもの存在によって，社会の中で親としての役割を与えられると考えられるだろう。

　エリクソンはライフサイクルについて8つの段階に分けて捉え，各発達段階にそれぞれ対立する命題があると言う。すでに学童期までの発達は前章で見ているので，ここからは，青年期以降の発達課題について見ていきたいと思う。

2.　青 年 期

(1)　青年期：アイデンティティ 対 アイデンティティの拡散

　青年期は4つ目の発達段階であり，年齢でいうと中学生や高校生，大学生や若い社会人の人などがこの時期に当たる。その時期は身体が成人と同等に成長していくとともに，精神的にも次第に大人になり，社会的にも子どもから大人の役割が求められるようになるという変化のある時期だと言えるだろう。そのため，自分自身が今後どのように生きていくのかという職業選択など，自分の生き方を考え，選ぶことが迫られてくる時期に当たることも多い。また，子どものころには親や教師によって与えられることが多かった社会的な役割や考え方を，自分自身で作っていかなくてはならない時期でもあると言えるだろう。そうした，自分がどのような存在なのか，どのように生きていくのかといった一貫した自分らしさの感覚のことをエリクソンはアイデンティティという言葉で表現した。

　この時期は，身体的な変化として，第二次性徴が現れる時期でもあり，男性

的な身体や女性的な身体などのような変化が現れ，またそれぞれの性に応じた
性役割を求められることが増える時期でもある。一方で，そうした変化に対す
る戸惑いが見られることもある（新井ら，2008 など）。それだけでなく，それ
までの価値観から大きな転換が起こるために，一時的に一見すると精神病のよ
うな思春期危機と呼ばれる精神的に不安定な時期が生じることがあることが指
摘されている（Kretschmer, 1949；松田，2000 など）。

　“自分はどんな存在なのか”といったアイデンティティが十分に確立できず，
自分が何者なのかわからない状態となることを，エリクソンはアイデンティ
ティの拡散という言葉で説明した。それは，どう生きていったらいいかわから
ない，自分に自信が持てない，といった混乱や不安に襲われる体験につなが
り，役割から逃げたり引きこもりのような状態になることもあるという。

(2) アイデンティティと職業選択

　現代の青年期においてもっとも大切になっていることの一つが職業選択だと
言えるだろう。エリクソン（1959）は青年期の特徴について“モラトリアム”
という言葉で述べているが，モラトリアムとは，もともとは支払い猶予期間の
ことを指している言葉である。つまり，支払いなどの責任を全うしなければな
らないのを猶予してもらっている時期ということである。図 12-3 に見えるよ
うに，多くの人は仕事を選ぶ上でも“どのような仕事をして生きていくのか”
という仕事の内容を第一に考えている人が多いことがわかるが，高校，専門学
校，大学などの時期を，職業選択をする前の段階で“自分は社会の中でどのよ
うに生きていくのか”，“自分はどのような存在なのだろうか”ということを考
える猶予期間として考えることができるという。言い換えると，その期間の間
に，自分が興味の持てることや職業，生き方について考えることが求められる
時期だと言える。

(3) アイデンティティのこれから

　ただ，現代は明確なアイデンティティを持って生きることが難しくなってい
るとも言われている（百合草，2007 など）。それは，速いテンポで社会的な価
値観が変化していき，生き方についての価値観も多様化していく中で，自分

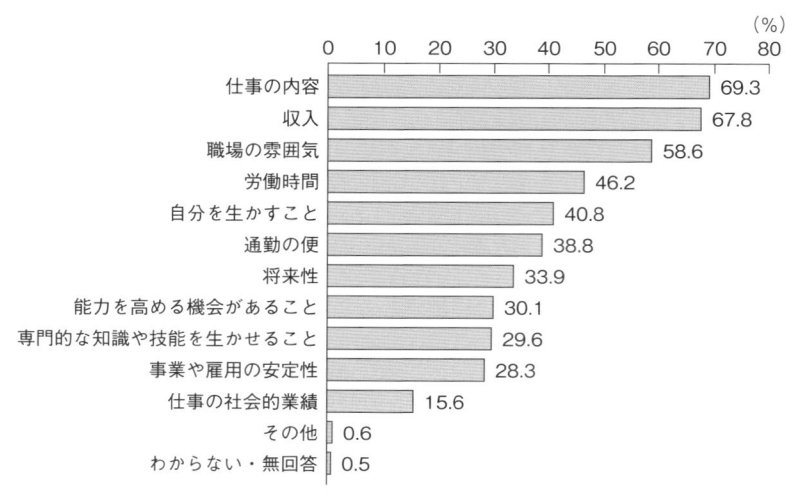

図 12-3　職業選択をする上で重視する点（内閣府，2012）

が社会の中でどのような役割を担っていくのかが曖昧になりやすいからだと考えられる。また，そういった変化していく社会の中で，年齢を経るにつれて社会的な立ち位置も変化していく点も重要になると考えられる。それは，子どもから大人になるにつれて，それまでできなかったことができるようになる一方で，社会的な権利や役割，責任が増大するためである。そのため，成人期や老年期になるにつれて，社会的な役割にも変化が訪れ，その都度アイデンティティは繰り返し問い直されることになると考えられる。

3.　前成人期

(1)　前成人期：親密性 対 孤立

　前成人期とは，およそ 20 代から 30 代ごろに当たる時期を指している。この時期は自分自身の選択した生き方に従って，企業や家庭，地域のような社会の中で中心的な存在としての働きが求められるようになる時期だと言えるだろう。
　この時期に現れる命題としてエリクソンが挙げるのが親密性である。つまり，友人や恋人，家族と親密な関係を作り，それを維持していくということが

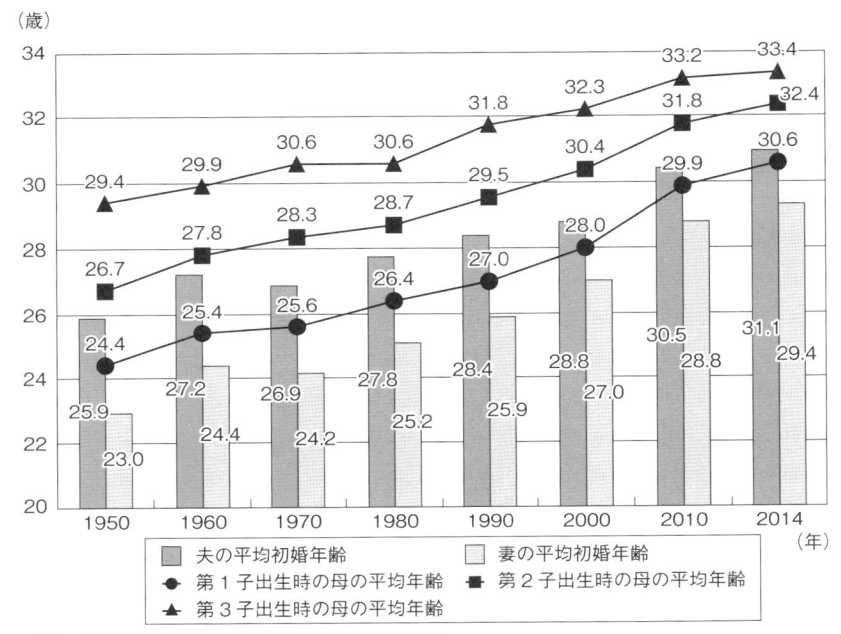

資料：厚生労働省大臣官房統計情報部「人口動態統計」
（注）　2010 年までは確定数，2014 年は概数

図 12-4　初婚年齢と出産年齢の推移 （厚生労働省，2015）

重要になるという。エリクソン（1959）は前成人期について，青年期にある程度のアイデンティティが確立できているとき，「自分自身についてより確実な感覚を持てば持つほどそれだけ友情や闘争，リーダー・シップ，愛，直感などの形での親密さを求めるようになる」と述べている。つまり，自分自身が何者であるかという同一性を持つことができるようになると，そうした自分らしさの感覚を基礎にして同性・異性の間で友人，そして家族のような親密な関係を持つことができるようになるというのだ。一方で，同様に大切になるとされているのが排他性だという。つまり，自分の存在にとって危険・有害になるものについてそれを避け，拒否するということである。そうすることによって，自分自身の存在をきちんと保つことができるようになると考えられるためである。

　人と親しくなるということ，親密な関係を持つということは怖いことでもあるだろう。親しくなり，自分の弱い部分なども含めて相手に出すと，その信頼

が何らかの形で裏切られたとき，表面的な付き合い以上に傷つくことになるからだ。それならば，初めから親密な付き合いは避けようということを考えることもまた，当たり前のことなのかもしれない。しかし，そうすると孤立がやってくることになる。

　エリクソン（1959）は親密さを求めることの失敗として，他者と親密な関係を作り上げることができない場合，前成人期になって，社会の中で自発性や温かさや本当の友情の交換を欠いた人間関係しか見いだせないことになる，と述べる。つまり，他者との間で信頼しあい支えあうような関係を作ることができず孤立してしまうという。それは，次の成人期に現れる命題である生殖性と停滞の問題にもつながってくるだろう。

(2) 親になるということ

　図 12-4 を見ると，昔に比べると遅くなってきているものの平均すると母親が 30 歳前後に第 1 子を出産することが多いとされている。この時期に他者と親密な関係を作るということは，家族を作り，子どもの親になっていくことにもつながっていると言えるだろう。親になるということは，個人の人生の中で大きな出来事であるだけではなく，社会的な責任を伴うものでもある。子どもの心身の健康な発達を支えること，子どもの教育をすることなど子どもに関わることの多くは両親に責任が求められることが多くなる（岡崎，2017）。つまり，親になるということは，自分にとって子どもができる，子どもにとって親になる，というだけではなく，社会の中で親役割を果たすことが求められるようになるとも考えられる。

4. 成 人 期

(1) 成人期：生殖性 対 停滞

　成人期とは青年期の後にやってくるおよそ 30 代ごろから 60 代ごろの時期で，主に職業人や家庭人として社会の中心的な役割を担い，後進の指導にもあたる時期のことを指している。成人期は，人の一生を 1 日でたとえたときに思春期や青年期が午前だとするならば，午後の時間に入ってくるころだと言える。知識や経

験を身につけることによって，精神的な面では思春期や青年期に比べても精力的に力を発揮できる一方で，身体的には，思春期や青年期に比べると少し衰えが見られ，生活習慣病や更年期障害などが見られることが増える時期でもある。

　また，成人期の心理的な特徴として，人生の先が見えるようになってくる時期だという点も特徴的である。自分自身の能力や可能性もある程度わかり，その後に続く老年期に向けて，自分がどのように生きてきたのか，そして今度どのように生きていくのか，という過去と未来との両面に意識が向けられる時期になると言える。

　この時期の発達上の課題としてエリクソンが挙げるのは生殖性，つまり子どもをもうけて，あるいは部下や後輩を持つことによって次代へと生活，仕事を引き継いでいくということだという。それまでは，自分が子どもや部下として育てられる側，あるいは指導される側だったところから，逆に子どもを育て，部下や後輩などを指導していく立場になり，社会全体を前進させていく事ができるようになると考えられる。エリクソン（1959）が生殖性について，「主として次の世代を確立し，導くことへの関心のことである」と述べるように，自分の成長や発達だけではなく，時には自分のことよりも優先して次の世代の成長を考えるということを指しているという。

　一方で，自分のことにばかり集中して，次の世代を育てていくことに対して関心を持てない状態のことをエリクソンは停滞という言葉で表現し，生殖性が発達しない人物は，後進や社会全体の成長に目がいかずに自分自身を子どものように甘やかし始めることがある，という。エリクソン（1959）が強調するのは実際に子どもがいるというだけでは生殖性を達成しているとは言えないという点である。つまり，子どもがいても自分のことばかりに関心が向いてしまい，自分本位な考えにとどまってしまうような態度を取るのではなく，次の世代に社会を引き継いでいくことに関心を向けることが重要だというのだ。

　また，成人期について河合（1993）は「中年期の危機」というアイデンティティの問い直しが起こる時期だという。社会の中での役割が変わり，それまでとは異なる新たな生き方を模索する時期ともなるために，それまでの発達段階でアイデンティティの問題など未解決になっている課題が再燃する時期でもあるとされている。

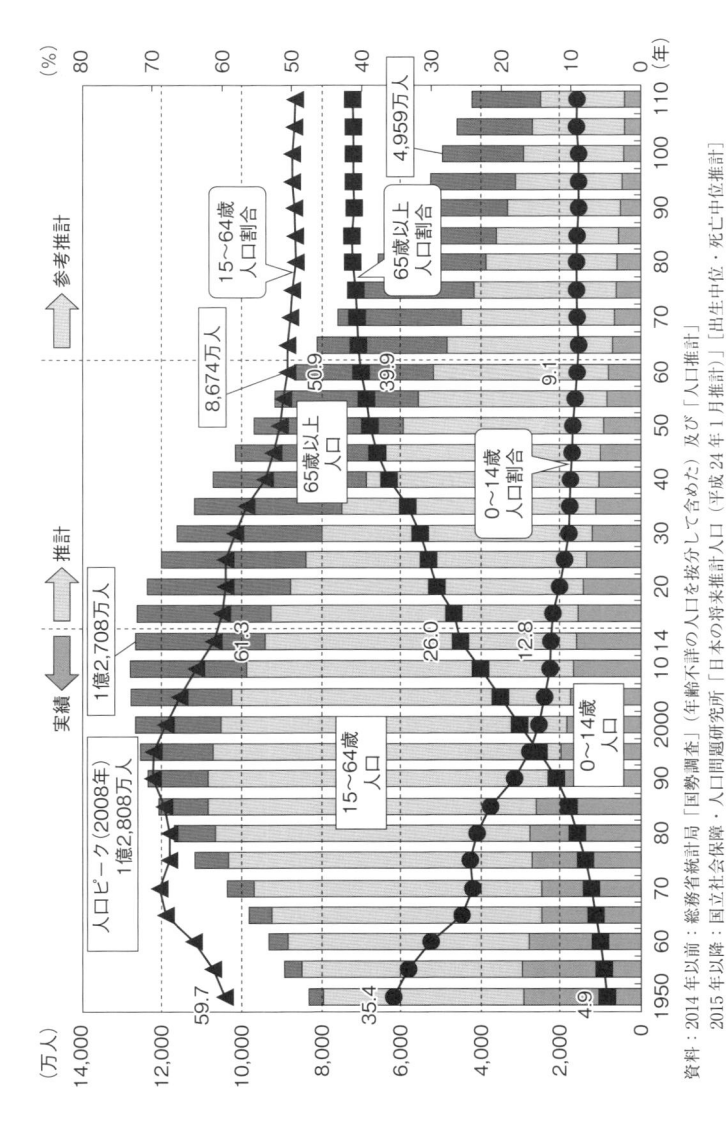

資料：2014 年以前：総務省統計局「国勢調査」（年齢不詳の人口を按分して含めた）及び「人口推計」
　　　2015 年以降：国立社会保障・人口問題研究所「日本の将来推計人口」（平成 24 年 1 月推計）［出生中位・死亡中位推計］
（注）1970 年までは沖縄県を含まない。

図 12-5　人口割合の変化（厚生労働省，2015）

（2）これからの成人期と他の世代との関わり

　これからの成人期の役割について，図 12-5 に見えるように，老年期の人口の割合が高い状態が続くことを考えると，これまで言われてきたような下の世代に対して支えになること以外にも，社会における中心的な役割を担う存在として上の世代，つまり老年期の人の支えになるということも重要になるのではないだろうか。

　エリクソンの言う生殖性という言葉が，主に下の世代に対する関わりについて述べているように，多くの高齢者を支えるということはこれまでの文化・社会の中ではあまり考えられてこなかったことである。今後の社会の中で，成人期だけではなく青年期や前成人期共通の課題として上の世代との関わりもまたライフサイクルの中の重要な要素として考えていくことが必要になってくるだろう。

5．老 年 期

（1）老年期：統合 対 絶望

　図 12-6 に示されているように，これまでの社会に比べて，現代はこれまでに比べて老年期が長くなっている点が特徴的だと言える。医学の進化や公衆衛生の広がりなどによって平均寿命が延び，高齢者でも健康に生活されている方も多くなる中で，長くなった老年期をどのように生きるのが良いかなど，高齢者に対する考え方も変わっていくと考えられる。

　エリクソン（1959）は老年期における支配的な命題は統合だとしている。つまり，それまでの人生で物や人を世話し，子どもなど下の世代を育て，さらに物や思想を作り上げてそれゆえに味わう勝利や失望に自らを順応させた人が，自分の人生全体を通した統合を達成することができるという。これは，自分自身のただ一つのライフサイクルを受け容れることであり，自分の人生は自分自身の責任だという事実を受け入れることを指しているとエリクソンが言うように，自分にしか生きることのできない存在として，自分の人生の全体を受容して生きるということだと言えるだろう。そして，自分の人生自体を人のせいにするのではなく，良いと感じるもの，そうでないものも含めて自分の責任として受け入れるということによって統合の感覚が得られるという。

子供の数は減少する一方，平均寿命の延伸により夫の引退からの期間も長くなった。

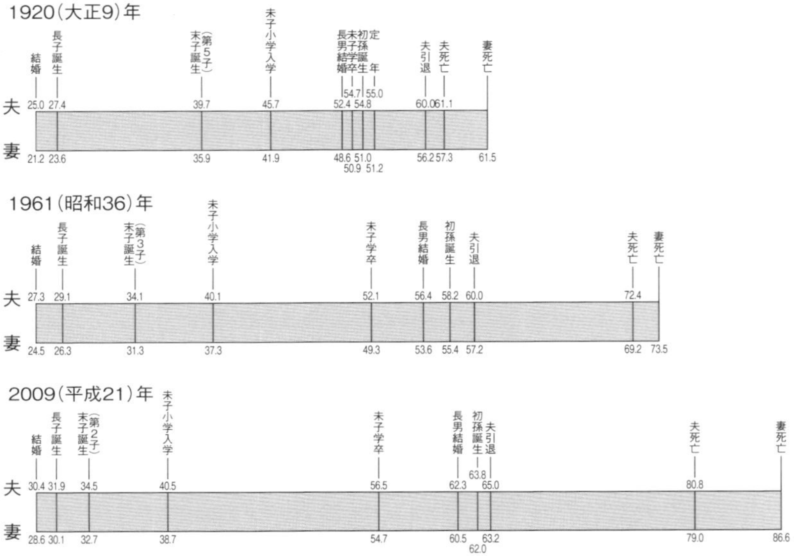

1920（大正9）年

	結婚	長子誕生	末子（第5子）誕生	末子小学入学	長男未孫結婚学卒生年	初婚定年	夫引退	夫死亡	妻死亡
夫	25.0 27.4		39.7	45.7	52.4 54.8	54.7 55.0	60.0 61.1		
妻	21.2 23.6		35.9	41.9	48.6 51.0 / 50.9 51.2		56.2 57.3	61.5	

1961（昭和36）年

	結婚	長子誕生	末子（第3子）誕生	末子小学入学	末子学卒	長男結婚	初孫誕生	夫引退	夫死亡	妻死亡
夫	27.3	29.1	34.1	40.1	52.1	56.4	58.2	60.0	72.4	
妻	24.5	26.3	31.3	37.3	49.3	53.6 55.4	57.2		69.2 73.5	

2009（平成21）年

	結婚	長子誕生	末子（第2子）誕生	末子小学入学	末子学卒	長男結婚	初孫誕生	夫引退	夫死亡	妻死亡
夫	30.4 31.9		34.5	40.5	56.5	62.3	63.8 65.0		80.8	
妻	28.6 30.1		32.7	38.7	54.7	60.5	63.2 62.0		79.0	86.6

資料：1920 年は厚生省「昭和 59 年厚生白書」，1961 年，2009 年は厚生労働省大臣官房統計情報部「人口
　　　動態統計」等より厚生労働省政策統括官付政策評価官室において作成。
（注）　価値観の多様化により，人生の選択肢も多くなってきており，統計でみた平均的なライフスタイル
　　　に合致しない場合が多くなっていることに留意する必要がある。

図 12-6　統計にみる平均的なライフサイクル（厚生労働省，2012）

　一方で，老年期に入るということは自分の上の世代のみならず友人や家族な
どを亡くし，自身の死にも向き合うことが増えてくることも意味している。大
切な人を喪っていくということは単に物をなくすこととは異なっている。それ
は，人にとって他者という存在が，自分自身の存在をつくる上でとても大切だ
からである。また，自分自身の死が近づいてくるということを感じるというこ
とは，自分自身の可能性を喪うように感じることも意味しているだろう。

　そこで，エリクソンは老年期の課題として，こうした自我の完全性の欠如や
喪失によってもたらされるものとして絶望や無意識的な死の恐怖が現れると言
う。それは，「一回のライフサイクルを人生の究極的なものとして受容できな
いということ」（エリクソン，1959）であり，他の道を試してみるには時間が
足りない，という感覚として現れるという。そうした，それまでの人生を受け

容れることができず，だからと言ってそれ以外の生き方をすることができないという状態になった際に感じられる絶望は，他者に対する嫌悪感や特定の人に対する軽蔑，不快感などの中に隠されていたりするという。

　実際，老年期になると，身体が衰えてくることなどによって，気分が落ち込んでくることがあることが報告されている（粟田，2000など）。特に，病気になっていたりすると，気分がふさぎ込み抑うつ状態になったり妄想が現れたりしやすいことが指摘される。これは，認知症などが見られなくとも，"嫌がらせをされる"，"他人から攻撃される"，"ものを盗まれる"といった被害感による訴えが多く，入谷・池田（2010）はその特徴として，何らかのきっかけがある，身体的疼痛／不快感／違和感が初発症状，妄想対象は隣人が多いなどを挙げている。

（2）老年期のこれから

　医療や公衆衛生の発展に伴い，今後も老年期が長い状態が維持されると考えられる（図12-6）。その中で，ただそれまでの人生を振り返るばかりではなく，新たなアイデンティティを持って生きていくことなども考えていくことが重要になるだろう。これほど長い老年期の期間がある人生は，これまでの社会や文化の中では見られなかったものでもある。そこで，これから私たち自身が新たな老年期のあり方を模索していくことが重要になるのではないだろうか。

■ **章末問題**

1. 以下の文章の空欄に適切な語句を入れよ。

(1) 青年期に達成される"自分は何者か"といった感覚のことをエリクソンは（　①　）と呼んだ。

(2) 老年期の発達課題は（　②　）対（　③　）とされている。

(3) 河合（1993）は，成人期に起きるという精神的に不安定になる状態のことを（　④　）と呼んだ。

(4) 青年期における職業などの決定を猶予されているあり方をエリクソンは（　⑤　）と呼んだ。

(5) 老年期には認知症でなくともうつや（　⑥　）が現れるリスクが指摘されている。

(6) 成人期に生殖性を達成できない状態は（　⑦　）と説明されている。

(7) 前成人期の発達課題は（　⑧　）対（　⑨　）とされる。

(8) 青年期におきる精神的に不安定になる状態のことを（　⑩　）と言う。

(9) 自分自身の性に違和を感じることを（　⑪　）と言う。

(10) 今後の成人期には下の世代だけでなく（　⑫　）との関わりが重要になると考えられる。

2. 以下の問に答えよ。

(1) ライフサイクルにおける成人期と他の発達段階のかかわりについて，以下のキーワードを使って説明しなさい。

　　（子ども，生殖性，老年期）

(2) 老年期に起こりやすいとされている問題について以下のキーワードを用いて説明しなさい。

　　（喪失，うつ，被害感）

引用文献

新井富士美・中塚幹也・佐々木愛子・安達美和・平松祐司（2008）．性同一性障害の思春期危機について　日本産科婦人科學會雑誌，**60**(2)，827.

粟田主一（2000）．老年期のうつ病と幻覚妄想病の治療とケア　日本老年医学会雑誌，**37**(11)，882-884.

Erikson, E. H.（1959）．*Identity and the life cycle*. New York: International Universities Press.（西平　直・中島由恵訳（2011）．アイデンティティとライフサイクル　誠信書房）

Erikson, E. H., & Erikson, J. M.（1997）．*The life cycle completed: A review*, Expanded edi.（村瀬孝雄・近藤邦夫（訳）（2001）．ライフサイクル，その完結〈増補版〉　みすず書房）

入谷修司・池田研二（2010）．老年期の幻覚妄想と認知症　老年期認知症研究会誌，**17**，125-127.

河合隼雄（1993）．中年クライシス　朝日新聞社

河合隼雄（1989）．生と死の接点　岩波書店

厚生労働省（2012）．平成 24 年版　厚生労働白書

厚生労働省（2015）．平成 27 年版　厚生労働白書

Kretschmer, E.（1949）．*Pschothrapeutische Studien*. Stuttgart: Thieme.（新海安彦（訳）（1958）．精神療法　岩崎書店

松田文雄（2000）．思春期患者の精神科医療　特集：思春期危機と精神科医療　日本精神病院協会雑誌　**19**(11)，41-46.

内閣府（2012）．平成 24 年版　子ども・若者白書

岡崎　勝（2017）．親であるということ，子どものいる家庭　こころの科学，**193**，16-22.

やまだようこ（1995）．生涯発達をとらえるモデル　無藤　隆・やまだようこ（編著）　講座　生涯発達心理学　第 1 巻　生涯発達心理学とは何か─理論と方法─（p.58）　金子書房

百合草禎二（2007）．アイデンティティ概念は，現代の若者の〈生の実感〉を伝えきれるのか？　心理科学，**28**(1)，85-95.

13

パーソナリティ

パーソナリティ（personality）という概念が，心理学の重要な概念として論じられるようになってきたのは，アメリカの心理学者であるオールポート（Allport，1937）の著作によるところが大きい。オールポートは，パーソナリティを，「個人の環境への適応を決定するような心理的身体的な諸々のシステムからなる，個人の中の力動的な組織である」と定義し，表面に現れている性格的な特徴からその人の基盤となる情緒的な性質を含むものとした。そして，このオールポートの定義づけからパーソナリティの概念は，さまざまな研究へと広がっていった。

パーソナリティの捉え方として，さまざまな観点があるが，本章では，図13-1 にあるように，類型論や特性論，そしてフロイトの深層心理学的理論や人間性心理学的アプローチの理論や考え方について見ていくこととする。

1. 類型論と特性論

パーソナリティをどのように捉えていくかを考える際に，類型論（typology）

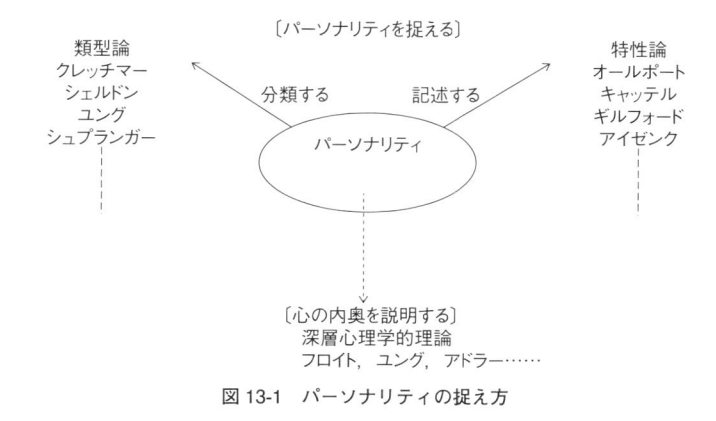

図 13-1　パーソナリティの捉え方

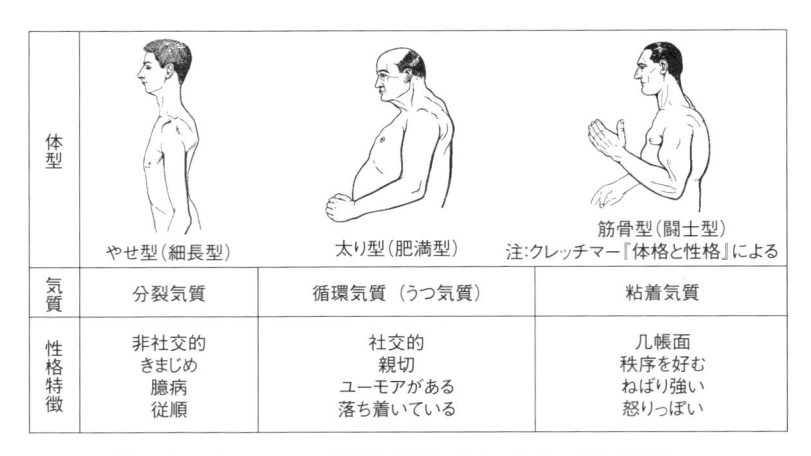

体型			
	やせ型（細長型）	太り型（肥満型）	筋骨型（闘士型） 注:クレッチマー『体格と性格』による
気質	分裂気質	循環気質（うつ気質）	粘着気質
性格特徴	非社交的 きまじめ 臆病 従順	社交的 親切 ユーモアがある 落ち着いている	几帳面 秩序を好む ねばり強い 怒りっぽい

図 13-2　クレッチマーの類型論（体型，気質，性格，特徴の関連）
（Kretschmer, 1955 をもとに作成）

と特性論（trait theory）という大きな2つの捉え方がある。まず，1つ目は，パーソナリティにはいくつかの典型があり，いずれかの型に分類して理解した上で記述していこうとする立場があり，このような立場の捉え方を類型論と言う。2つ目は，パーソナリティの基本的な特性を抽出し，特性の組み合わせや量的な度合によってパーソナリティを把握していこうとする立場で，このような立場の捉え方を特性論と言う。以下より，これらの考え方を見ていくこととする。

（1）類 型 論

1）クレッチマーの類型論

　クレッチマー（Kretschmer, 1955）は，臨床上の経験から，精神疾患の患者の病気と体格の関連があるという考えに基づき，彼らのパーソナリティを捉えるために気質的な特徴に注目し，分裂気質，循環気質（躁うつ気質），粘着気質という3つの分類を考え出した。クレッチマーは，このような精神疾患の患者の研究をベースに，精神疾患の患者の病気と体格との関連が，一般成人における体格と気質の関係にも広く適用できると考えた。それらをまとめたものが図 13-2 となる。このクレッチマーの学説は，類型と精神疾患とを結びつける

科学的根拠に疑問があり，近年のパーソナリティ研究ではほとんど使われることはなくなってきている。

2) シェルドンの類型論

　クレッチマーが，精神疾患の患者のパーソナリティ類型をもとに一般成人へと理論を広げていったのに対し，シェルドン（Sheldon, 1942）は，健常者である男子学生 4,000 人の身体計測と写真の観察から，体格を決定する 3 種類の基本的成分を見つけ出した。そして，学生の体格を内胚葉型，中胚葉型，外胚葉型の 3 つに分類し，どの部位が発達しているかを 3 つの成分をそれぞれ 7 段階得点で評価した。具体的には，7－1－1 は内胚葉型，1－1－7 は外胚葉型，4－4－4 はバランスの取れた体型というように体格が 3 次元の座標軸に位置するように評価される。また，パーソナリティについても内臓緊張型，身体緊張型，神経緊張型に分類し，体型とパーソナリティとの関連の検討を行った（表 13-1）。

(2) 特 性 論
1) オールポートの特性論

　オールポートとオドバード（Allport & Odbert, 1936）は，パーソナリティを表す言葉を辞書から 17,953 語を収集し，その中から，パーソナリティの特性を表す言葉が 4,504 語あることを見いだした。そして，そのパーソナリティ特性には，多くの人々の共通する共通特性（common trait）とその人にしか

表 13-1　シェルドンの類型論

身体	気質
内胚葉型 （消化器系の発達）	内臓緊張型（安楽，飲食を好む，社交的）
中胚葉型 （筋肉や骨の発達がよく，ガッチリと重量感がある）	身体緊張型（自己主張，精力的に活動する）
外胚葉型 （神経系統や感覚器官，皮膚組織が発達）	神経緊張型（他者の注意を引くことを避ける。過労で疲弊しやすい。非社交的）

該当しない独自特性（unique trait）があると考えた。

2）キャッテルの特性論

　キャッテル（Cattell, 1965）は，オールポートの研究をベースに，4,500 語の
パーソナリティ特性の言葉について語彙の整理を行い，同義語と思われるもの
をまとめ，160 語の特性語のリストを作成した。そこに，11 語の表面的なパー
ソナリティ特性を表す単語を加え，171 語の対となる単語を抽出し，それらを
整理分類した。そして，それらを最終的に 35 個の表面特性群として集約した。

　次に，208 名の成人男子を調査協力者として，グループごとに相互評定し
て，因子分析を行い，12 の因子を見出した。その後の研究調査で 16 の根源特
性（source trait：分裂的−情緒的，低知能−高知能，低自我−高自我，服従
的−支配的，退潮性−高潮性，弱超自我−強超自我，脅威への過敏−脅威への
抗性，現実主義−情緒過敏，内的弛緩−内的緊張，現実性−自閉性，無技巧−
狡猾，充足感−罪悪感，保守性−急進性，集団依存−自己充足，低統合−高
統合，低緊張−高緊張）を見いだし，これらを測定するための 16PF（Sixteen
Personality Factor Questionnaire）というパーソナリティ質問紙検査を作成し
た。

3）アイゼンクの特性論

　アイゼンク（Eysenck, 1967）の研究は，最初神経症的傾向と精神異常の区
別から始まった。モーズレイ病院の患者 819 人の男子に対して精神医学的質問
紙客観的動作テスト，身体的差異に関する測定を行った。そして，その因子分
析の結果を分析し，神経症と精神異常とは，別の次元に属することを明らかに
した。続いて 10,000 人の健常者と神経症の研究から内向性−外向性，神経症
傾向，精神病傾向という 3 つの変数を抽出した。彼は精神医学的診断や各種の
動作検査，身体的な違いなどに質問紙法を加えた 4 つの測定方法で得られた資
料をもとに，パーソナリティを 4 つの階層（特殊反応水準：日常生活におけ
る個別的な反応や行動，習慣的反応水準：日常生活のさまざまな状況において
繰り返し現れる反応や行動，特性水準：さまざまな習慣的反応が相互に関連を
持っているときにそのさまざまな反応の背後に想定される因子，類型水準：さ

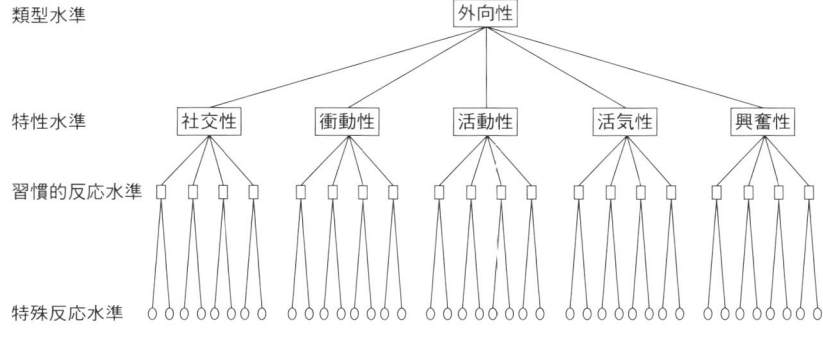

類型水準

特性水準

習慣的反応水準

特殊反応水準

図 13-3　アイゼンクのパーソナリティの階層構造（Eysenck, 1967）

まざまな特性が相互に関連を持っているときにそのさまざまな特性の奥に想定される因子）をなすものとした（図 13-3）。このように，因子分析のモデルに基づいて，それぞれの類型にいくつかの特性を配置するアイゼンクの考え方は，類型論と特性論を統合したものとも考えられる。

4）ビッグファイブ（特性 5 因子モデル）

　近年，さまざまな研究者によって抽出されたパーソナリティ特性を，統計的手法を使って整理，統合する試みがなされている。その結果，パーソナリティの特性は①神経症傾向（Neuroticism），②外向性（Extraversion），③開放性（Openness），④調和性（Agreeableness），⑤誠実性（Conscientiousness）の5種類にまとめられることがわかってきた。このような考え方のことをビッグファイブ（Big Five），もしくは，特性 5 因子モデル（Five Factor Model）と言う。

　上記に見てきたように，心理学では，パーソナリティの概念について考えるとき，一般的には，客観性を保つために，十分な科学的根拠が明示されることが必要となってくる。そこで，類型論や特性論は，科学的根拠を示すために，研究デザインを考え，調査や観察を通してデータを収集し，個別性から一般的な法則を見出そうとする手法を取ることとなる。そして，類型論や特性論のパーソナリティを理解する方向性は，必然的にエビデンス（evidence：データを得て，客観的に実証されたことを意味する）を示して，主に個人差を説明

するものとなっている。そのため，類型論や特性論のような分類的な手法や統計的な手法によってパーソナリティ概念を説明しようとする研究では，個人差は，程度の差として捉えられることとなる。そして，このような研究では，個人差として表れてくるパーソナリティの個別性に対して，丁寧な説明がなされることはまれで，方法論的にも，個別性の視点からパーソナリティを捉えていこうとする観点は切り捨てられてしまう。しかし，このような個別性の視点からパーソナリティを捉えていこうとすることが，心理学的に，有益ではないのかと言えば，そうではないと考えられる。そこで，個別性の観点からパーソナリティを記述し，説明しようと試みているフロイトの深層心理学的理論やロジャーズの自己理論などの概略を述べていくこととする。

2. 精神力動的アプローチのパーソナリティ理論

　フロイト（Freud, 1905, 1907, 1923）のパーソナリティ理論は，彼のヒステリーへの治療経験をもとに，人間の記憶やイメージを「意識」と「無意識」に分けて考えることから始まった。無意識に対しての言及は，フロイトの前の時代からもあり，フロイトと同時代を生きたジャネ（Janet, P.）やシャルコー（Charcot, J. M.）も無意識を心理学の概念として捉えつつあったが，実質的にはフロイトが無意識という概念を心理学の世界に導入したと言っても過言ではない。そこで，以下よりフロイトの心の領域の概念と心の構造論，防衛機制，パーソナリティの発達について詳しく見ていくこととする。

(1) 心の領域
　フロイトは，1910年代に自身の無意識に対する心理学の体系を作り上げ，パーソナリティ理論について考え始めた。彼は，この最初の時期に人間の心の領域を，意識，前意識，無意識という3つの層に分かれているものとして捉えることから始めた。
　①意識（consciousness）：自分に対して気づいている部分。自分が何をして，何を考えているのかを自身で気がついている層のこと。自身の意識的な思考や感情に相当する心の領域が意識とみなされる。

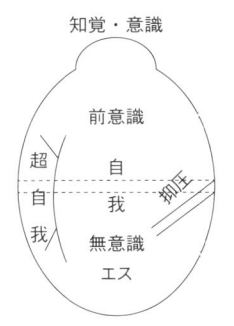

知覚・意識

前意識

超自我

自我

抑圧

無意識

エス

図 13-4　フロイトの心の構造 (Freud, 1932)

　②前意識（preconscious）：現在気づいてはいないが，そのことに注意を向けたり，思い出そうとしたりすると意識化することのできる心の層のこと。すぐに思い出せないが，意識すると思い出すことのできる考え，記憶，感情などは，この層に属していると考えられる。

　③無意識（unconscious）：どんなに意識しようと努力をしてみても抑圧されていて意識化することが難しい心の内容が存在する心の深層のこと。

(2) 心の構造論

　フロイトは，上記で述べた心の領域を区別するだけでは，心のことを十分に説明することができていないと考え，新しい心のシステムとして，心の構造論を考え出すこととなった（図 13-4 参照）。

　①エス（es）：パーソナリティのもっとも原始的な部分で，本能衝動の源泉である。その内容には，性欲とともに，基本的，生理的欲求も含まれる。エスは，心の苦痛を避けるため，快楽原理に従い，欲求や衝動の即時充足を求める動きをする。人間の心のあり様は，エスの快楽原則から始まり，外界や他者とのかかわりを積み重ねていくことで，自我の萌芽へとつながる。この一連の流れは，エスの一部が形を変え，自我を形成していく流れとして考えられている。

　②自我（ego）：自我は，外界の現実を知覚し，その上で，エスから生じる欲動が外界と矛盾をしないように超自我との関係を仲介し，防衛機制を使って現実的な行動を起こさせるように調整を行っている。そのため，自我の領域は，基本的に意識的な領域に属しているが，防衛機制を使って無意識的なはた

らきをすることもあるので，部分的には無意識に属している領域もある。また，現実を認知したり，物事を整理したりすることを通して，意識の主体性や統合性などを維持する心理的なプロセスの一貫性を保つ役割も担っている。

　③超自我（super-ego）：親や社会，文化など外部からの要請を，「〜しなければならない」，「〜してはならない」といった道徳的価値判断（両親のしつけ）を通して内在化させたことによってできた領域。機能としては，自我の働きを管理し，「道徳的な良心や罪悪感，自己観察，自我に理想を与えることなどの機能」（小此木，1989）などが含まれる。

(3)　防衛機制

　自分の置かれた現実を意識化しようとすると（超自我のはたらきで，）葛藤が生じる。すると心の状態は，不安や不快などを強く感じる状況に陥ってしまいそうになったり，実際にそうなってしまったりする。そこで，その不安や不快のもととなる心の内容を無意識の中に押し込めることで，心の主観的な安定を図ろうとする無意識的な心の作用の一種（自我のはたらきによる）が働くこととなる。このような心のはたらきのことを防衛機制（defence mechanism）と言う。防衛機制の主なものには以下のようなものがある。

　①抑圧（repression）：自身を脅かし，受け入れがたい感情，記憶，観念を意識から締め出し，無意識の中にそれらを押し込めようとする心の過程，はたらきのこと。

　②否認（denial）：不安や苦痛と結びついていて，自身にとって受け入れがたいと思うような現実から目をそらし，あたかもそれらがなかったかのように，事実の持つ心理的な意味を認めないといったような自我のはたらきのこと。

　③投影（投射）（projection）：自分自身にあるものとして認めたくない感情，欲動を自分とは別の外界の対象（他者）に属するものとして認知すること。

　④同一化・同一視（identification）：自己と対象の境目が曖昧になって，他者の属性を自己の中に取り入れ，自分のものとして内在化させる過程のこと。

　⑤置き換え（displacement）：ある対象に向けられていた欲求が阻止され，うまくその感情や動機に対処できなくなったとき，妥協という形で，欲求水準を下げ，実現可能な対象などに切り替えることで対処しようとすること。

　⑥反動形成（reaction formation）：自分自身にあるものとして認めたくない感情や欲動を隠すため，その対立する感情や欲動に逆転する形を取って，あえて本心と裏腹な言動を取ること。

(4) パーソナリティの発達

　フロイトは，欲動が充足されることを重視し，パーソナリティの発達において，性欲動（リビドー）を人間性の中心にあるものと考え，その考えをもとに，精神－性的発達論（psycho-sexual development）を提唱した。彼は，その発達段階の基本型は，生まれ持ってのものではあるが，親が子どもとの関係において反応する仕方もその発達に強く影響を及ぼすものとして捉えた。そして，フロイトは，性欲動と関わる身体部位から5つの発達段階があると考え，各段階で，身体部位がどのように扱われたかによってパーソナリティの基本が形作られてくるとした。以下にその段階を説明していく。

1）口唇期（誕生から1歳半ぐらいまで）

　子どもが生まれて最初に感覚を分化させ，世界とつながる主なところは口とその周囲である。そして主に口から母親の母乳を吸って快感を得ることで性欲動（リビドー）を口から取り入れ，成長していく。またこの段階の子どもは吸ったり噛んだりして探索することでも口を使う。そのため，この時期を「口唇期」と呼ぶ。この時期の後半には，歯が生えることに伴い，噛み付いて「攻撃」したり「破壊」したりすることもできるようになる。そのことから，自分から何らかの働きかけができる感覚の増加と，思いもよらず対象を破壊してしまう恐怖の体験を伴うとされる。

2）肛門期（8ヶ月ごろから3，4歳ごろまで）

　心の発達で重要となってくるトイレットトレーニングの時期で，排泄をコントロールすることができるようになり，そのことから快感を得る。この時期は，歩いたり，言葉を使ったり，排泄をコントロールし，緊張したり弛緩したりすることで世界と関わることが大切な時期とも言うことができる。しつけの問題を通して，徐々に親と相互関係を持つようになってくる。

3) 男根期 (3, 4歳から6, 7歳ごろまで)

　男根の有無に関心が向くようになり，性欲動（リビドー）が自分の器官に注がれ，子どもたちは，性差を意識するようになる。またこのことと並行して，異性の存在を知るようになる。両親と自分という三者関係において，異性の親を愛の対象として所有したいと思うが，同性の親へは愛と憎しみ（敵意）を帯びたアンビバレントな感情を抱くようになり，この時期にエディプス葛藤（Oedipal conflict）が生起してくる。しかし，この葛藤にうまく対処できないとエディプスコンプレックス（Oedipus complex）が生まれることとなる。このことで，子どもは，男根への固着から去勢不安を抱いたり，男根羨望から無力や怒りなどが生じたりして，さまざまな感情に結びつきやすいとも言われている。この葛藤を乗り越える過程で，今までの二者関係から三者関係へという大きな関係性の変化が生じてくることも特筆すべきことである。

4) 潜伏期 (6, 7歳ごろから12歳まで)

　性欲動（リビドー）が抑圧され，なりを潜めている時。学童期にあたり，子どもの関心は，身体器官から離れ，他の人々に向かい，勉強やスポーツが性欲動（リビドー）を満足させるものとなる。

5) 性器期 (12歳ごろから青年期)

　思春期に入ることで，性的衝動が生理的な変化に伴って，再び浮上し始める。今まで構造化してきたエス・自我・超自我の心のあり様のバランスが乱れ，これまで自己の身体器官に向けられていた性欲動（リビドー）が全体的なパーソナリティとしての他者に対して，相互満足を伴う関係を求めていく時期となってくる。このことは，社会的発達においても重要な段階と考えられる。

3. 人間性心理学的アプローチのパーソナリティ理論

　1960年代から1970年代にかけて，行動主義や精神分析に対するものとして，マズロー（Maslow, A. H.）が人間性心理学を立ち上げたことで，人間の潜在的な可能性を探ろうとする人々が集まり，さまざまな心理療法が発展し

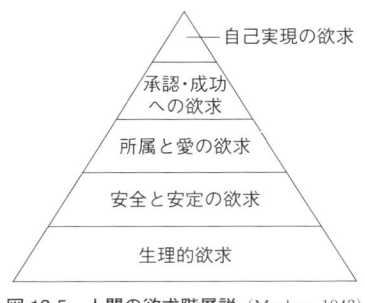

図 13-5　人間の欲求階層説（Maslow, 1943）

た。

(1) マズローの自己実現理論

　マズロー（Maslow, 1954, 1962）は，従来の行動主義や精神分析は，人間の生理的・機械的な側面や人間性の病理的側面しか捉えておらず，個人の精神的健康と成長へと向かう側面を扱っていないことなどを指摘し，全体的な人間理解が必要だと主張した。そして，主に人間性の動機や欲求などを調査研究し，人間の欲求を5段階の階層（欲求階層説 Hierarchy of Needs）で説明した（図13-5 参照）。

(2) ロジャーズの自己理論

　ロジャーズ（Rogers, 1951）は，心理療法を考えていくにあたり，今ここでの人間を理解しようとするという視点を中心に据えた。治療の場の中でのクライエントのパーソナリティの変化の過程を見ていこうとする治療的理解をベースに，パーソナリティを自己構造と経験からなる全体的パーソナリティとして捉えた（図13-6 参照）。

　①自己構造（self structure）：自分自身について思い描いている意識化できる自己像のこと。

　②経験（experience）：感覚的・内臓的経験の直接の場。本人が意識的・無意識的に感じた，自分の内面や外面のあらゆる事柄のこと。

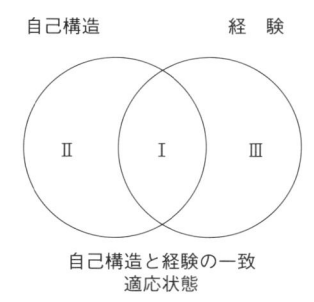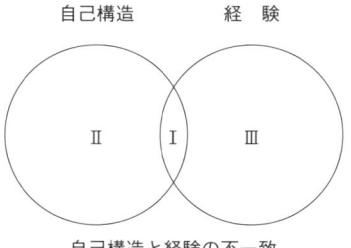

第Ⅰ領域：自己構造と感覚的・内臓的経験とが一致している部分。
第Ⅱ領域：自己構造の中で，経験が歪曲され象徴化された部分。
第Ⅲ領域：自己構造と矛盾したり対立したりする領域で，否認されている感覚的・内臓的
　　　　　経験の部分。

図 13-6　ロジャーズの自己理論（Rogers, 1951 を一部改変）

■ **章末問題**

1.　以下の文章の空欄に適切な語句を入れよ。

（1）パーソナリティをどのように捉えていくかを考えていく際，（　①　）と（　②　）という大きな 2 つの捉え方がある。

（2）（　③　）は，臨床上の経験から，精神疾患の患者のパーソナリティを捉えるために気質的な特徴に注目し，分裂気質，循環気質（躁うつ気質），粘着気質という 3 つの分類を考え出した。

（3）（　④　）は，健常者と神経症の研究を対象とした調査結果から内向性－外向性，神経症傾向，精神病傾向という 3 つの変数を抽出した。

（4）フロイトによれば，人の心は，（　⑤　），（　⑥　），（　⑦　）という 3 つの心の構造からなるとされている。

（5）マズローは，人間の欲求を 5 段階の階層で説明した。この 5 段階の階層で説明した理論のことを（　⑧　）と言う。

（6）ロジャーズは，彼の自己理論において，パーソナリティを（　⑨　）と（　⑩　）からなる全体的パーソナリティとして捉えた。

2.　以下の問に答えよ。

（1）「自我」，「葛藤」，「不適応」というキーワードを使って防衛機制について述べなさい。

（2）「適応状態」，「不適応状態」というキーワードを使ってロジャーズの自己理論につい

て述べなさい。

引用・参考文献

Allport, G. W.（1937）. *Personality: A psychological interpretation*. New York: Holt, Rinehart & Winston.（詫摩武俊（訳）（1982）. パーソナリティ―心理学的解釈　新曜社）

Allport, G. W., & Odbert, H. S.（1936）. Trait names. *A Psychological Monographs*, **47**, 211.

Cattell, R. B.（1965）. *The scientific analysis of personality*. London: Penguin.（斎藤耕二・安塚俊行・米田弘枝（1975）. パーソナリティの心理学　金子書房）

Dryden, W., & Mytton, J.（1996）. *A cognitive-behavioural approach Routledge*, A Division of Routledge, Chpman & Hall.（丹野義彦（監訳）（1996）. 認知臨床心理学入門　東京大学出版会）

Dryden, W., & Mytton, J.（1999）. *Four approaches to counselling and psychotherapy*. New York: Routledge.（酒井　汀（2005）. カウンセリング／心理療法の４つの源流と比較　北大路書房）

Eysenck, H. J.（1967）. *The biological basis of personality*. Springfield, IL: Charles C. Thomas.（梅津耕作・祐宗省三・山内光哉・井上　厚・羽生義正・中森正純・筐　一誠・伊藤春生・平出彦仁（1973）. 人格の構造　岩崎学術出版社）

Freud, S.（1905）. *Drei Abhandlungen zur Sexualtheorie*. Vienna: Deuicke.（中山　元（編訳）（1997）. 性理論三篇　エロス論集　筑摩書房）

Freud, S.（1907）. Charakter und Analerotik. *Psychiatrisch-neurologische Wochenschrift*, **9**(52), 465-467.（中山　元（編訳）（1997）. 性理論三篇　エロス論集　筑摩書房）

Freud, S.（1923）. *Das Ich und das ES*. Internationaler Psychoanalytischer Verlag.（中山　元（編訳）（1996）. 自我とエス　自我論集　筑摩書房）

Freud, S.（1932）. *Neue Folgy Vorllesungen zer Einführung in die Psychoanalyse*.（古沢平作（1969）. フロイド選集〈3〉続精神分析入門　日本教文社）

星　薫・森　津太子（2012）. 心理学概論　放送大学教育振興会

Kretschmer, E.（1955）. *Körperbau und Charakter*, 22. Aufl, Berlin: Springer.（相場　均（訳）（1960）. 体格と性格　文光堂）

前田重治（1985）. 図説臨床精神分析学　誠信書房

Maslow, A. H.（1943）. A theory of human motivation. *Psychological Review*, **50**, 370-396.

Maslow, A. H.（1954）. *Motivation and personality*. New York: Harper.（小口忠彦（訳）（1987）. 人間性の心理学―モチベーションとパーソナリティ　改訂新版　産業能率大学出版部）

Maslow, A. H.（1962）. *Toward a psychology of being*. New York: Van Nostrand.（上田吉一（訳）（1998）. 完全なる人間［第２版］　誠信書房）

松原達哉（編著）（2002）. 図解雑学臨床心理学　ナツメ社

中山　元（2015）. フロイト入門　筑摩書房

野島一彦（1992）. クライエント中心療法　氏原　寛・成田善弘・東山紘久・亀口憲治・山中康裕（編）　心理臨床大事典（pp. 307-312）　培風館

岡田康伸・藤原勝紀・山下一夫・皆藤　章・竹内健児（2013）. パーソナリティの心理学　有斐閣

小此木啓吾（1989）. フロイト　講談社

大山泰宏（2015）. 改訂新版　人格心理学　放送大学教育振興会

Rogers, C. R.（1951）. *Client-centered therapy*, Boston, MA: Houghton Miffin.（伊藤　博（編訳）（1967）. パーソナリティ理論　ロジャーズ全集8　岩崎学術出版社）

佐治守夫・飯長喜一郎（編）（1983）．ロジャースクライエント中心療法　有斐閣

Schultz, D.（1977）．*Growth psychology*, New York: Litton Educational Publishing.（上田吉一（監訳）中西信男・古市裕一（訳）（1982）．健康な人格　川島書店）

Sheldon, W. H.（1942）．*The varieties of temperament: A psychology of constitutional differences.* New York: Harper & Brothers.

末武康弘（1992）．ロジャーズ－ジェンドリンの現象学的心理学　氏原　寛・成田善弘・東山紘久・亀口憲治・山中康裕（編）　心理臨床大事典（pp.131-135）　培風館

菅佐和子・高石浩一・名取琢自・高月玲子・橋本やよい（2000）．臨床心理学の世界（pp.113-143）　有斐閣

14

健　康

1. ストレスと健康

(1) ストレスとは何か

　ストレスという言葉は，元来物理学や工学の領域で使用されてきた言葉であり，「圧力」などの意味を持っている。セリエ（Selye, 1936）は医学や心理学の領域でストレスという言葉を最初に用いた人物である。セリエはストレスという言葉をさらに詳細に整理している。つまり，ストレスを引き起こす外的な刺激をストレッサーと呼び，ストレッサーにより引き起こされる心身の反応をストレス反応と呼んだ。

　ストレッサーには，物理的ストレッサー（騒音や寒冷），化学的ストレッサー（化学物質），生物学的ストレッサー（細菌やウィルス），心理社会的ストレッサー（人間関係や家族環境）がある。また，ストレス反応はさまざまな形で出現する。身体的側面の反応として胃痛が生じたり，夜寝付けなかったり，

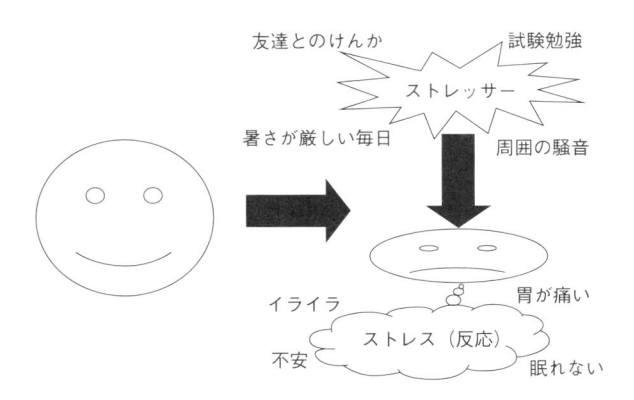

図 14-1　ストレッサーとストレス反応（筆者作成）

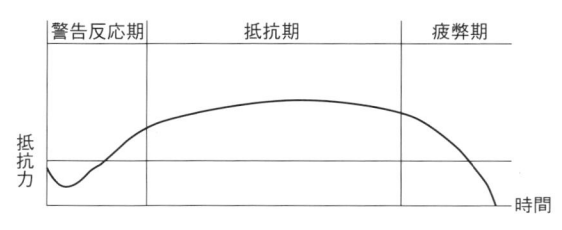

図 14-2　汎適応症候群の経過（筆者作成）

などが挙げられる。また心理的反応として，不安やイライラが生じたり無力感の経験などが該当する。さらに，落ち着きがなくなるなどの行動面での反応や集中力が欠如するなど思考面での反応もストレス反応には含まれる。

(2) ストレスに対する心身の反応

　ストレッサーに曝されたとき，私たちの身体の内部ではどのような反応が生じているのであろうか。セリエは日常的にストレッサーに曝されることが継続すると，そのストレッサーの種類にかかわらず，自分の身を防衛しようとする反応が共通して見られることを報告した。このようなストレッサーによる身体の非特異的反応を汎適応症候群と言う。その反応は3段階に分類されている。第1段階は，警告反応期と言われる段階である。警告反応期は，有害なストレッサーに直面したとき，それに耐えるために生体内部での準備状態を整える段階である。第2段階は抵抗期である。抵抗期では，生体内部での準備状態が整えられ，ストレッサーと生体内部が拮抗している状態である。ストレッサーとの拮抗が長期化することで次の第3段階である疲弊期に至る。疲弊期は長期的にストレッサーに曝されることで生体が耐えきれなくなり，抵抗力が低下する段階である。抵抗力が完全に無くなることで死に至ることもある。

(3) ストレスへの対処

　何か問題（ストレッサー）に直面したときに，その問題が自分にとって脅威となる問題であるのか否かを私たちは日常的に判断している。ストレッサーによりストレス反応が生じるかどうかは，個人のストレッサーへの評価の在り方が大きく影響している。ラザラスとフォルクマン（Lazarus & Folkman, 1984）

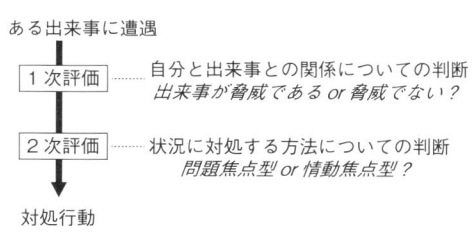

ある出来事に遭遇

| 1 次評価 | ……… 自分と出来事との関係についての判断
出来事が脅威である or 脅威でない？

| 2 次評価 | ……… 状況に対処する方法についての判断
問題焦点型 or 情動焦点型？

対処行動

図 14-3　心理的ストレスモデル（筆者作成）

は，ストレス反応が生じるまでの媒介要因として，個人の認知的評価とコーピングの概念を提唱し，心理的ストレスモデルを明確化した。認知的評価には1次評価と2次評価がある。1次評価とは，問題が自分にとって脅威であるか否かを評価する段階であり，2次評価とは，脅威と評価された問題に対して適切な対処行動の選択を行う段階である。この対処行動をコーピングと呼ぶ。

　コーピングには，大別して問題焦点型コーピングと情動焦点型コーピングがある。問題焦点型コーピングとは，問題に直面したときにその問題を解決するための情報を収集したり，解決のための具体的対策を立てる行動である。一方，情動焦点型コーピングは，ストレッサーにより生じた不快な感情を低減させるための行動である。この両者を試験というストレッサーを例にして考えてみる。試験が間近に迫っているとき，一生懸命に勉強したり，教師にわからない箇所を質問するような行動は問題焦点型コーピングに当てはまる。また，少し休憩して，身体を動かしてみたり，音楽を聴くなどして気分転換を図るなどの行動は情動焦点型コーピングとなる。

2.　個人特性と健康

(1) タイプ A 行動パターン

　フリードマンとローゼンマン（Friedman & Rosenman, 1959）は，冠状動脈性心疾患発症の一要因となる行動様式としてタイプ A 行動パターンを提唱した。その行動様式の特徴として，時間的切迫感，競争心と達成努力の高さ，攻撃性と敵意の高さが挙げられる（Friedman, 1969）。これらとは対照的な行

動パターンはタイプB行動パターンと呼ばれている。タイプA行動パターンが冠状動脈性心疾患を引き起こす原因と考えられる理由として，過剰な交感神経系の賦活があるとされている。交感神経系が慢性的に興奮することで，血圧の上昇や心拍数の増大に至ることが考えられる。タイプA行動パターンの構成要素の中でも，とりわけ，怒りや敵意の高さが冠状動脈性心疾患との関連が強いとの報告もある（Williams et al., 1980）。

　また，タイプA行動パターンは，その強い達成努力から，自分を取り巻く環境をできるだけ自分の力で統制しようと試みる。たとえば仕事場面においても，他者に仕事を分配せず自分で抱え込み，結果的に自らがストレス事態を招いてしまうことも多い。一方で，強い達成努力はパフォーマンスの高さにもつながると言える。

(2) タイプC行動パターン

　テモショック（Temoshok, 1987）は，怒りや不安などの不快感情を表出せず持続的に抑制し，自分よりも周囲への配慮を優先させる行動特性をタイプC行動パターンと呼んだ。タイプCのCは，cancer，つまり癌の略語であり，癌性格とも呼ばれている行動特性である。タイプC者が感情を抑制するのは，社会的同調性を重視するという動機の他に，合理性や反情緒的態度に基づいた動機がある（熊野ら，1999）。このような行動特性が癌発症に結びつく生理的機序として，過度な感情抑制や社会的同調性の高さが継続されることで，自律神経の緊張状態も高まり，血中のコルチゾールの分泌量が増え，免疫機能の低下を招き癌細胞の増殖につながるとされている。また，癌の発症のみならず，タイプC行動パターンは運動習慣や食習慣，喫煙量などの日常的な生活習慣にも影響することが報告されている（石原，2012）。

表 14-1　タイプC尺度と生活習慣との関連 （石原，2012）

独立変数	運動意識	食事バランス	睡眠の規則性	ストレス回避	喫煙量
社会的同調性	− .115*	− .139*	− .124*	− .164**	.013
感情抑制	.084**	.070	.067	.128	− .121*
R^2	.018**	.022**	.018**	.038**	.014**

*$p < .05$, **$p < .01$
表中の値は標準偏回帰係数

　本邦では感情抑制や社会的同調性の因子を含んだタイプC行動パターン傾向を測定する質問紙として，グロッサルト＝マティチェクとアイゼンク（Grossarth-Maticek & Eysenck, 1990）が開発したShort　Interpersonal Reactions　Inventory（SIRI）の日本語短縮版（熊野ら，2000）が使用されている。

(3) アレキシサイミア

　アレキシサイミアとは，ギリシャ語の「a：非」「exis：言葉」「thymos：感情」から作られた造語であり，シフネオス（Sifneos, 1973）によって提唱されたパーソナリティ特性である。アレキシサイミアは過敏性腸症候群をはじめとする，心身症の患者に特有な特性と考えられている。具体的な特性の内容として，感情への気づきの困難さ，感情の言語化の困難さ，空想力や想像力の欠如，外的で表面的な事実に注目する認知様式などが挙げられる（Taylor, 1984）。

　心身症のような身体症状との関連のみならず，アレキシサイミアは摂食障害（盛田，2010）や攻撃性（姉小路・越智，2005）などの種々の心理社会的問題との関連が指摘されている。心身の健康を阻害する傾向のあるアレキシサイミアは感情を喚起するような刺激を呈示されても，心拍等の生理的反応が低いこと（Roedema & Simons, 1999）や表情変化に乏しいこと（馬場ら，2003）も報告されている。自己の感情への気づきが乏しいがゆえに，その内的な情報処理にも影響を及ぼしていると考えられる。

3. 健康行動の諸理論

(1) 健康信念モデル

　健康信念モデルは，ローゼンストック（Rosenstock, 1966）が提唱し，その後ベッカーとメーマン（Becker & Maiman, 1975）が発展させた健康行動に関する理論である。ヘルス・ビリーフ・モデルとも呼ばれ，モデルの柱となるのは，人が健康的な行動を起こす際のその行動への認知的なプロセスに着目している点である。具体的な認知的プロセスとは，①罹患性の認知，②重大性の認

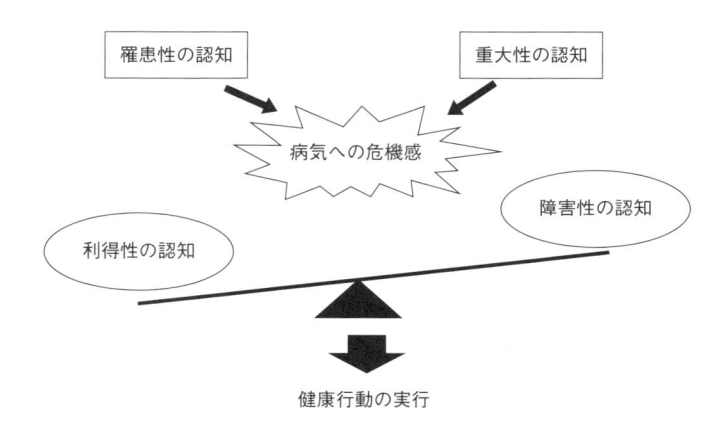

図 14-4　健康信念モデル （松本. 2002）

知，③利得性の認知，④障害性の認知である。罹患性の認知とは，将来的に自分が何らかの疾患に罹患する可能性を認知することであり，重大性の認知とは，ある疾患に罹患することによる結果の重大性の認知である。また，利得性の認知とは，ある行動（予防行動など）をとることの有益性の認知であり，障害性の認知とは，ある行動をとることへの妨げに関する認知である。

　具体的な疾患を例にこのモデルについて考えてみる。たとえば，糖尿病予備群の患者へ医療者側が治療的介入を行う際，それぞれの認知に働きかける場面である。「このまま血糖コントロールが不良な状態が続くと，糖尿病の発症につながりますよ」。これは罹患性の認知への働きかけである。また，「糖尿病になってしまうと，治療のための時間やお金が費やされることになりますよ」。これは重大性の認知への働きかけである。さらに食生活の改善に対して，「食生活の改善で血糖の低下が見込める」や「食生活の改善のため自炊するのは面倒だ」との認知は，前者は利得性の認知で後者が障害性の認知と言える。

(2)　トランス・セオレティカル・モデル

　トランス・セオレティカル・モデルは，プロチャスカとディクレメンテ（Prochaska & DiClemente, 1983）により禁煙教育を目的としたモデルとして提唱された。現在では，禁煙場面のみならず，さまざまな生活習慣病の治療場

表 14-2　各ステージにおける介入ポイント（筆者作成）

ステージ	介入のポイント
無関心期	情報提供，考えや感情を傾聴
関心期	行動変容の利点，現状維持のリスクを説明
準備期	達成可能な具体的目標の設定
行動期	周囲からのサポートの獲得
維持期	再発予防に向けた対策

面においても適用されている。理論の中心となる概念が行動変容ステージである。人が健康行動を獲得するまでの段階を行動の準備性や実践期間の観点から，5つの段階に区分している。健康行動の促進には患者の行動変化への準備状態に合わせた介入が必要であるとされている（Prochaska et al., 1992）。

　5つの段階とは，無関心期，関心期，準備期，行動期，維持期である。無関心期は「6ヶ月以内に現在の行動を変える気がない時期」，関心期は「6ヶ月以内に現在の行動を変える気がある時期」，準備期は「1ヶ月以内に現在の行動を変える気がある時期」，行動期は「行動を変えて6ヶ月未満の時期」，維持期は「行動を変えて6ヶ月以上の時期」とされている（Prochasca & Velicer, 1997）。実際の治療の現場では，患者へのカウンセリングや聴き取りを通して，どの段階にあるのかを把握し，それぞれの段階に応じた介入を行っていく。

(3) 計画的行動理論

　計画的行動理論は合理的行動理論（Fishbein & Ajzen, 1975）をエイゼン（Ajzen, 1991）が拡張させた理論である。健康行動をはじめとする，種々の行動を起こすためには，その行動を起こそうとする行動意図（behavioral

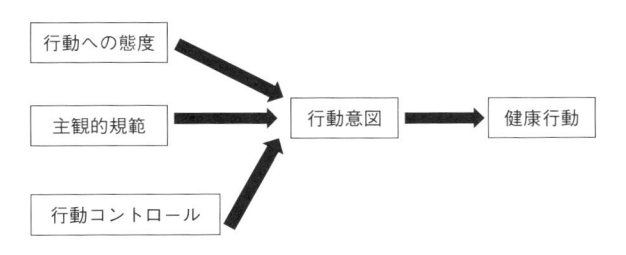

図 14-5　計画的行動理論（Ajzen, 1988）

intention）がもっとも影響力を持つとしている。さらに，その行動意図に影響を与える要因として，以下の3つの要因が挙げられている。その行動を起こすことへの個人の態度である行動への態度（attitude toward behavior），行動を起こすことを自分にとっての重要な他者がどの程度期待しているのかという主観的規範（subjective norm），そしてその行動を自分がどの程度コントロールできると考えているのかという行動コントロール感（perceived behavioral control）である。合理的行動理論と計画的行動理論の違いの1つは，行動コントロール感が含まれているか否かという点である。

■ 章末問題

1. 以下の文章の空欄に適切な語句を入れよ。

(1) ストレッサーには，騒音などの（　①　）ストレッサー，学校での人間関係などの（　②　）ストレッサーがある。長期的にストレッサーに曝されていると，身体内部での防御反応が生じる。その反応は（　③　）と呼ばれ，3段階の時期を経過する。（　④　）期は身体の内部でストレッサーと闘う準備を整える状態で，（　⑤　）期は身体とストレッサーとがまさに闘っている状態，そして（　⑥　）期は抵抗力が低下している段階である。

(2) （　⑦　）行動パターンとは，周囲の視線を気にして自己を抑制する行動パターンである。また，（　⑧　）は自己の感情認識や感情の言語化が困難な特性である。

(3) 計画的行動理論に基づいて，間食を控えるための介入を行った。「ご家族も間食を減らされることを望んでいますし，少しずつ控えてみませんか？」との声掛けは（　⑨　）に対する働きかけと言え，「職場での間食を心配されているのですね。それでは比較的カロリーの抑えられた菓子類を紹介しますので職場ではそれを試してみませんか？」との声掛けは（　⑩　）に対する働きかけと言える。

2. 以下の問に答えよ。

(1) タイプA行動パターンの特徴およびそれが心疾患を引き起こすメカニズムについて説明しなさい。

(2) トランス・セオレティカル・モデルに基づいて肥満患者への減量介入を行っている。関心期にある患者に対して医療者側の有用な関わり方について述べなさい。

引用文献

Ajzen, I. (1988). *From intentions to actions: Attitudes, personality, and behavior*. Chicago, IL: The Dorsey Press.

Ajzen, I. (1991). The theory of planned behavior. *Organizational Behavior and Human Decision Processes*, **50**, 179-211.

姉小路園生・越智啓太 (2005). アレキシサイミア傾向と攻撃性の関連　パーソナリティ研究, **14**, 127-129.

馬場天信・佐藤　豪・門地里絵・鈴木直人 (2003). 感情喚起刺激に対するアレキシサイミアの精神生理学的反応　健康心理学研究, **16**, 21-30.

Becker, M. H., & Maiman, L. A. (1975). Sociobehavioral determinants of compliance with health and medical care recommendations. *Medical Care*, **13**, 10-24.

Fishbein, M., & Ajzen, I. (1975). *Belief, attitude, intention and behavior: An introduction to theory and research*. Reading, MA: Addison-Wesley.

Friedman, M. (1969). *Pathogenesis of coronary heart disease*. New York: McGraw-Hill.

Friedman, M., & Rosenman, R. H. (1959). Association of specific overt behavior pattern with blood and cardiovascular findings. *Journal of the American Medical Association*, **169**, 1286-1296.

Grossarth-Maticek, R., & Eysenck, H. J. (1990). Personality, stress and disease: Description and validation of a new inventory. *Psycholgical Reports*, **66**, 355-373.

石原俊一 (2012). タイプCパーソナリティと生活習慣における心理的健康への影響　人間科学研究『文教大学人間科学部』, **34**, 55-62.

熊野宏昭・織井優貴子・鈴鴨よしみ・山内祐一・宗像正徳・吉永　馨・瀬戸正弘・坂野雄二・上里一郎・久保木富房 (1999). Short Interpersonal Reactions Inventory 日本語短縮版作成の試み：タイプCパーソナリティ測定を中心として　心身医学, **39**, 335-341.

熊野宏昭・織井優貴子・山内祐一・瀬戸正弘・上里一郎・坂野雄二・宗像正徳・吉永　馨・佐々木　直・久保木富房 (2000). Short Interpersonal Reactions Inventory 日本語短縮版作成の試み（第2報）. 心身医学, **40**, 447-454.

Lazarus, R. S., & Folkman, S. (1984). *Stress, appraisal, and coping*. New York: Springer.

松本千明 (2002). 医療・保健スタッフのための健康行動理論の基礎—生活習慣病を中心に　医歯薬出版

盛田真理子 (2010). 女子青年における強迫性, アレキシサイミア, 抑うつと神経性食欲不振症傾向の関連　心身医学, **50**, 857-862.

Prochaska, J. O., & DiClemente, C. C. (1983). Stages and processes of self-change of smoking: toward an integrative model of change. *Journal of Consulting and Clinical Psychology*, **51**, 390-395.

Prochaska, J. O., DiClemente, C. C., & Norcross, J. C. (1992). In search of how people change applications to addictive behaviors. *American Psychologist*, **47**, 1102-1114.

Prochaska, J. O., & Velicer, W. F. (1997). The transtheoretical model of health behavior change. *American Journal of Health Promotion*, **12**, 38-48.

Roedema, T. M., & Simons, R. F. (1999). Emotion-processing deficit in alexithymia. *Psychophysiology*, **36**, 379-387.

Rosenstock, I. M. (1966). Why people use health services. *Milbank Memorial Fund Quarterly*, **44**, 94-127.

Selye, H. (1936). A syndrome produced by diverse nocuous agents. *Nature*, **138**, 32.

Sifneos, P. E. (1973). The prevalence of 'alexithymic' characteristics in psychosomatic patients. *Psychotherapy and Psychosomatics,* **22**, 255–262.

Taylor, G. J. (1984). Alexithymia: Concept, measurement, and implications for treatment. *American Journal of Psychiatry,* **141**, 725–732.

Temoshok, L. (1987). Personality, coping style, emotion and cancer: Towards an integrative model. *Cancer Surveys,* **6**, 545–567.

Williams, R. B., Haney, T. L., Lee, K. L., Kong, Y. H., Blumenthal, J. A., & Whalen, R. E. (1980). Type A behavior, hostility, and coronary atherosclerosis. *Psychosomatic Medicine,* **42**, 539–549.

15 心の健康問題と心理検査

　うつ病や統合失調症，発達障害などの診断名を既に耳にしたことがある人は多いのではないだろうか。そうした診断名は，医師の診断によってつけられるが，その診断の補助として心理検査がしばしば用いられる。心理検査は，臨床心理士などが実施することが多く，心理学を学ぶ者として，各診断名で表される心の健康問題とそれに関連した心理検査をセットで理解することは重要である。本章では，精神医学領域での診断基準の一つであるアメリカ精神医学会（American Psychiatric Association）が作成した DSM-5（Diagnostic and Statistical Manual of Mental Disorders, 5th edition）を参考に主な心の健康問題を概説し，そうした心の健康問題に関連する心理検査を紹介する。

1. 心理検査の概要

(1) 心理検査の大まかな分類
　まず，心の健康問題と心理検査を合わせて解説する前に，心理検査全般を通しての解説をする。心理検査の種類は多く，現在50種類以上の心理検査が医療機関などで用いられている。そのような心理検査は，「信頼性（reliability）」や「妥当性（validity）」と呼ばれる点（表15-1）が研究を通して科学的にも確認されているものである。そうした心理検査を大まかに分類すると，「質問紙法」「投映法」「作業検査法」の3つに分けられる（表15-2）。投映法とは，"projective technique" の日本語訳であるが，投射法，投影法，投映法と訳され，定訳はない（片口，1987）。本書では，片口にならい「投映法」と表記する。

　質問紙法は，いくつかの質問で構成されており，各質問に対して「はい」か「いいえ」の回答を行うもの（2件法）や，その間に「どちらでもない」が含まれているもの（3件法），「かなりあてはまる」，「ややあてはまる」，「どちら

表 15-1　信頼性と妥当性の種類

信頼性：心理検査の安定性や一貫性を示す

①再検査法（retest method）による信頼性

　　同一の検査を期間を空けて同一の集団に 2 回実施し，相関を求める

②等価検査法（equivalent form method）による信頼性

　　同一の性質をもつ 2 つの異なる検査を同一の対象に同時に実施し，その 2 つ検査結果の相関を求める

③折半法（split-half-method）による信頼性

　　1 つの検査結果をいくつかに分割して採点し（たとえば，偶数番号の項目と奇数番号の項目の 2 つに分けて結果を算出するなど），分割した採点結果間の相関を求める

④内的整合性を求める方法（inter item constancy method）による信頼性

　　クロンバックの α 係数などを求めることで，検査全問の被検査者の反応の一貫性を検討する

妥当性：心理検査が測っているものがどの程度正確に測れているかを示す

①内容的妥当性（content validity）

　　その検査の内容が，そのテストで測ろうとしていることをどの程度適切に表しているかを検討する（たとえば，専門家間で協議するなど）

②基準関連妥当性（criterion-related validity）

　　その検査と，基準となる他の既存の検査との関連を見ることで検討する（たとえば，自分が新たに作成した不安に関する検査と既に作られている不安の検査との相関を求める）

③構成概念妥当性（construct validity）

　　心理検査作成の理論的背景と実際の検査結果とに矛盾がないかを検討する（たとえば，性格には大きく 5 つに分類されるという理論を元に作った心理検査の結果を因子分析を用いて本当に 5 つに分かれているかを検討する）

④予測的妥当性（predictive validity）

　　あることを予測する心理検査の結果が，本当に将来を予測できているのかを検討する（たとえば，ある職業の適性検査の結果と，その職業に実際就いてからの適性の度合との一致度を検討する）

表 15-2　主な心理検査

分類名	心理検査名
質問紙法	Y-G 性格検査，ミネソタ多面的人格目録（MMPI），NEO-PI-R，精神健康調査票（GHQ），コーネル・メディカル・インデックス（CMI）
投影法	ロールシャッハ・テスト，絵画統覚テスト（TAT），P-F スタディ，文章完成法（SCT），バウムテスト，家 - 木 - 人物画テスト（HTP），動的家族画テスト（KFD）
作業検査法	内田クレペリン作業検査，ベンダー・ゲシュタルト検査

でもない」，「あまりあてはまらない」，「まったくあてはまらない」の 5 つから答えるもの（5 件法）などがある。質問数は検査によって異なり，MMPI のように 550 項目の質問紙もあれば，GHQ12 のように 12 項目のものもある。質問数や答えの種類が増えるほど回答に要する時間は増し，負担度は高くなる。と

はいえ，質問紙法は実施や解釈が投映法に比べて容易と言われている。

　投映法は，曖昧な刺激に対する被検査者（検査を受ける人）の意味づけを分析する方法である。代表的なものとしては，ロールシャッハ・テストやTATなどがある。これらは曖昧な刺激であるためにどのようにも答えることができ，かなり答え方の自由度が高い。答え方の自由度が高いということは，いろいろな思考やイメージを喚起させる。そのため，投映法は精神的な負担をかけやすいと言われている。また，投映法は実施にもかなりの時間を要する場合が多く，その解釈にも相当の訓練が必要と言われ，実施自体もその後の解釈も容易ではない。

　3つ目の作業検査法は，ある特定の作業課題を用いる検査方法である。有名なものに，内田クレペリン作業検査法がある。これは，数字がランダムに羅列されている行が30行あり，1分間で隣り合う1桁の数字を加算し続け，1分立てば次の行でまた加算を続ける検査で，この加算作業が作業課題となる。その作業課題の誤答の数や総回答数，行ごとの回答数の変遷などからパーソナリティなどを検討する。作業検査法については，検査ごとに作業課題が異なるため，検査によって負担の大小が変わってくる。

(2) 心理検査の限界とテスト・バッテリー

　上記のように，心理検査は大まかに3つの分類があるが，いずれをとっても1つの検査で人の全側面を完全に理解できる心理検査はない。各検査は性格や知能の一側面を測定するにすぎない。そのため，できるだけ多面的にその人を理解するためにいくつかの検査を組み合わせて実施する。その心理検査の組み合わせを，「テスト・バッテリー」と呼ぶ。

　テスト・バッテリーを組む際に重要な点がいくつかある。1つは，被検査者への負担である。被検査者の精神的な状態と，その状態で耐えられるだけの負担を考慮する必要がある。また，心理検査にはそれぞれ特徴がある。投映法は，答え方の自由度があるため，どのように答えてもよく，どのように答えるとどんな判断をされるのかわかりにくくなっている。一方で，質問紙法は被検査者が社会的に望ましい答えを意図して答えることができたり，こうありたい自分というものを反映させたりしやすい。シュナイドマン（Shneidman,

1956）は，フロイト（Freud, S.）の意識・前意識・無意識の概念を用いて，より無意識の水準を知ることができる検査としてロールシャッハ・テストを，無意識から前意識の水準を知ることができる検査としてTATを，意識の水準を知ることができる検査として質問紙法を挙げている。そのため，検査を行う際は，被検査者の負担以外にも投映法ばかりや質問紙法ばかりに偏ることがないように組み合わせることが望ましい。ただし，いくらテスト・バッテリーを組んだとしても，やはりテストで理解できる被検査者に関する情報は，被検査者の一側面にすぎないことも理解しておく必要がある。

2. 心の健康問題と心理検査

(1) 統合失調症とロールシャッハ・テスト

　心の健康問題の中でも，古くから注目されてきた疾患の一つに統合失調症（Schizophrenia）が挙げられる。さまざまな名称で呼ばれ別々に考えられていた疾患を，クレペリン（Kraepelin, E.）がまとめて早発性痴呆という名で一つに整理したことが起源とされている。厚生労働省（2011）によると，100人に1人程度で見られる頻度の高い疾患である。そのため，統合失調症を理解し疾患を有する人たちとともに過ごしていく視点を持つことは重要だろう。統合失調症は10代後半から30代で多く発症し，環境要因と遺伝・生理学的要因が発症に関与していると言われている。環境要因には，人生の大きな転機や大きなストレスを受けるような環境が挙げられる。とはいえ，同じ環境要因や遺伝・生理学的要因があるからと言って必ずしも発症するわけでもなく，研究は進んでいるものの病因や病態メカニズムについて未だはっきりとはわかっていない。治療に関しては薬物療法が有効で，その他にも，症状がある程度穏やかになった際には集団心理療法やカウンセリングによる支援が行われる場合もあり，さまざまな支援がされている。

　統合失調症の症状としては，誰かに見張られているのではないかなどといった妄想や，自分の悪口を言う声が聞こえるような，周囲の人には聞こえない声が頭の中でする幻聴をはじめとする幻覚など，さまざまに挙げられる（表15-3）。また，統合失調症もさまざまな型に分けて論じられる（表15-4）など，ど

表 15-3　統合失調症に見られる症状

陽性症状：健常者には体験されない特異な精神症状
　　妄想：現実や事実により否定されるものであっても変わらずにある固定した信念
　　　　　　被害妄想，関係妄想，誇大妄想，被愛妄想，虚無妄想，思考奪取，思考吹入など
　　幻覚：その場にないものや音，においなどを実際にあるように知覚すること
　　　　　　幻聴，幻視，幻味，幻臭，幻触
　　まとまりのない思考：重度なコミュニケーション上の困難
　　　　　　脱線・連合弛緩（話題がそれる），接点のなさ（ちぐはぐな応答），支離滅裂
　　異常な行動：子どものような行動や予測できない興奮など
　　　　　　拒絶症（指示への抵抗），無言症・昏迷，緊張病性興奮（目的も理由もない運動）
陰性症状：通常あるべき機能が失われていく症状
　　　　　感情表出の減少，意欲欠如，会話量減少，快感消失，非社交性

表 15-4　統合失調症の主な分類

分類	好発年齢 （発症しやすい年齢）	特　徴
解体型 （破瓜型）	15 〜 25 歳前後	解体した会話や行動，思考の他，周囲への無関心や気分の浅薄さがみられる。妄想や幻覚は少ない。
緊張型	20 歳前後	興奮・多動と昏迷（意識障害）を繰り返すことがある。同じ姿勢や言葉を意味なく繰り返すなどが特徴的。
妄想型	30 歳前後	妄想や幻覚が主たる症状だが，会話や行動の解体はあまり見られず，疎通性が保たれている場合が多い。
単純型	緩徐に進行	他の型よりも目立った精神病的特徴が明瞭でないものの，陰性症状が緩徐に進行する。

　の症状が固有のものかを挙げにくい疾患でもある。DSM-5 では，これまでの統合失調症に類似した症状をまとめて，統合失調症スペクトラムとしている。この疾患は，自分が病気であることを自覚しにくいことも特徴の一つであり，周囲からの促しによって受診に至り，治療が始まる場合も多い。ただ，自身が病気であるという認識はなくとも，症状があるために心身が疲弊したり，不安などの心理的負担を人知れず抱えていたりすることも少なくない。

　統合失調症に関連する心理検査は複数あるが，ここでは，ロールシャッハ・テストを取り上げる。ロールシャッハ・テストの歴史は古く，ロールシャッハ（Rorschach, H.）が1921 年に発表した検査である。左右対称のインクの染みが印刷された図版 10 枚を見て，各図版でそれぞれのインクの染みが何に見えるかを問う検査である。インクの染みは何かを描いたものではなく，いわば「偶然に出来上がった図形」（片口，1987）で，それが何に見えても構わ

ず，さまざまに答えることができる。ある人にとっては，ある部分が「りんご」に見える場合もあるが，同じ部分でも別の人には「ハート」に見える人もいるかもしれない。そのような反応を記号化し，さらにそれらの記号を数値化して，その人の性格特徴などを検討する検査である。片口ら（1958）は RSS（Rorschach Schizophrenic Score）という得点法を開発し，統合失調症の識別を試みた。片口（1987）が RSS について，「数値そのものにあまりとらわれてはならない」としているように，RSS 得点が即統合失調症を識別すると考えるよりは，診断の補助的なものとして活用されうるものと捉えることが適切だろう。また，高橋（1978）はこの検査を正常成人 200 名，犯罪者 200 名，統合失調症者 120 名に実施し，それぞれの群に特徴的な反応内容や反応者数を示している。ロールシャッハ・テストは，RSS 以外にも，知的側面や人間関係の側面，不安や攻撃性など，多くの側面について検討できるテストである。

(2) 双極性障害・抑うつ障害群と SDS

　「うつ」という言葉を耳にしたことがある人は多いだろう。ここでは，いわゆる「うつ」に関する心の健康問題を取り上げる。DSM-Ⅳでは，「気分障害（Mood Disorders）」という一つの分類として挙げられていた。気分障害は，落ち込んだ気分や高揚した気分が続いて生活に支障をきたす状態を指す。DSM-5 では，「双極性障害および関連障害群（Bipolar and Related Disorders）」とうつ病を含む「抑うつ障害群（Depressive Disorders）」に分けられている。前者は気分が落ち込む「うつ状態」と逆に気分が高揚した「躁状態」か交互に現れ，それを繰り返すものである。後者は躁状態が見られないものである。うつ状態は，悲しい気分や空虚感，絶望が 1 日中感じられたりするもので，そのため，これまで楽しいと思っていたことにも興味がなくなったり，食欲や睡眠の異常が見られたりする。躁状態は，怒りっぽくなったり，自分を誇大に感じたり，極端に少ない睡眠時間で休息がとれたと感じたりすることが見られる状態である。抑うつ障害群には，月経前不快気分障害や季節型（特定の時期に規則的なうつ状態になる）も含まれており，月経の開始前後やその季節が終わると回復するものもある。厚生労働省（2011）によると，日本でのうつ病の頻度は 7%，双極性障害は 0.7% であり，10 人に 1 人程度と罹患

表 15-5　うつ状態に関する尺度

| 自己評価式抑うつ尺度（Self-rating Depression Scale; SDS） |
| ベック抑うつ質問票（Beck Depression Inventory; BDI） |
| うつ病自己評価尺度（The Center for Epidemiologic studies Depression scale; CES） |
| 簡易抑うつ症状尺度（Quick Inventory of Depressive Symptomatology; QIDS） |

表 15-6　パーソナリティ障害

A 群	B 群	C 群
猜疑性 / 妄想性パーソナリティ障害	反社会性パーソナリティ障害	回避性パーソナリティ障害
ジジイド / スキゾイドパーソナリティ障害	境界性パーソナリティ障害	依存性パーソナリティ障害
統合失調型パーソナリティ障害	演技性パーソナリティ障害	強迫性パーソナリティ障害
	自己愛性パーソナリティ障害	

率は高く，双極性障害と抑うつ障害群ともに自殺の危険性が指摘されており，看過できない疾患である。薬物療法が有効で，認知行動療法やその他の心理療法も治療的に働くという報告がなされている。

　表 15-5 の通り，うつ状態に関する心理検査は多くあり，ここでは自己評価式抑うつ性尺度（Self-Rating Depression Scale; SDS）を取り上げる。SDS は ツング（Zung, W. W. K.）によって 1965 年に開発された質問紙法の心理検査である。20 項目の質問で構成されており，各項目について「ないかたまに（1点）」「ときどき（2点）」「かなりのあいだ（3点）」「ほとんどいつも（4点）」の 4 段階で回答する。総合得点は最低点 20 点，最高点 80 点となっている。40点未満では，うつ状態はほとんどないとみなし，40 点台で軽度のうつ状態，50 点以上で中程度のうつ状態とみなす。

(3) パーソナリティ障害と HTP

　英語でいう personality は，日本語では性格，人格などと訳され，パーソナリティ障害（Personality Disorders）はそれらに関するものである。ただし，ここで言うパーソナリティ障害は，思考や感情，行動などのパターンが，その人の属する文化の中で著しく偏り，柔軟性がないために，生活に支障をきたしている状態のことを指す。そのため，ここで記載されているパーソナリティ障害の特徴に近いことが即パーソナリティ障害であるということではない。

　パーソナリティ障害には，大きく分けて 3 つの分類がある（表 15-6）。A 群は奇妙で風変わりに見えるような特徴を有し，統合失調症に類似している。B

群は演技的で，派手で，突飛で，情緒が不安定なように見えるような特徴がある。C群は不安や恐怖を感じているように見える特徴がある。パーソナリティ障害の原因はさまざまに論じられており，特定されていない。パーソナリティ障害の特徴的な行動様式に伴って抑うつ状態や苛立ち，不安が強く表れることがあり，そうした症状に対しては薬物療法が用いられることも多い。主に心理療法が行われており，各種心理療法において成果がそれぞれに報告されている。

　パーソナリティに関する心理検査は数多くあり，質問紙法（MMPI，YG性格検査，NEO-PI-R など），投映法（ロールシャッハ・テスト，TAT，P-F スタディなど），作業検査法（内田クレペリン作業検査法）と種類も多様である。また，性格に関する理論も多様にあり，先述したように臨床場面ではテスト・バッテリーを組んで多面的に理解される。ここでは，投映法の描画法であるHTPテストをとりあげる。HTPテストはバック（Buck, J. N.）により開発された，家（House）と木（Tree）と人（Person）を描く検査である。描画法では他にも，コッホ（Koch, K.）の開発した果樹のみを描くバウムテストも有名である。HTPテストでは，A4のケント紙とHBの鉛筆，消しゴムを用意して先述の3つの題材をそれぞれ1枚ずつ描くことを求める。その後，PDI（Post Drawing Inquiry）と呼ばれる描画後の質問を行い，解釈に必要な情報を得る。解釈にはPDIの情報の他，筆圧や描かれたものの大きさ，描かれたものの場所などを総合的に判断し，パーソナリティを検討する。ちなみに，高橋（1967）はHTPで描く3枚の絵に加えて4枚目として，3枚目に描いた人物とは反対の性別の人物を描くことを求めるHTPPテストを開発している。

（4）自閉症スペクトラム障害とウェクスラー式知能検査

　自閉症スペクトラム障害（Autism Spectrum Disorder; ASD）という名称は，DSM-5で採用され，これまで「自閉症」や「発達障害」などと呼ばれることもあった。DSM-5では，ASDは社会的コミュニケーションと対人的相互反応の障害で，反復的な行動や興味などが幼少期から見られる特徴があるとされている。社会的コミュニケーションと対人的相互作用の障害というのは，人と接するときの距離感がわかりにくく，本人の意図に反して遠すぎたり近すぎ

たりすることや，興味関心の幅が狭すぎて何気ない日常会話を楽しむことができなかったり，はっきりとわからない非言語的な表現（アイコンタクトや愛想笑いなど）を理解したり，自分で表現することが難しかったりすることが挙げられる。反復的な行動や興味というのは，年齢不相応におはじきをひたすら一列に並べる遊びばかりを続けたり，他人が言う言葉をその音のまま意味なく繰り返したり，こだわりが強く決まった習慣的な行動以外の行動を求められるとパニックになったりすることが挙げられる。

　このような例を挙げると，自分もそうした特徴が少なからずあるかもしれないと思う人もいるだろう。先述にも統合失調症スペクトラムとあったが，スペクトラムというのは，連続体を意味する。統合失調症スペクトラムは，統合失調症の類似した症状を連続体として理解するものであるが，ASD の特徴は，ASD と診断のつかない多くの人にも当てはまるところはある。そういう意味でも，ASD の人たちと ASD でない人との間に連続線上のグラデーションがあると考えることが適切である。栗田ら（2004）の ASD とそうでない人を対象とした ASD に関する質問紙を用いた調査研究においても，ASD でない人にも少なからず ASD の特徴があることが示されている。ASD の特徴があることが即 ASD というわけではないと理解する必要があるだろう。

　ASD 自体は原因が特定されていないため，ASD そのものを治療する方法があるわけではない。しかし，薬物療法を始め，TEACCH（Treatment and Education of Autistic and related Communication handicapped Children）や応用行動分析（Applied Behavior Analysis; ABA）と呼ばれる方法や社会的スキルトレーニングの他，カウンセリングによってその人の苦手なところ得意なところを改めて理解して，得意なところを活かして苦手なところをカバーすることを考えたりすることもありうる。複数の支援を組み合わせて対応し，社会生活や日常生活を送りやすくするような援助が実施されている。

　ASD の特徴は，同じ診断名でも人によってそれぞれ表れ方が異なる。その人その人の特徴を理解することが重要である。そのために，新版 K 式発達検査やビネー式知能検査，K-ABC 認知処理能力検査など複数の検査が実施されるが，ここでは，よく使用されているウェクスラー式知能検査について解説する。ウェクスラー（Wechsler, D.）により開発されたウェクスラー式知能検査

表 15-7　ウェクスラー式知能検査

WIPPSI（Wechsler Preschool and Primary Scale of Intelligence）：3 歳 10 ヶ月〜7 歳 1 ヶ月
WISC（Wechsler Intelligence Scale for Children）：5 歳 0 ヶ月〜16 歳 11 ヶ月
WAIS（Wechsler Adult Intelligence Scale）：16 歳〜89 歳

は，知能指数（intelligence quotient; IQ）を用いて知能の水準を表す。対象となる人の年齢によって実施する検査名や実際の検査用具が異なり（表 15-7），定期的に新版が開発されている。一言にウェクスラー式知能検査と言っても，その中には複数の下位検査が含まれていて，全下位検査を合わせた総合的な知能も測定できるが，下位検査の結果を組み合わせることや下位検査ごとの結果を見ることによって知能の複数の側面を検討できる。たとえば，言語性知能と動作性知能があり，言語性知能の検査には，言葉の意味を理解したり使ったり計算したりすることなどが含まれている。動作性知能の検査には，パズルや記号の組み合わせを行ったりすることが含まれている。単に総合的な知的水準を明らかにするだけでなく，被検査者の得手不得手を細かく検討することができるため，その後の支援に活かすための有益な情報を得ることができる。

(5) 不安障害・強迫性障害と STAI

　生活の中で何かを不安に思うことは誰しもあるが，不安障害（Anxiety Disorders）と言う場合，そうした不安があるというだけでなく，過剰な不安により生活に支障をきたした状態を指す。何に不安を抱くのかによって不安障害はさらに細かく分類される（表 15-8）。強迫性障害（Obsessive-Compulsive Disorders; OCD）もまた，DSM- Ⅳ -TR では不安障害の一つに分類されており，DSM-5 では別の章立てになってはいるが，不安障害の一部と OCD には密接な関連があることを認めている。OCD は，「強迫観念（obsessive thought）」と「強迫行為（compulsive behavior）」の 2 つの症状で形成されている。強迫観念とは，繰り返し生じて持続する思考や衝動，イメージで，強い不安や苦痛が伴う。強迫行為とは，そうした強迫観念により引き起こされた不安や苦痛を低減するために起こる，何らかの繰り返し続けられる行動である。たとえば，汚れや細菌により汚染されるという強迫観念から，手を異常なほど繰り返し洗ったりする強迫行為にいたることなどが挙げられる。

表 15-8　主な不安障害の類型

パニック障害（Panic Disorder）
　　突然激しい恐怖や強烈な不快感が高まり，パニック発作（動悸，窒息感，発汗，めまいなど）
が起こる。また，パニック発作が起こったことによって，「また発作がおこるのではないか」とい
う「予期不安」が喚起され，発作を回避するために活動を制限することもある。

広場恐怖（Agoraphobia）
　　電車やエレベーター，公園，映画館などの特定の場所や広い場所で決まって激しい恐怖感や
不安感を感じてめまいなどのパニック様症状を起こす。予期不安のために，その特定の場所を
持続的に避けて過ごすようになる。

全般性不安障害（Generalized Anxiety Disorder）
　　多数の出来事や活動について理由の定まらない不安や心配が，自身ではコントロールするこ
とができず，生活に支障をきたすほど過剰に長続きする。そのために，緊張感や疲労，集中困
難や睡眠障害に陥ったりするなど，精神的・身体的な症状が起こる。

局所性恐怖症（Specific Phobia）
　　特定の対象や状況（高所や動物，先の尖ったものなど）に対して，尋常でない恐怖感を持続
的に抱き，その対象や状況を回避しようとする。その恐怖や回避によって生活に支障をきたす。

社交不安障害（Social Anxiety Disorder）
　　他人から見られたり，他人の前で行動したりすることなどに対して，他人に否定的な評価を
されるのではないかというような過剰な不安や恐怖，緊張を持続的に抱く。そうした不安や恐
怖，緊張を回避しようとし，日常生活にも支障をきたす。

分離不安障害（Separation Anxiety Disorder）
　　愛着を持っている人や家から離れることに対して，年齢に不相応な過剰な恐怖や不安を持続
的に抱き，そのような状況を回避しようとする。実際に分離された時や分離が予期されると繰
り返し頭痛や腹痛，吐き気などが起こることもある。

選択性緘黙（Selective Mutism）
　　他の場面では話せるのに，学校などの特定の場面で話すことが一貫してできない。話し言葉
の知識やその場が楽しいかどうかなどに関わらず，その特定の場面では話すことができない。

　不安障害や OCD の支援として，不安の低減に薬物療法も有効で，心理療法
と組み合わされることも多い。暴露法とリラクセーション法を併用した暴露反
応阻害法などの認知行動療法や各種心理療法による介入が報告され，その効果
も検討されている。

　不安に関する最も有名な質問紙として，スピルバーガー（Spielberger, C.
D.）により開発された状態―特性不安検査（State-Trait Anxiety Inventry;
STAI）が挙げられる。この質問紙の特徴としては，不安を状態不安と特性不
安とに分けて測定している点にある。状態不安とは，その人の置かれている状
況に応じて変化しやすく，特性不安とはその人の反応傾向であり比較的安定し
た不安で，状況が変わったとしても変化しにくいとされている。状態不安に関
する質問項目については今この場でどう感じているかについての回答を求め，

特性不安に関する質問項目については普段どう感じているかについての回答を求める。状態不安尺度と特性不安尺度はいずれも 20 項目からなり，全体で合計 40 項目の質問で構成されている。評定は 4 件法でなされ，20 点から 80 点の間に得点は分布し，得点が高いほど不安の程度が高いことが示される。

(6) 心的外傷後ストレス障害と CMI

　ニュースなどで耳にする PTSD という言葉は，心的外傷後ストレス障害（Post-Traumatic Stress Disorder）の略称である。大きな災害や事件，人間関係などの外的要因によって引き起こされる身体的精神的な大きな傷つきのことを心的外傷（トラウマ）と呼ぶ。PTSD はそうした傷つきが長い間癒えずにいる状態を指す。症状としては，強い恐怖感があるために過度な警戒心を示したり，フラッシュバックと呼ばれる傷つき体験をした出来事が突然思い出されて再体験されるようなことが起こったり，悪夢にうなされたり，そうした苦痛から逃れるために感覚が麻痺したようになることが挙げられる。また，そうした苦痛を感じることが身体にも影響を及ぼし，睡眠障害やけいれんなどその他の身体的な症状を呈することもある。

　PTSD の支援として第一に重要となることは，安全の確保である。トラウマ反応を引き起こす環境から遠ざけて，それ以上の傷つきが起こらないように安全を確保することが重要である。薬物療法は，症状に対して補助的に用いられるが，支援の中心は支持的に関わる心理的支援が主となる。各種心理療法が活用されており，EMDR（Eye Movement Desensitization and Repocessing）という眼球運動を活用してトラウマ体験に対する認知や感情の歪みを解消する方法も開発されている。心理療法による個別的な介入以外に，家族や家族以外の周囲の人の理解やサポートも PTSD の回復に有効である場合も多い。

　PTSD を直接測定する心理検査ではないが，ストレス状況に晒されることで起こる身体的な反応を測定する質問紙はいくつかある。ここでは，CMI（Cornell Medical Index）を取り上げる。CMI はブロードマン（Broadman, K.）とエルトマン（Erdman, A. J. Jr.），ウォルフ（Wolf, H. G.）によって開発された，心身両面の自覚症状を測定するスクリーニング・テストである。男女共通の項目としては身体的自覚症状 144 問と精神的自覚症状 51 問の合計 195

項目からなり，全て「はい」「いいえ」の 2 件法で回答が求められる。男性版
と女性版が分かれており，先述の 195 問に加えて身体症状に関する項目が，男
性版では 16 項目，女性版では 18 項目加えられ，男性版は合計 211 項目，女性
版は合計 213 項目となっている。身体に関する項目としては，目と耳，呼吸器
系，心臓脈管系，消化器系，筋肉骨格系，皮膚，神経系，泌尿生殖器系，疲
労度，疾病頻度，既往歴，習慣の 12 区分があり，精神に関する項目としては，
不適応，抑うつ，不安，過敏，怒り，緊張の 6 区分がある。スクリーニング・
テストであるため，得点の高さが即診断と結びつくのではなく，診断に補助的
に活用される。

(7) 摂食障害と KFD

　摂食障害（Eating Disorders）は食行動に関する持続的な障害である。その
日その日の食べ過ぎや減食による体重の増減ではない。摂食障害は大きく分け
て神経性過食症（Bulimia Nervosa）と神経性やせ症（Anorexia Nervosa）が
あり，いずれも女性の患者の割合が多く，男性には珍しい。神経性過食症は異
常なほど過食するものの，自ら嘔吐することを促したり，下剤や利尿剤を使っ
たりすることで体重増加を防ぐための不適切な行動を行うため，体格の異常が
見られることはない場合が多い。嘔吐などを繰り返すことにより，歯のエナ
メル質が欠如したり，唾液腺が膨張したりするなどの影響がある。神経性やせ
症は，体重の増加に対する恐怖感を抱いて医学的に注意あるいは危険と判断
するほどの体格を示すものである。その体格指標としては，BMI（Body Mass
Index）が用いられる。BMI は「体重（kg）÷身長（m）の 2 乗」で算出さ
れ，神経性やせ症の重傷度（表 15-9）が検討される。神経性やせ症では，栄
養不足により月経周期が乱れ，場合によっては無月経となる。また，疲れやす
くなり，低血圧，低体温などの身体症状も伴い，場合によっては生命に危険を

表 15-9　BMI を用いた神経性やせ症の重症度

軽　　度	BMI が 17 以上
中等度	BMI が 16 〜 17 未満
重　　度	BMI が 15 〜 16 未満
最重度	BMI が 15 未満

及ぼす。しかし，当人にとっては，その深刻さが自覚されないことも多い。

　治療については，生命の危険と判断される場合は，強制入院を行って栄養補給をすることもある。体重増加に対して異常な恐怖や葛藤を抱く場合も多く，治療に拒否的になることもあるが，医師などの専門家が適切な情報を伝えるなどの心理教育を行うことが重要となる。認知行動療法やカウンセリングなどの心理療法が有効で，中でも家族療法は摂食障害の支援に活用される主なアプローチとして知られている。

　摂食障害を直接的に測定する心理検査ではないが，先述した通り家族療法にも活用される投映法で描画法の一つである動的家族画テスト（Kinetic Family Drawing; KFD）が用いられることも多い。KFD はバーンズ（Burns, R. C.）とカウフマン（Kaufman, S.）により開発された方法である。A4 の画用紙と鉛筆と消しゴムを用意し，被検査者も含めた家族全員で何かをしているところを描くことを求める。その後，HTP 同様に，PDI を行い解釈する。解釈にあたっては，描かれた人物の大きさや筆圧，場所の他，描かれた人物の順番やPDI によって得られた情報も加味して総合的に行われる。被検査者が捉える家族の特徴や，人間関係などが理解でき，家族療法を活用した支援に活かすこともできる。

■ 章末問題

1. 以下の文章の空欄に適切な語句を入れよ。

　その人を多面的に理解するために，（　①　）を組んで複数の心理検査を実施する。たとえば，不安の訴えのある人に対して，不安の程度を知るために（　②　）によって開発された STAI と，不安がどのようなその人の性格傾向によって引き起こされているのかを知るためにインクの染みを見て答える（　③　）を組み合わせて実施する。この場合，意識的水準を検討する（　④　）法とより無意識的水準を測定できる（　⑤　）法を組み合わせて実施していることとなる。また，STAI は状況に応じて変化する（　⑥　）と状況の影響を受けにくい（　⑦　）が測定可能である。ロールシャッハ・テストは回答の自由度が（　⑧　）いため，負担度が（　⑨　）いと言われている。そのため，ロールシャッハ・テストに代わって，家と木と人を描くだけで済む（　⑩　）を行うこともあるだろう。

2．以下の問に答えよ。

(1) A さんは気分の落ち込みを訴えて来談した。話を聞いていると，面接者と話のかみ合わなさが見受けられた。A さんにテスト・バッテリーを組む際の留意点を以下のキーワードを用いて答えなさい。

（抑うつ症候群，ASD，統合失調症スペクトラム，負担，描画法）

(2) 心理検査の限界について以下のキーワードをもとに論じなさい。

（質問紙法，TAT，無意識，テスト・バッテリー，完全）

引用文献

American Psychiatric Association（2013）．*Diagnostic and Statistical Manual of Mental Disorders* (5th ed.)．Arlington, VA: American Psychiatric Publishing.（高橋三郎・大野　裕（監訳）（2014）．DSM-5　精神疾患の診断・統計マニュアル　医学書院）

片口安史（1987）．新・心理診断法　改訂版　金子書房

片口安史・田頭寿子・高柳信子（1958）．ロールシャッハ分裂病得点（RSS）　心理学研究，**28**(5)，273-281.

厚生労働省（2011）．専門的な情報，知ることからはじめよう　みんなのメンタルヘルス　Retrieved from http://www.mhlw.go.jp/kokoro/speciality/index.html（2017 年 2 月 15 日）

栗田　広・長田洋和・小山智典・金井智恵子・宮本有紀・志水かおる（2004）．自閉性スペクトル指数日本版（AQ-J）のアスペルガー障害に対するカットオフ　臨床精神医学，33(2)，209-214.

Shneidman, E. S.（1956）．Some relationships between the Rorschach technique and other psychodiagnostic tests. In B. Klopfer (Ed.), *Developments in the Rorschach technique*, Vol. 2. (pp.595-642)．New York: World Book.

高橋雅春（1967）．描画テスト診断法　文教書院

高橋雅春（1978）．ロールシャッハ反応の標準化 I ―反応形式から―　関西大学社会学部紀要，**9**(2)，99-104.

16 臨床心理学的介入の技法

1. 臨床心理学的介入とは

　何らかの問題や症状を抱えている人（ここではクライエントと呼ぶ）が，臨床心理士などの専門家（ここではセラピストと呼ぶ）を訪れた際，セラピストは，まず臨床心理査定（アセスメント）を行う。各種心理検査や観察，査定面接によって，そのクライエントの現在の状態や，どのような支援・援助が望ましいかについて「見立て」をし，それに従って臨床心理学的介入を進めていく。この部分は，臨床心理士の専門業務の中では「臨床心理学的面接」と呼ばれてきたように，主に面接すなわちクライエントとの対話を通じて，その人の認知・情緒・行動などがより適応的になるよう，その人がよりよく生きることができるように，働きかけていくことになる。

　同じような意味で「心理療法」「心理的援助」などとも呼ばれるが，いずれにしても，医学における「治療」との違いが，そこには含意されている。「患者」「診断」ではなく「クライエント」「見立て」と呼ぶのも医学との違いを鮮明にする姿勢から来るものである。その大きな違いとは，医学が「治療・修理モデル」であるのに対し，臨床心理学的介入が「発達・成長モデル」を想定していることであろう。「病巣を探してそれを取り除く」という発想ではなく，「この問題を乗り越えることにより，この人はどう成長するのか」という発想を持って，クライエントに関わるのである。問題や症状にだけ焦点を当てるのではなく，その人の成長や人生の中に，問題を意味づけていく。そのためには，対話から得られる情報を，客観的な事実として理解するだけでなく，クライエントの体験としてどう受け止められているかという共感的理解を重視し，クライエントが本来持つ，自己治癒力や自己変容力をよりどころにするという基本姿勢が重要になる。

　この臨床心理学的介入には，さまざまな技法が用いられている。セラピスト
により，どの技法を使うかは異なり，またクライエントによって使い分けるこ
ともある。代表的な介入の技法を，その成り立ちや発展の流れから分類し，そ
れぞれを概説していくことにする。

2. 精神分析的アプローチ

(1) フロイト（Freud, S.）の精神分析

1) 精神分析の誕生

　1800年代の終わりごろの西欧では，当時「ヒステリー」と呼ばれた病気の
治療法として催眠が使われていた。このヒステリーは，現在では，身体疾患の
ような症状が出るが身体の異常からは説明がつかない「身体症状症および関連
症群」と，現実感が失われたり，記憶や意識が一時的に飛んだりする「解離症
群」として分類されている。

　人間にはたとえば，自分ではまったく思ってもいなかったような言い間違
いを不意にしてしまうことがあるように，自分で意識することはできない“何
か”の作用を前提にしないと説明できないことがある。こうして仮定される心
の領域をフロイトは「無意識」として定式化していく（第13章参照）。人間
は，自分が意識してしまうと不快感を生じたり，矛盾を抱えたりするような心
の中の内容を，無意識の領域に封印してしまうことがあるが，その封印したも
のがコントロールしきれなくなった時に症状として現れると，フロイトは考え
るようになっていく。1895年に出版された『ヒステリー研究』の中でフロイ
トは，幼少期に受けた性的虐待の結果としてヒステリーが起こるという病因論
を示しているが，これは，現在のトラウマ（心的外傷）概念の元祖と言えるも
のである。

　フロイトも当初は催眠を使用して治療に当たったが，催眠はすべての人がか
かるわけではなかったため，他の治療法を模索する中で「自由連想法」を考案
する。自由連想法は，治療者が患者にある言葉を与え，患者がそこから心に浮
かぶままの自由な考えを連想し話していく方法である。自由連想法を頻繁に施
すことにより，患者はすべてを思い出すことができると考え，この治療法を精

神分析と名づける。患者が無意識に封印した内容を，症状として表出する代わりに，回想し言語化して表出する，つまり自分で意識することができるようになれば，症状は消失する（これを除反応と呼んだ）というのが精神分析の基本的な治療論である。

　フロイトは自由連想に加え，夢分析も患者が無意識に封印した内容を探る手段として使用した。夢は，私たちが普段，昼間起きているときよりも，無意識に近い意識水準で見ているもので，夢の世界には無意識の内容が含まれていると考えたのである。

2) 転移・逆転移

　　成人男性のクライエント A さんが，カウンセリング中に「会社で自分の仕事がうまく行った」ことを話しているうちに，セラピストに頭をなでてもらいたくなり，その日のカウンセリングが終わって帰るときには，セラピストと別れるのが寂しくて泣き出してしまった。

　これは，筆者がかつて実際に体験したことである。成人男性である筆者に，成人男性である A さんが，「頭をなでて欲しい」「次のカウンセリングまで1週間離れるのが寂しい」といった感情を抱くことは，日常の関係性では考えにくいことであろうが，カウンセリングのプロセスではこうしたことが起こりうる。

　精神分析的な理解においては，カウンセリング中に出てきた A さんの気持ちは，A さんが意識はしていないが，幼いころ自分の親に抱いていたが，うまく表現できずに，その後無意識に封印された気持ちが，この場に移しかえられたものではないか，といった可能性を考える。こうした，クライエントが過去に重要な人物との間で経験した強い感情が，目の前にいるセラピストに対して無意識的に向けられることを「転移」と呼ぶ。特に本人は意識していなくても，過去の人物とセラピストをおきかえて，感情をぶつけてしまうことがある。かつて整理しきれずに過ぎてきた感情が，今目の前にいる人に対してわき起こると言ってもよいだろう。

　セラピストに対する好意など，肯定的な感情として表れることもあるが，怒

りなどの否定的な感情をぶつけられることも
ある。前者を「陽性転移」，後者を「陰性転
移」と呼ぶ。また，セラピストも生身の人間
であり，クライエントに対して強い感情を抱
くこともありうるが，それは「逆転移」と呼
ばれる。人間の感情は，その時１回限りで起
こるものではなく，それぞれの人が長い間，
それぞれの人間関係の中で培ってきたもの
が，今目の前にいる人物に対して動くと考え
られる。精神分析のプロセスでは，こうした

図 16-1　フロイトが精神分析に使用し
た寝椅子（Freud Museum London）

ものを手がかりに，これまで蓄積されてきたものも含めて，心の中の内容を洞
察していくことで，クライエントの変化を促していくのである。

3）現在の精神分析的心理療法

　フロイトが創始して以来，精神分析は，50分程度のセッションを週に４〜
５回，長期にわたって，被分析者が寝椅子（図16-1）に横たわる形で行われて
きた。現在の日本でも，その形式では実施されているものの，現実的にそうし
た分析を受けられる人はわずかであろう。実際には，精神分析の基本的な考え
方はベースにしながらも，週に１回程度，通常の椅子に座って行われる「精神
分析的心理療法」と呼ばれるものが，主流になっている。

3. 人間性心理学のアプローチ

(1) 来談者中心療法

1）来談者中心療法の基本理念

　ロジャーズ（Rogers, C. R.）は，当時隆盛だった精神分析的な技法に疑問を
抱き，医学モデルを援用して「患者」あるいは「被分析者」と呼ばれていた人
を，初めて「クライエント（来談者）」と呼んだ。クライエントとは，セラピ
ストと対等な立場で，自らの力で成長していく人であり，ロジャーズの言う本
当の治療的変化とは，セラピストが提供する人間関係の中で，人間が本来持っ

ている自己実現傾向が開花していくことである。

　ロジャーズの人間観は，人間もすべての有機体と同じように，自分自身をよりよい方向に向かわせる力が備わっているというものである。したがって，セラピストは，問題の原因を指摘したり，解決法を提供したりするのではなく，クライエントが，自分の問題に自分で取り組めるようにするべきであると考えた。

　ロジャーズは当初，自分の技法を非指示的療法と名付け，クライエントの言葉を繰り返すなどの介入方法を提唱した。しかし，クライエントの言葉を単にオウム返しすればよいといった誤解が生まれたため，来談者中心療法と改め，カウンセラーの態度を強調するようになる。

2）ロジャーズが強調したセラピストの条件

　ロジャーズは，1957 年に発表した「セラピーによるパーソナリティ変化の必要にして十分な条件」において，クライエントによりよい方向への変化をもたらすために必要なセラピストのあり様について記述している。それが以下の3つである。

無条件の肯定的配慮（肯定的受容）

セラピストの期待や価値観に沿った来談者の言動のみ認めるのではなく，クライエントのあらゆる側面を一切の価値判断なくそのまま受け入れ，尊重すること。たとえ，セラピストの価値観を揺るがすような感情表出や行動があっても，それを含めたクライエントを受容しようとすること。

共感的理解

セラピストがクライエントの心の中の世界を，あたかも自分のものであるかのように体験しようと努力し，自分自身や世界をどのように見ているかを，クライエントの感情も含め，正確に把握しようとすること。

自己一致（純粋性）

セラピストがクライエントの話を聴いている間に起こってくる，自分の感情や

態度も否定したり歪曲したりせず，自分に対して常に敏感に，十分に意識して「自分に正直」でいること。それを来談者に隠し立てせず，かつそのすべてを不用意にクライエントにぶちまけないこと。

　この3つの条件を具体的に理解するため，たとえば，あなたが中学校のスクールカウンセラーとして，クラスメイトに暴力をふるったB君に対応することを想定してみてほしい。「暴力をふるってはいけない」という価値観をあなたが持っていたとしても，B君が「あいつをもっと殴りたい」と言ったときに，そのまま否定せずに受け入れられるだろうか。そして，B君の「殴りたい」という気持ちを，自分の体験であるかのように感じ，共感できるだろうか。さらにそれらと同時に，暴力について反省の言葉もないB君に対して，自分自身が実はどこかで感じている苛立ちや戸惑いを，しっかり自覚しておくことができるだろうか。そう考えてみると，ロジャーズの提示した3つの条件を満たすことは，決して簡単なことではないとおわかりいただけるはずである。

3）その後のロジャーズ

　後年のロジャーズは，クライエント中心療法の理論を健常者グループに当てはめ発展させた，エンカウンターグループに関心を移していく。ファシリテーター（グループをまとめる役）によって進行され，グループで感じたことを思うままに本音で話し合っていくものである。グループは，各個人の人間的成長を促進するために，本音での交流を持つよう，一定期間維持され，非指示的に運営される。一般に1グループ10〜12人程の参加者と1〜2名のファシリテーターで構成され，合宿形態をとることが多い。

　こうしてロジャーズは，パーソンセンタード・アプローチと称して，カウンセリングの理論としてだけではなく，それぞれの個人および他者とのかかわりなどについて，その成長・発展への可能性を信じ，これを基本的な信念としてすすめるさまざまな援助的活動を行った。

(2) 遊戯療法

1) アクスライン（Axline, V. M.）の遊戯療法

ロジャーズの考え方を継承し，子どもへ応用したのがアクスラインである。その遊戯療法（プレイセラピー）とは，問題を持った子どもをセラピストが援助する方法ではなく，「子ども自身が自分の抱えている問題について自分で解決したり，自分を助けたりするのを援助する方法」とされる。

アクスラインが強調したのは，子どもの自己治癒力をセラピストが信じること，全ての子どもに成長への力が備わっており，適切な環境さえ与えられれば，その機能が発揮されるという人間観，そして，外から見れば「不適応行動」であってもそれは内的自我が自己実現しようとする精いっぱいの表現として捉える，といった点である。

アクスラインは遊戯療法の原則として以下の8つを挙げた。

①子どもとあたたかい親密な関係を形成する。

②子どもをありのままの存在として受け入れる。

③子どもが自分の気持ちをしっかり，自由に表現することができるように，おおらかな気持ちで付き合う。

④子どもが表現している気持ちを認知し，子どもが自分の行動の洞察を得るようなやり方で，その気持ちを反射する。

⑤子どもが自分で自分の問題を解決し得るその能力に深い尊敬を持つ。

⑥子どもの行動や会話を指導しようとしない。子どもが先導する。

⑦治療は緩慢な過程であり，治療者からこの関係をやめてはならない。

⑧治療者が現実の世界に根をおろし，子どもにその関係における自分の責任を気づかせるのに必要なだけの制限を設ける。

2) 遊戯療法の実際

子どもと1対1で関わる個人遊戯療法が基本であるが，発達に遅れがある子どもに対する療育教室などでは，複数の子どもと1人ないし複数のセラピストが関わる集団遊戯療法も行われる。同時間帯に保護者にも来談してもらい，保護者には別室で別のセラピストが話をする，親子並行面接として設定されることも多い。

図 16-2 プレイルームの例（筆者撮影）

　対象となるのは，言語表現よりも遊びでの表現の方が自然な幼児から小学生くらいが中心で，登園渋りや不登校，クラスなどの集団への不適応，虐待，反社会的行動，発達の遅れなどさまざまな問題を持つ子どもである。

　通常，専用のプレイルームで行われる。活動的な子どもの場合は 40 〜 50㎡，絵を描いたりするには 15 〜 20㎡で，遊具は，子どもの興味を引くもの，セラピストとの関係性を深めるもの，子どもの攻撃性を発散させるもの，表現活動を促進するもの，精神的な活動を促進するものなどが用意される。子どもの表現を促し，それを受け止めるセラピストがそこにいることが重要となる。

4.　認知行動療法的アプローチ

　認知行動療法とは，行動科学や認知科学を，クライエントの問題解決に応用するさまざまな技法の総称である。問題を具体的な行動（思考や情緒も含む）として捉え，どのような状況においてどのような行動が生じるかを分析した上で，問題となる行動の変容を目指していく。

（1）行動療法の例

1）嫌悪療法（レスポンデント条件づけの応用）

アルコールなど依存症の治療に用いられる。アルコールの場合，抗酒剤と呼ばれる，少量の飲酒でも頭痛や吐き気のする薬を服用させ，飲酒自体を避けるように仕向けていく。

2）系統的脱感作法（レスポンデント条件づけの応用）

ウォルピ（Wolpe, J.）によって創始された技法。不安や恐怖を感じる場面をあらかじめリストアップしておき，それに不安や恐怖を感じる度合いで順位づけしておく。並行して，筋弛緩法などのリラックスする方法を条件づけしておく。順位の低い（弱い）不安場面から順に，リラックスしながら不安場面を体験するという条件づけを行っていく。

その後，治療者のサポートのもとで，不安を感じる場面を体験し（曝露），その場面からの回避行動をさせない（反応妨害）ことで，実際には不安に思っていたような状況にはならないことを学ぶ，曝露反応妨害法へと発展した。

3）バイオフィードバック法（オペラント条件づけの応用）

人体の生理機能を電気信号として記録し，その記録を本人に還元（フィードバック）することで，症状に関係する特定の自律神経の調節能力（セルフコントロール能力）を身につける。たとえば，このように呼吸すれば自分はリラックスできる，というように学んでもらうことになる。

4）トークンエコノミー法（オペラント条件づけの応用）

適切な反応に対してトークン（代用貨幣）という報酬を与え，目的行動の生起頻度を高める。授業中席に座っていられた子どもにシールを与えるなど。

（2）論理療法

エリス（Ellis, A.）が創始した，ABC 理論とも呼ばれるパーソナリティ理論をベースとしたアプローチで，近年は，理性感情行動療法とも呼ばれている。人は，ある出来事（A）に遭遇して，不安などの感情が生じると，出来事と

A：Activating event（起きたこと）
　　恋人が友人との約束を優先して自分と会ってくれなかった
B：Belief（思い込み）
　　「愛があるなら第一に優先すべき」と考えること
C：Consequence（結果）
　　「自分は愛されていないのではないか」と不安になる
D：Disput（反論）
　　「大切な付き合いは恋人以外にもある」と思ってBを消去
E：Effect（効果）不安にならなくても済む

図 16-3　エリスの論理療法の例

感情（結果：C）が直結しているかのように認知してしまうことが多いが，実はその間に思い込み（B）が挟まっている。その思い込みは，しばしば不合理であり（irrational belief「不合理な信念」）それに気づいて，自分で反論（D）することができれば，不安な感情が軽減するという結果（E）をもたらすと考えられるのである（図 16-3）。

（3）認知療法

　認知療法の基礎となっているのは，ベック（Beck, A. T.）が 1967 年に発表した認知の歪み理論（cognitive theory of depression）である。出来事に対して人がどう認知する（捉える）かによって，そこに生じる感情が異なってくる。つまり，認知の歪みによって抑うつ（落ち込む）感情が生じうるので，そのような抑うつを引き起こす認知の歪みを修正していけば，抑うつ感情の軽減につながると考えるのである。

1）自動思考

　自動思考とは，対人関係などのストレスを感じたときに，自分の意志とは関係なくひとりでに浮かびあがってくる考えやイメージのこと。自動思考には，その人の考え方のくせ（スキーマ）が反映され，自動思考が否定的な方向へ偏っていると，否定的な認知に陥ってしまう。

2) 推論の誤り

　否定的な自動思考を引き起こす，推論の誤りにはいくつかの種類がある。これらの存在を自覚し，自動思考をより適応的な考え方に修正する練習を繰り返すことになる。自動思考とそれへの反論をノートにつけるなどの，ホームワークがセラピストから課せられる。推論の誤りについて，代表的なものを以下に挙げる。

　①二者択一的（全か無か）思考：ほとんどの問題は，白か黒かのどちらかに決めることはできず，事実はそれらの中間にあるものなのに，物事を見るときに，「白か黒か」という見方をしてしまう。

　②過度の一般化：1つの良くない出来事があると，「いつも決まってこうだ」，「うまくいったためしがない」などと考えること。

　③心のフィルター：1つの良くないことにこだわってくよくよ考え，他のことはすべて無視してしまうこと。1滴のインクがコップ全体の水を黒くしてしまうような状況。

　④誇大視と過小評価：自分の短所や失敗を大げさに考え，逆に長所や成功したことをあまり評価しない。「双眼鏡のトリック」とも言う。

　⑤自己関連づけ：何か良くないことが起こったとき，自分に責任がないような場合でも自分のせいにしてしまうこと。

■ 章末問題

1. 以下の文章の空欄に適切な語句を入れよ。

(1) フロイトは（　①　）法を頻繁に施して患者にすべてを思い出させ，言語化することで症状を消失させられると考え，患者が過去の重要な人物との間で経験した感情が，目の前にいる治療者に向けられることを（　②　）と呼んだ。

(2) ロジャーズの来談者中心療法において，クライエントに変化をもたらすために必要なセラピストの3条件は（　③　）（　④　）（　⑤　）である。

(3) ウォルピによって創始された，不安や恐怖を感じる場面をあらかじめリストアップしておいて，順にリラックスと条件づける技法を（　⑥　），適切な反応に対して報酬を与え，目的行動の生起頻度を高める技法を（　⑦　），人体の生理機能を電気信号として記録し，その記録を本人に還元することで，症状に関係する調節能力を向上する技法を

（　⑧　）と呼ぶ。

(4) エリスが創始した，ABC 理論というパーソナリティ理論をベースとしたアプローチでは（　⑨　）に気づいて自分で反論することにより，症状を改善させる。（　⑩　）とは，認知療法において，対人関係などのストレスを感じた時に，自分の意志とは関係なくひとりでに浮かびあがってくる考えのことである。

2. 以下の問に答えよ。

(1) 臨床心理学的介入とはどのようなものか，キーワードを使って論述せよ。

　　（治療・修理モデル　発達・成長モデル）

(2) アクスラインの遊戯療法で重要とされるポイントについて，キーワードを使って論述せよ。

　　（不適応行動　自己治癒力）

参考文献

Axline, V. M.（1947）．*Play therapy*. Boston, MA: Houghton Mifflin.（小林治夫（訳）（1972）．遊戯療法　岩崎学術出版社）

馬場禮子（1999）．精神分析的心理療法の実践―クライエントに出会う前に　岩崎学術出版社

Beck, A. T., Rush, A. J., Shaw, B. F., & Emery, G.（1979）．*Cognitive therapy of depression*. New York: Guilford Press.（坂野雄二・神村栄一・清水里美・前田基成（訳）（2007）．新版　うつ病の認知療法　岩崎学術出版社）

Dryden, W. & Mytton, J.（1999）．*Four approaches to counselling and psychotherapy*. New York: Routledge.（酒井　汀（訳）（2005）．カウンセリング／心理療法の4つの源流と比較　北大路書房）

Ellis, A.（1996）．*Better, deeper, and more enduring brief therapy: The rational emotive behavior therapy approach*. New York: Brunner/Mazel.（本明　寛・野口京子（監訳）（2000）．ブリーフ・セラピー―理性感情行動療法のアプローチ　金子書房）

Freud, S.（1917）．*Vorlesungen zur Einführung in die Psychoanalyse*.（高橋義孝・下坂幸三（訳）（1977）．精神分析入門（上・下）　新潮社）

Rogers, C. R.（1951）．*Client-centered therapy: Its current practice, implications, and theory*. Boston, MA: Houghton Mifflin.（保坂　亨・末武康弘・諸富祥彦（訳）（2005）．クライアント中心療法　岩崎学術出版社）

山上敏子（1992）．行動療法　氏原　寛・成田善弘・東山紘久・亀口憲治・山中康裕（編）　心理臨床大事典（pp.317-322）　培風館

事項索引

人名索引

【執筆者一覧】（五十音順，＊は監修者，＊＊は編者）

青木　剛（あおき・つよし）
南山大学人文学部講師
担当：15章

井上裕樹（いのうえ・ひろき）
千里金蘭大学教育学部准教授
担当：13章

上北朋子（うえきた・ともこ）
京都橘大学総合心理学部教授
担当：4章，6章（共著）

坂本敏郎（さかもと・としろう）＊＊
京都橘大学総合心理学部教授
担当：2章，5章（共著），6章（共著）

塩谷尚正（しおたに・たかまさ）
梅花女子大学心理こども学部准教授
担当：6章（共著），7章

中川明仁（なかがわ・あきのり）
新潟リハビリテーション大学医療学部講師
担当：14章

永野光朗（ながの・みつろう）＊＊
京都橘大学総合心理学部教授
担当：8章

奈田哲也（なだ・てつや）
盛岡大学文学部准教授
担当：5章（共著），11章

濱田智崇（はまだ・ともたか）
京都橘大学総合心理学部准教授
担当：16章

菱田一仁（ひしだ・かずと）
京都先端科学大学人文学部講師
担当：12章

日比野英子（ひびの・えいこ）＊
京都橘大学総合心理学部教授
担当：1章

藤原　勇（ふじわら・いさむ）
聖心女子大学現代教養学部講師
担当：10章

細谷周史（ほそや・のりふみ）
京都橘大学非常勤講師
担当：3章

前田洋光（まえだ・ひろみつ）
京都橘大学総合心理学部准教授
担当：9章

心理学概論
こころの理解を社会へつなげる

2018 年 10 月 20 日	初版第 1 刷発行	定価はカヴァーに
2023 年 9 月 10 日	初版第 5 刷発行	表示してあります

監修者　日比野英子
編　　者　永野　光朗
　　　　　坂本　敏郎
発行者　中西　　良
発行所　株式会社ナカニシヤ出版
〒606-8161　京都市左京区一乗寺木ノ本町15番地
Telephone 075-723-0111
Facsimile 075-723-0095
Website http://www.nakanishiya.co.jp/
Email　iihon-ippai@nakanishiya.co.jp
郵便振替　01030-0-13128

装幀＝白沢　正／印刷・製本＝ファインワークス
Printed in Japan.
Copyright © 2018 by E. Hibino, M. Nagano, & T. Sakamoto
ISBN978-4-7795-1326-8

◎本書のコピー，スキャン，デジタル化等の無断複製は著作権法上での例外を除き禁じられています。本書を代行業者等の第三者に依頼してスキャンやデジタル化することはたとえ個人や家庭内の利用であっても著作権法上認められておりません。